低成本航空
經營與管理

Low Cost Carriers:
Operations, Strategy and Management

許悅玲、王鼎鈞◎著

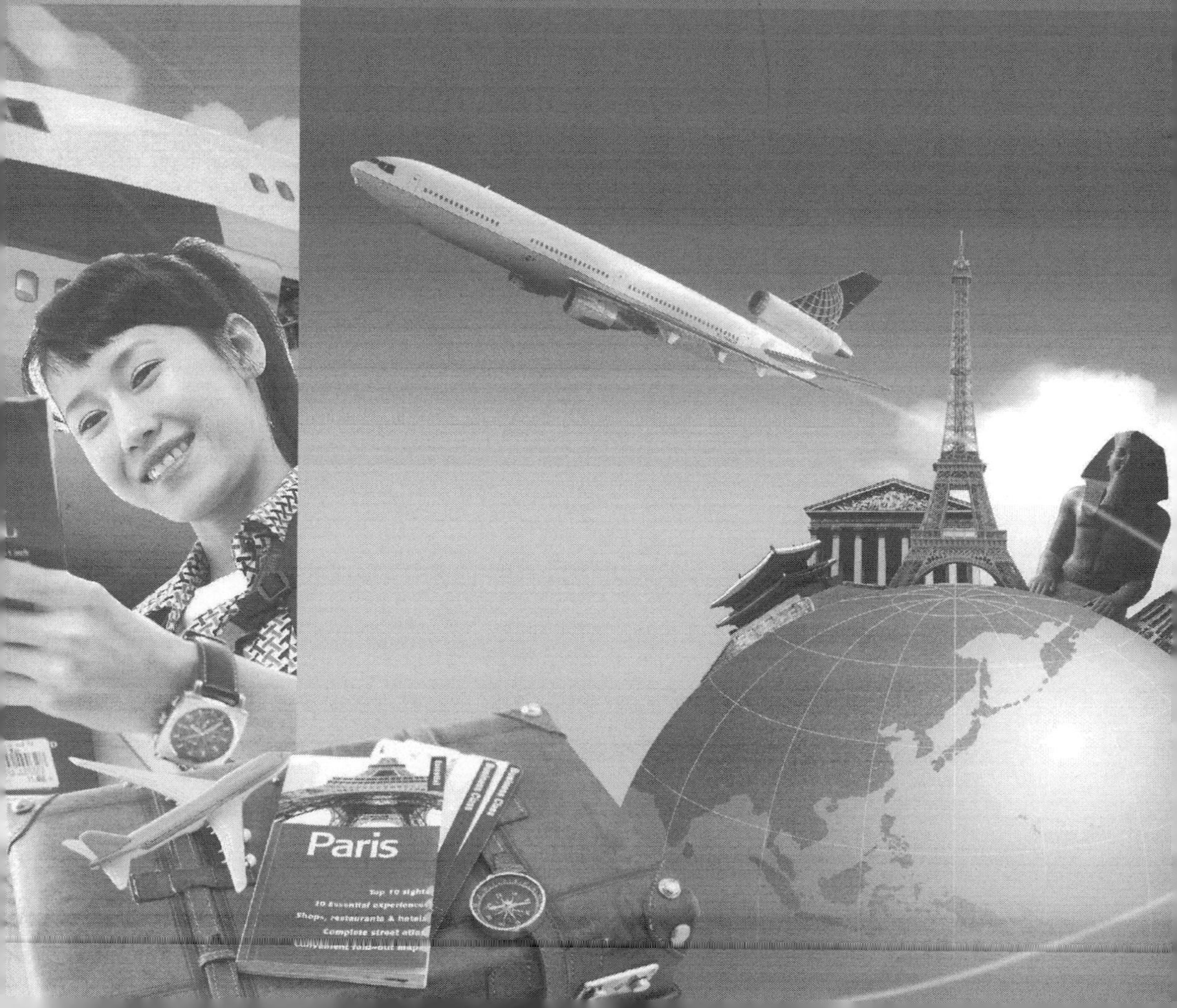

李 序

台灣屬海島型的國家，經貿發展無論是進出口或是轉運，均高度仰賴海空運輸翼助，就航空運輸業的觀點而言，台灣在亞太地區的地緣位置適中，居東北亞及東南亞通衢津要，亦爲北美洲至亞洲的重要門戶之一；同時，台灣坐擁位處亞太地區八大城市中心、平均航程時間最短、航網最捷便的優勢，具備建構亞洲航空運籌中心最有利的條件。

航空運輸系統是極爲龐大且錯綜複雜的體系：資金密集、技術密集、人才密集、科技導向、市場導向、服務導向、速度導向，並且對效率、精準及安全均有極高的要求。航空運輸業的特殊性及供需面的複雜性，在許多作業上是無法單由航空業者即可獨立完成，尙須配合政府政策，並透過國際間、地區間及同業間的協調合作，始能運行順暢。

另外，航空運輸業亦是高風險的專業，除須時刻面臨不同形式的飛安風險外，在營運面還要因應諸多不確定因素的挑戰，例如金融風暴、經濟蕭條、油價起伏、天然災害、地緣政治紛擾，甚至軍事衝突、傳染疫情擴散、恐怖暴力威脅、人資供需失調等等，不勝枚舉。

縱觀民用航空史，謹舉業界龍頭的美國民航業爲例，自一九三七年起，聯邦民航委員會（CAB）即在航路、票價、班表及空服要項等方面制定嚴格的國內跨州空運規則。及至一九七〇年代發生能源危機及停滯性通貨膨脹（stagflation）等嚴重影響工商活動和民生經濟的逆流，以致造成航空運輸業的經營困境。隨後，

聯邦國會在一九七八年十月二十四日通過了開放天空法案（The Airline Deregulation Act），解除了對票價、航路、班表、空服要項、以及開放新創業航空公司等之限制，致使新創業者如雨後春筍般冒出，引發市場過度競爭與供需失調。而業者間爲爭取客源花招（Full Frills）百出，客服項目隨之繁多，營運成本大幅增加，並形成多項沈沒成本（Sink Costs），造成浪費。此景況在各國政府相繼對航空業開放天空後亦屢見不鮮。

之後，少數隻眼獨具的美國航空業者（例如西南航空公司）先後推出「破壞性創造」的低成本營運模式，十分成功，爲自家公司在已然擁擠的航空市場上開拓出一片新天地。未久，部分歐洲的航空業者將此一創新營運模式引進歐洲，亦非常成功；繼之，亞洲的航空業者亦起而仿傚，蔚爲風潮，完全顚覆了傳統的、類似的、較勁服務的競爭模式，成功地切割出一塊全新市場。對照目前全球航空業所面臨的經濟蕭條與潛藏風險，此一低成本的成功營運模式，値得所有關心民航事業發展的人士深思再三。

國際航空運輸協會（IATA）理事長喬瓦尼、比席納尼（Giovanni Bisignani）於二〇〇九年三日二十四日在日內瓦演說時即道：「……航空業目前的形勢非常嚴峻。需求隨著經濟衰退而繼續惡化，情勢比稍早的預測更加嚴重。我們預測今（2009）年全球航空業共將虧損47億美元，再加上原有的1,700億美元債務，沉重的財務負債壓力益加難以負荷。」是以，低成本的營運模式不失爲航空業者在面對現今及日後經營環境時的最佳選項之一。

許悅玲教授是我任華航董事長時表現極爲傑出的同事，曾經推動多項極爲成功的專案，也在華航推行奇異公司（GE）所創之「六標準差制度」（6 Sigma）時，貢獻良多，並獲頒黑帶級講師的榮譽。

此時此刻正値民航公司經營困難且危機四伏的關鍵時刻，許

教授與王鼎鈞老師合作撰寫「低成本航空——經營與管理」一書刊行，不啻及時良冊。本書不但對低成本航空經營及管理的各層面有深入淺出的說明，同時，值此台海兩岸全面擴大通航的黃金機遇，本書無論是對政府主管官署、航空業者、民航週邊產業、大專航運相關科系、新聞媒體、社會大衆等各界，都有極高的參考價值，值得詳讀與珍藏。

本書從低成本航空的創業、經營、管理——其發展緣起、經營模式、訂價策略、成本結構……等均深入涉及，尤其第七章對飛行安全管理之介紹，甚爲珍貴重要，爲目前坊間絕無僅有敘述飛行安全的中文文獻，本人特別強力推薦這本好書。同時，也感謝這兩位民航學術界的新秀！請持續爲我國民航學術多加貢獻！

中華民航學會理事長

李雲寧

二〇〇九年六月謹識於台北

魏　序

人類交通發展史，空運遠較陸海運爲晚，但進步最爲快速。

第一次有動力之飛行發生於一九〇三年十二月十三日，以十二秒鐘飛行一百二十呎，第一條定期航線於十一年後在美國佛羅里達州開闢，以二十五分鐘飛行十八哩，第一架爲旅客所設計的全金屬飛機被稱爲"Tin Goose"於一九二七年生產，奠下民用航空運輸的基礎。

二次大戰促使與航空業有關的重大發明，如雷達及噴射引擎等相繼發明，並由軍方將技術移轉民航業，加上ICAO及IATA在飛安法規、服務、營運及財務各方面的努力，更促使民用航空之發展突飛猛進，人類開始享受快捷、安全及舒適但卻價昂的空中旅行。

由於航空運輸屬資本及技術密集行業，成本甚高，票價較其他運輸方式高出甚多，一直被視爲較奢侈的交通工具而難以普及一般消費者。

早在一九四九年美國Pacific Southwest Airlines 已具低成本之經營理念且成功營運，但現代人普遍認知的低成本航空先驅卻是一九七一年成立於美國德州的Southwest Airlines，一九七八年美國卡特總統簽署「航空管制解除法」（Airline Deregulation Act），不但擴大低成本航空業在美國的發展空間，更於一九九〇年催生歐洲第一家低成本公司，設於愛爾蘭的Ryanair，受其成功營運的鼓舞，更多業者在歐洲各國紛紛設立。

此時亞洲航空業毫無警覺，只有亞太航協（AAPA）開始探討低成本航空公司在亞太地區出現及發展的可能性。當時一般業者仍

持極為保留的態度，但不久，亞洲首家低成本航空公司Air Asia於二○○一年成立，並很快獲利，激勵本地區更多同業紛紛出現，造成傳統航空業極大的威脅，許多國家開始以實際行動，如興建專用機場與協助及支持其發展。

低成本航空公司以獨特經營管理理念而崛起，以低票價吸引旅客，對航空市場之擴張應有其貢獻。在航空史上應為重大里程碑，傳統業者被迫嚴肅面臨此一挑戰，不得不深入研究低成本航空之策略並積極控制成本，擴大網路行銷，以更靈活的行銷、訂價及服務策略與對手短兵相接，為其生存發展而奮鬥，對整個航空業而言應有其正面意義。

許悅玲教授出身華航空服員及航空專業管理師，又赴英留學，取得Cranfield University航空運輸管理博士，學經歷俱豐。此次與王鼎鈞老師之合著，對低成本航空公司有極為精闢的見解及客觀中肯的分析，不論對低成本航空公司的起源成長、經營模式及管理甚至其成敗關鍵全盤扼要的說明，熟讀後更能體會低成本航空業的經營理念及傳統航空業應有的警惕，不但大學有關科系師生、航空旅行從業人員，甚至一般旅客都能從中獲得必要之資訊，願鄭重推薦。

中華航空公司董事長

魏幸雄

二○○九年六月

自 序

低成本航空是近年來空運業新興的一種經營型態，並且在世界各地獲得重大成功，使得它們成爲業界的焦點。隨著低成本航空的興起，許多國家的空運業、旅遊業與社會大衆都感受到低成本航空帶來的影響，這也使得低成本航空的經營與管理成爲目前全球空運業的重要學問之一。

然而對於台灣的產業界與社會大衆，低成本航空一直是個經常耳聞，但是少有機會能一窺堂奧的學問。造成這種現象最大的原因之一，是至今在台灣市場之中只有少數低成本航空業者出現，班機數目也非常有限，社會大衆少有利用它們旅行的機會。因此許多人不但不瞭解低成本航空的營運與服務，甚至對它們存有不盡正確的認知，也不熟悉如何運用它們安排旅行節省支出。

隨著低成本航空近年來在亞太地區飛快發展以及現今民衆接觸航空飛行機會日增，航空業者必須準備好面對低成本航空帶來的競爭，消費者則會因爲低成本航空擁有更多平價旅遊機會，因此對於低成本航空公司型態瞭解之需求將持續增加。

有鑑於此，筆者結合理論與實務，從營運策略與管理之觀點對低成本航空公司做全面性的探討，希望提供各界對於低成本航空的認識。本書共分成十二章，內容涵蓋航空產業低成本革命、低成本航空之發展、營運特色、主要低成本航空介紹、票價結構、人力資源管理、飛行安全、維修管理策略、帶給航空業的影響、亞太地區之低成本航空、如何利用低成本航空以及未來趨勢與挑戰等單元，希望能讓讀者瞭解低成本航空如何建立一套低成本營運模式，

在競爭激烈的航空產業之中獲得如此引人注目的成功。

本書得以順利完成，承李志偉、Chikage Miyoshi、竇朋、Jerome Martin、Lauris Mikelsons、Okko Kuivalainen等人提供寶貴的意見，使得本書內容更加完備，筆者在此致上最深謝忱。

隨著低成本航空在世界各地迅速發展，許多業者漸漸調整經營型態，使得低成本航空產業變得更加複雜與有趣。未來這些年中，低成本航空產業必定還會出現更多值得注意的新發展。作爲認識低成本航空的入門，希望本書能夠促成我國對低成本航空發展的重視，並對台灣空運產業的發展有所貢獻。作者才疏學淺，若有疏漏之處，懇請各位先進與讀者不吝提供指正。

許悅玲、王鼎鈞 謹誌

二○○九年五月

目　錄

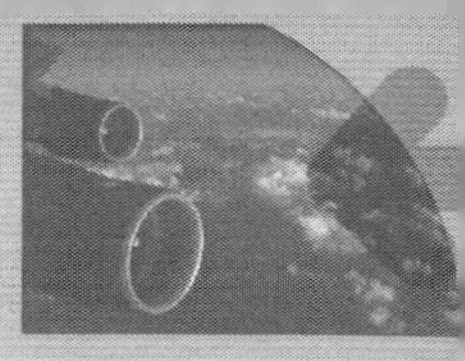

第一章 航空產業的低成本革命

- 航空產業趨勢
- 低成本航空公司定義
- 低成本航空公司之崛起
- 低成本航空市場發展週期

第一節　航空產業趨勢

航空業是高度科技的公共交通服務行業，是經濟活動和人們的日常生活必不可少的交通工具，也是國民經濟和社會發展的重要指標。隨著經濟發展、人民生活水準提升與航空科技的推陳出新，社會大衆對民航服務需求日殷。據統計顯示，航空運量增長率與國內生產毛額（Gross Domestic Product, GDP）[1]的增長從長期來看具緊密的發展關係，航空運量的成長率約略是國內生產毛額成長率的兩倍（Doganis, 2001）。換言之，經濟成長是航空客運與貨運市場的主要驅動力，而經濟形勢不好的時候，航空業績的下滑速度也常高於國內生產毛額的下滑速度；此更加確認了航空產業的價格彈性（price elasticity）低，以及國內生產毛額或所得彈性（income elasticity）高的特質[2]。因此，在易受經濟景氣與外在環境所影響下，航空業深具週期性（Doganis, 2003）。

圖1-1顯示，一九七九年至二〇〇六年間，全球共經歷三次經濟蕭條。一九七八年石油危機導致油價高漲，市場需求停滯與利潤下降，使得一九八〇年全球航空產業在前二十年（一九六〇至一九八〇）的蓬勃發展後，出現巨大營運損失。一九八一年與一九八二年景氣持續衰退，航空公司不是倒閉（如英國的Laker Airways），就是累積大量債務，必須仰賴政府金援，直到一九八四年才開始復甦。從一九七九年到一九八三年，少數業者如新加坡航空公司，因其所處地區正面臨經濟成長，與低廉的工資所致，公司獲利並未因此受到影響。

一九八四年後油價回跌，景氣上升的同時，航空需求也大幅激增，爲因應運量的增加，大部分航空公司在外在經濟形勢尚好的

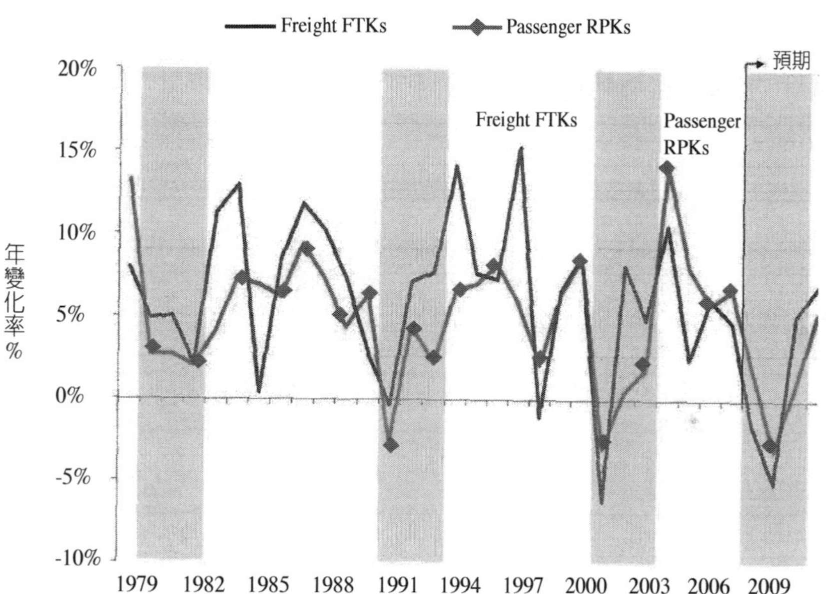

註：1.陰影部分為經濟蕭條時期。
2.RPKs（Revenue Passenger Kilometers）：客運收益公里數。
FTKs（Freight Ton Kilometers）：貨運延噸公里數。

圖1-1　國際航空運輸協會（IATA）之RPK與FTK統計

資料來源：改編自IATA（2008c）。

條件下，開始大量借貸訂購飛機和接收新飛機，以及過分樂觀地投入基礎設施建設。但由於航空公司的財務本質依舊脆弱，因此在八〇年代末期，世界經濟步入週期的低谷時，全球航空業不但面臨嚴酷的外部生存環境，同時產生了運能過剩和成本過高的嚴重問題，其中美國各大航空公司損失最慘重。一九九〇年代後期，美國國內航空產業的獲利持續走低，每客運收益哩程（英里）數（Revenue Passenger Mile, RPM）從原先60 美分驟降至10 美分以下（Roberts, Roach, & Associates Inc., 2000）。

二〇〇一年至二〇〇五年間，全球民航事業歷經美國九一一恐怖攻擊事件、阿富汗與伊拉克戰爭和SARS 疾病肆虐等外部環境

的負面因素，導致營運又陷入低潮，在航空發展百年後，整體產業根據國際航空運輸協會（IATA）估計虧損達420億美元！不過，航空業之營運損益到二〇〇六年已轉虧為盈，根據國際航空運輸協會的統計，航空業二〇〇六年遭受了5億美元的損失，但如果去掉與美國航空公司破產相關的費用，反而賺了85億美元。航空業的營業利潤達到了130億美元，按估計的4490億美元收入計算，利潤率為2.5%至2.9%，二〇〇七年航空業淨利估計則是56億美元。從各洲分別來看，北美的航空公司在二〇〇七年的表現是自二〇〇〇年以來最好的一年，預估營利99億美元，淨所得有28億美元，比較起二〇〇六年的淨損失27億美元或扣除航空公司破產重組的成本後淨所得為9億美元。航空運輸協會（Air Transportation Association, ATA）利用不同的標準則統計出，美國航空產業二〇〇七年的淨利是50億美元，高於二〇〇六年的淨利31億美元[3]。

至於其他各洲，根據國際航空運輸協會的統計，歐洲的航空公司於二〇〇七年的淨利是21億美元，高於二〇〇六年的淨利18億美元。亞太地區的航空公司則淨賺9億美元，在中東的航空公司約有3億美元的利潤（不過Emirates 從二〇〇七年三月至二〇〇八年三月的淨利為14億美元），而非洲的航空公司於二〇〇六年則虧損3億美元（Flint, 2008）。國際航空運輸協會總幹事兼執行長（Director General and CEO）Giovanni Bisignani 指出，二〇〇二年「航空業需要每桶油價低於20美元才能不虧本」，而到了二〇〇七年，他們能在「每桶油價將近70美元時實現盈利」。

此乃由於航空業者在過去數年間不斷降低支出，控制成本。國際航空運輸協會的統計指出，在過去六年裡，航空業平均降低了非油料單位成本（nonfuel unit cost）達18%，改進燃油的使用效率上亦平均達19%。 美國的傳統航空公司（network carrier）成功地將每一可售座位公里（Available Seat Kilometers, ASKs）[4]的非

燃油成本（nonfuel cost per ASK）從二〇〇一年的6.59美分降至二〇〇五年的5.09美分，降低了33%。歐洲航空業者將每一可售座位公里非燃油成本從二〇〇二年的11.31歐分降至二〇〇五年的8.98歐分，降低了31%，而這一期間整個可售座位公里成本下降了16%，達到10.43歐分（Flint, 2007）。

不過，二〇〇八年國際油價經歷了大起大落，七月國際原油期貨價格攀高到每桶147美元的高點，雖然紐約市場油價至十一月已跌至每桶54美元的價位，但油價的大幅波動使得嚴重依賴燃油的航空公司遭受重大打擊，截至二〇〇八年十月三十一日，「油老虎」已吃掉了航空公司十多億元，甚至幾十億元。國際航空業在經過兩年的高增長之後，二〇〇八年景氣開始轉變，在油料成本壓力增加和旅客購買力下降的雙重打擊下，行業景氣明顯下降。對於二〇〇九年的景氣與預測，國際航空運輸協會依舊持續看壞（見**圖1-1**與**表1-1**）。

航空業與生俱有不穩定的特性，對於油價與民航法規也無力控制，即使在整體營運環境及空中旅行市場需求無虞匱乏的情形下，個別航空公司之營運獲利仍舊可能因市場激烈競爭而出現獲利赤字及營運成本居高不下的問題（張有恆、程健行，2007）。因此，爲因應營運成本高漲之變局，實施成本控制對於航空公司而言是迫切的需求，亦是長期的策略。

在此時代潮流下，由低成本航空公司領軍的低成本革命已在航空界引領風騷超過十年之久，並以小兵之姿態逐步站上指揮台與傳統航空公司互相抗衡。在九〇年代景氣蕭條、衆多航空公司紛紛倒閉的氛圍中，以低成本策略著稱的美國西南航空（Southwest Airlines）公司一枝獨秀，年年盈利，**圖1-2**是美國航空產業與西南航空的淨所得（net income）比較。從一九九〇至二〇〇二年，美國航空產業的淨所得是9.6億美元，西南航空的淨所得就占了3.5億美元。

表1-1　國際航空運輸協會預測2009年航空業表現績效

System global commeircal aviation	2000	2001	2002	2003	2004	2005	2006	2007	2008F	2009F
REVENUES, $ billion	329	307	306	322	379	413	465	508	536	501
Passenger	256	239	238	249	294	323	365	401	425	394
cargo	40	39	38	40	47	48	53	58	59	54
Traffic volumes										
Passenger growth, tkp, %	8.6	-2.7	1.0	2.3	14.9	7.0	5.9	5.9	2.0	-3.0
Passernger numbers, millions	1672	1640	1639	1691	1888	2022	2124	2260	2304	2236
Cargo growth, tkp, %	9.1	-6.0	8.7	3.9	7.9	0.4	3.9	4.0	-1.5	-5.0
Freight tones, millions	30.4	28.8	31.4	33.5	36.7	37.6	39.8	41.6	41.0	38.9
World economic growth, %	4.5	2.2	2.7	2.8	4.2	3.4	4.0	3.8	2.6	0.9
Yield growth, %	-1.1	-2.8	-3.7	2.3	4.5	4.0	6.9	3.6	4.6	-3.0
Yield growth, inflation/ex rate adjusted %	-2.3	-2.9	-5.9	-5.3	-2.0	0.1	3.3	-1.3	0.2	-5.3
EXPENSES, $ billion	318	319	311	323	376	409	450	488	535	497
Fuel	46	43	40	44	65	91	107	136	174	142
% of expenses	14	13	13	14	17	22	24	28	32	29
Crude oil price, Brent, $/b	28.8	24.7	25.1	28.8	38.3	54.5	65.1	73.0	100.0	60.0
Non-Fuel	272	276	270	279	311	318	343	353	361	356
Cents per atk(non-fuel unit cost)	39.2	39.7	38.8	38.9	39.5	38.7	40.1	39.2	39.4	39.7
% change	-2.3	1.4	-2.3	0.3	1.4	-2.1	3.6	-2.1	0.4	1.0
% change, adjusted for ex rate	-0.2	4.1	-3.0	-5.0	-2.4	-2.7	3.3	-4.1	0.6	1.0
Break-even weight load factor, %	60.8	61.5	63.2	62.3	63.4	63.3	63.4	62.8	63.5	62.5
Weight load factor achieved, %	61.5	59.0	60.9	60.8	62.5	62.6	63.3	63.6	62.9	62.2
OPERATING PROFIT, $billion	10.7	-11.8	-4.8	-1.4	3.3	4.3	15.0	19.7	1.1	3.9
% margin	3.3	-3.8	-1.6	-0.4	0.9	1.0	3.2	3.9	0.2	0.8
NET PROFIT, $billion	3.7	-13.0	-11.3	-7.5	-5.6	-4.1	-0.1	12.9	-5.0	-2.5
% margin	1.1	-4.2	-3.7	-2.3	-1.5	-1.0	0.0	2.5	-0.9	-0.5

註：本表公布日期爲2008年12月，F表示預測（Forecast）。

資料來源：IATA (2008c).

同時，西南航空的股價在美國股市表現也頗爲亮眼，自從一九七二年以來年投資報酬率約是25.99%（Gillen & Lall, 2004）。更何況西南航空在美國航空業中始終保持飛行安全、航班準點和旅客滿意率三項重要指標的領先地位。西南航空公司的成功經驗，可說是率先引發了航空運輸行業的低成本革命。而根據英國民航局的統計，二〇〇五年低成本航空公司在英國與歐盟其他成員國之間運送的乘客比傳統航空公司多。因此低成本航空的魅力，在M型社會的需求下，更值得吾人深究。

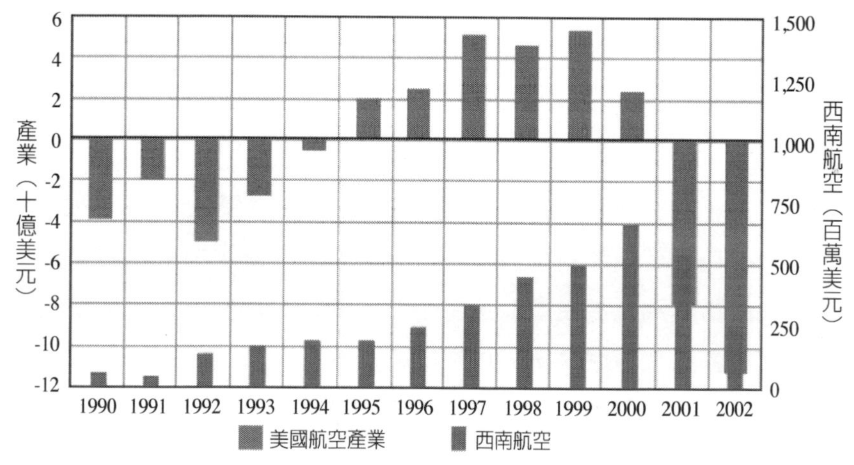

圖1-2　美國航空產業與西南航空的淨所得

資料來源：Gillen & Lall (2004).

第二節　低成本航空公司定義

低成本航空公司，英文名稱爲Low Cost Carriers（LCCs）、Low Cost Airlines、Budget Airlines或No-Frill Airlines，指的是不同

於傳統航空公司，將經營成本大幅壓縮，以低成本策略經營之航空公司。根據Smyth（2006）在國際航空運輸協會 Economics Briefing N°5（2006）指出，低成本航空公司無標準的營業模式或定義，泛指與傳統航空公司（Full Service Airlines 或Full Service Carriers, FSC）在航路上或能提供乘客服務層級上，有明顯差異之航空公司。

由於經營成本大幅壓縮，低成本航空公司的票價常低於傳統航空公司，故普羅大眾與旅客又喜將其稱爲「廉價航空」。但此認知不盡然正確，因爲低成本航空的票價乃依照收益管理（revenue management）的概念訂定，在熱門時段或班機起飛前之最後時段（last minutes），其票價可能甚至會高於傳統航空公司，而非傳統所認知的「廉價航空提供的都是廉價機票」，此部分在第五章將有詳細介紹。

一般而言，傳統航空公司提供的產品在短程航段有經濟艙、商務艙，長程或越洋航線甚至備有頭等艙。經濟艙屬於「標準型」產品，商務艙爲「加值型」，而頭等艙則是「超值型」。早期的低成本航空公司在發展之初，以提供「基本型」產品爲主，其低成本策略主要在經營客流量大的短程航線，利用次級機場（secondary airport）起降，不提供免費餐點等附加服務，因此亦稱爲No Frills Airline，Ryanair即是目前航空市場上堅持走傳統低成本策略的公司，機上完全不提供免費餐飲，省掉一切服務細節，而且僅提供最低限度的座位舒適度。

與傳統航空公司相反，低成本航空公司在成立時，通常藉由選擇低使用率 （under-utilized）或完全未開發（unserved）的市場來吸引旅客，不過這類型商業模式的客源遲早會乾涸。尤其當競爭對手進入市場，也開始簡化服務降低成本時，原始經營的低成本航空公司的成本優勢相對變得薄弱。因此，爲了拓展市場占有率，使運量持續成長，低成本航空公司必須思考是否要提供更好的服務，或更好的產品。同時，隨著低成本模式的成功，其他各地區航空業者在導入時，為因應市場需求與區隔，也開始提供乘客些許服務（Few frills）（例如劃位或提供機上餐飲等），這些都是為了與其他低成本航空的產品競爭，但仍低於傳統航空公司提供的「標準型」產品水準。換言之，部分低成本航空從No frills轉型成為Few frills的提供者，等同於從基本型產品（basic product）升級到合理型產品（budget product）的供給（參見**圖1-3**）。著名的例子有：西南航空近來加入GDS全球電腦訂位系統、美國的JetBlue提供乘客影視娛樂服務及使用主機場起降，以及easyJet 為對抗對手Ryanair，開始利用荷蘭阿姆斯特丹史基浦機場與法國巴黎戴高樂機場起降，以吸引商務客源。據此，低成本航空公司可以說是由提供「基本型產品」或「合理型產品」的業者所組成。

	JetBlue		PrivateAir
	Germanwings	Lufthansa	Lufthansa
Ryanair	Southwest		
Low Cost（低成本航空）		Full Service（傳統航空）	
No Frills（無附加服務）	Few Frills（部分服務）	Many Frills（許多服務）	Extensive Frills（廣泛服務）
		Economy（經濟艙）	Business（商務艙）
Basic（基本型）	Budget（合理型）	Standard（標準型）	Premium（加值型）

圖1-3　傳統與低成本航空公司提供之產品比較

資料來源：改編自Bjelicic（2007）。

在「合理型產品提供者」（budget product provider）的概念下，近來出現一新名詞：混合式航空公司（Hybrid Value Carriers, HVC），意指上述不同於原始低成本航空公司經營模式，提供Few frills 的低成本航空公司（例如**圖1-3** 中Germanwings 屬於低成本航空公司，提供合理型產品）；或者原先爲傳統航空公司，爲與低成本公司競爭轉型爲低成本服務者（例如Aer Lingus），或針對特殊航線提供低票價的服務〔例如漢莎航空（Lufthansa）亦提供合理型產品，稱之Economy Basic〕。關於混合式航空公司的營運特色將於第三章有詳細說明。

圖1-4爲低成本航空（LCC）、混合式航空公司（HVC）與傳統航空公司（FSC）以提供服務層級（frill）爲區分之示意圖。

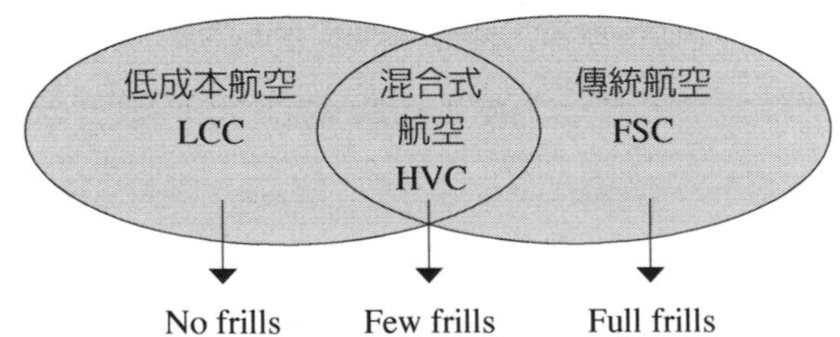

圖1-4　低成本航空（LCC）、混合式航空（HVC）與傳統航空公司（FSC）提供服務層級之差異

第三節　低成本航空公司之崛起

一、開放天空政策

自從一九七八年美國開始實施開放天空政策、解除管制以來，航空產業的競爭益發激烈，美國西南航空於一九七〇年代成功地建立低成本營運模式後，全世界其他地區也開始如法炮製。歐洲於一九九〇年代開始對民航運輸業放鬆管制，實施航權自由化，只要是具有合格飛航作業許可證（Air Operators Certificate, AOC）的航空公司，即可在歐洲境內營業，並由市場競爭決定機票價格，故吸引了許多航空公司投入市場。除歐洲外，其他國家如澳洲、加拿大、馬來西亞等，也因長期處於高度管制的航空產業在逐漸自由化後，促使國內航空市場加入新的競爭者。在這些新興的航空市場加入者中，低成本航空公司以低票價爲號召與獨特的經營策略（如**圖1-5**），開展出與傳統航空公司不同的市場區隔，並成功地獲得旅客青睞。因此，開放天空、解除管制的政策往往成爲低成本航空發展的催化劑，**表1-2**提供了此項佐證 。

Barcelona Reus from Free （Fares include taxes & charges）

Booking Period:	*Mon 22nd Dec 08 - Tue 23rd Dec 08*
Travel Period:	*Tue 06th Jan 09 - Sat 28th Feb 09*
Applicable Days:	*after 1200 Mon / all day Tues & Wed / before 1200 Thurs （subject to availability）*
Flight must be purchased:	*14 Days in advance*
Blackout Period:	*12th Feb '09 - 23rd Feb '09 to/from UK & Ireland*
Notes on this fare:	*All Holidays, School Breaks and Major Sporting Events are excluded from this offer*

圖1-5　Ryanair 票價廣告

資料來源：Ryanair (http://www.ryanair.com/site/EN/).

表1-2　開放天空與低成本航空公司之成立

地區／國家	低成本航空開始營運年	開放天空起始年
北美		
美國	1978	1978
加拿大	1996	1996
歐洲		
英國／愛爾蘭	1995	1993
歐盟	1999	1995
歐盟新成員國	2002	2004
澳洲／紐西蘭		
澳洲	1990	1990
紐西蘭	1996	1984
亞洲		
馬來西亞	2001	2001
新加坡	2001	2001
日本	1998	1998
中國	-	政策未定
泰國	2004	2003
印度		2003
其他		
巴西	2001	1998
南非	2001	1999
波灣國家	2004	2003

資料來源：改編自Francis et al.（2006）。

在美國，低成本航空的始祖是西南航空，於一九六七年成立，一九七一年開始飛航服務，其開始迅速擴張是在一九七八年美國開放天空後。在歐洲，低成本航空的先驅者是一九八五年成立的Ryanair（**圖1-6**）。事實上，要是英國與愛爾蘭沒有在八〇年代中簽訂天空自由化的協定，Ryanair無法在當時存活下來，進而在倫敦—都伯林航線進行低成本的營運。而分成三階段的歐洲天空自由化，最終使得Ryanair與其他低成本航空得以在歐洲不受法規約束地擴展航線。

在歐美之外的地區，同樣亦致力於改變法規環境以促進航運交通的成長。以印度爲例，由政府著手國家航空法規的改革，促使新航空業者的開航。同樣的，墨西哥在政府的努力下，將國有航空

圖1-6　Ryanair
資料來源：王鼎鈞提供。

公司民營化，並且容許新航空業者的進駐。

亞太地區的國家亦追隨其他地區國家的腳步，逐步以互惠的雙邊協定開放天空。因此對於欲進入小國家的低成本航空業者，仍須倚賴其法規進一步的鬆綁。

二、傳統大型航空公司之因應與對策

當低成本航空進入市場時，傳統大型航空公司一開始並不以爲意，直到西南航空與愛爾蘭Ryanair的營運模式獲得成功後，對低成本航空公司淩厲的低價進攻，傳統航空公司才予以正視，並進行迎頭還擊。包括：

1.降價跟進，或變相降價，放鬆機票使用條件限制；
2.增加運能，企圖以高運量擊退低票價；
3.提高常乘會員獎勵；
4.降低服務成本；
5.與區域航空公司結盟聯運等。

換言之，即航空公司在經營與管理層面使自身的營運成本降低，成為"lower cost airline"，但公司整體結構與體質並未改變。有些傳統航空公司在這場競爭中則以新的策略"be low cost"——成立低成本子公司，或轉型為低成本公司，來應對低成本航空公司的挑戰。

若將傳統航空公司因應低成本時代的策略與方法加以區分的話，可歸納為以下五類（如**圖1-7**）：

1.合併（merger/acquisition）。
2.進化成為高價優質的業者（premium carrier）。
3.成為較佳的聯網業者（better network carrier）。
4.轉型成為低成本航空。

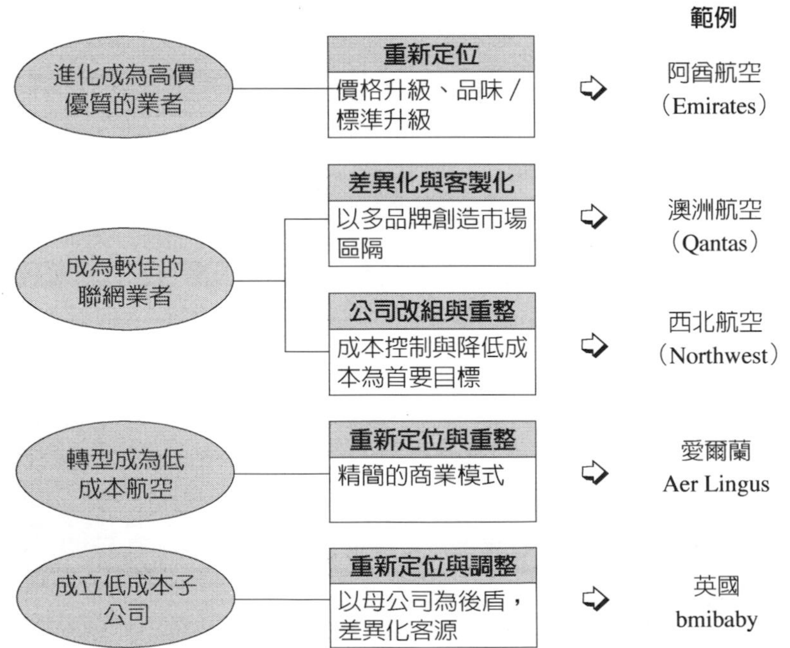

圖1-7　傳統航空公司因應策略

資料來源：Franke（2007）與作者整理。

5.成立低成本子公司。

簡述如下：

(一)合併

有些傳統航空公司間採取合併方式，以增加運量與市場占有率（如法航／荷航、德航／瑞航）。

(二)進化成爲高價優質的業者

成爲高價優質的業者或轉型成爲低成本航空公司等同於分別往M型社會的兩頭集中，不論選擇哪一種都是高風險、高投資的賭注。走高價優質路線需要新的知識與技術，此類型業者有阿酋航空（Emirates）等。

(三)成爲較佳的聯網業者

成爲較佳的聯網業者不走極端，屬於中間路線者。例如澳洲航空發覺其客源不止分成國內與國際市場，休閒與商業旅次，同時也有常乘與隨機旅客，以及出境與入境旅客。大部分高票價的搭乘者是商務客常乘會員、高收益的休閒客，其中有多數是要搭機出國的澳洲人；而大部分入境的旅客則是依票價與座位供給而選擇澳航。因此，澳洲航空重新訂定市場區隔策略，並將品牌重新規劃與包裝（如**圖1-8**）。

「澳洲航空」（Qantas）繼續維持高優質品牌行銷概念，以出境、跨洲大城市間的常乘忠誠旅客爲主要經營對象；“Australian Airlines”以入境、價格敏感的非常乘旅客爲主；對於澳洲本土的商務旅客，澳洲航空成立“Cityflyer”的服務：對於本土尋求成本價格的旅客，澳洲航空成立了低成本子公司，稱爲“Jetstar”。採取此類混合品牌策略的關鍵成功因素，是前端服務的差異化與後端經營管理的協力合作，所以不是每個航空公司都能採行，必須視個

圖1-8　澳洲航空的多品牌行銷策略

資料來源：Franke (2007).

別環境而定，同時也必須權衡市場增加後，是否會同時有浪費公司資源的狀況產生。因此，澳洲航空從二〇〇七年決定只保留Qantas與Jetstar的品牌。

(四)成立低成本子公司

由傳統航空公司成立低成本子公司（a carrier within a carrier）的例子在歐美均有所見，在美國首先成立的是Continental Lite，總部在加州聖荷西，但此實驗性質的公司不久就宣告結束。美航公司（US Air）則成立總部在東岸的Metrojet。達美航空（Delta）也成立Delta Express（使用波音737-200爲主）以及Song（使用波音757爲主），然而這兩家公司後來均告終止。

在歐洲，英國航空（British Airways）採取較爲不同的策略，其成立的“Go”子公司總部位於倫敦另一個機場斯坦斯特德機場（Stansted airport），並完全獨立於母公司之外的營運，以避免影響英航在倫敦希斯洛機場（Heathrow airport）的航線。Go的經營獲得預期外的成功，然而英航最終以Go的營運影響了母公司的短程航線營運爲由，二〇〇四年將Go賣給了easyJet。英國的

圖1-9　bmibaby 票價廣告

資料來源：bmibaby (http://www.bmibaby.com/bmibaby/html/en/splash.htm).

British Midland（bmi）成立了子公司“bmibaby”（如**圖1-9**），迄今獲得不錯的成績。此外，芬蘭籍航空公司Blue1隸屬北歐航空（Scandinavian Airlines, SAS）集團，Blue1前身是名爲Snowflake之低成本公司，因經營不善被收購。FlyNoric則由芬蘭航空公司（Finnair）成立，後被賣給挪威籍的Airshuttle，並於二〇〇八年合併到該公司。

(五)轉型爲低成本公司

若傳統航空公司因應低成本革命的成效均不彰的話，最終的策略是將公司結構與整體營運轉型爲低成本航空。其中最成功的例子當屬愛爾蘭航空公司Aer Lingus，在對手Ryanair的強勁攻勢下，Aer Lingus載客量逐步下滑，**圖1-10**顯示Aer Lingus從二〇〇〇年起載客量開始低於Ryanair，二〇〇三年Ryanair 的搭載人數已遠高於Aer Lingus將近四倍之多，愛爾蘭航空市場因Ryanair的加入而重新洗牌。二〇〇一年Aer Lingus已累積淨損失達一億四千九百萬歐元，有鑑於此，Aer Lingus開始進行結構性重整。 在新的管理階層帶領下，增加了航線與航班，二〇〇一至二〇〇三年載客量上升了

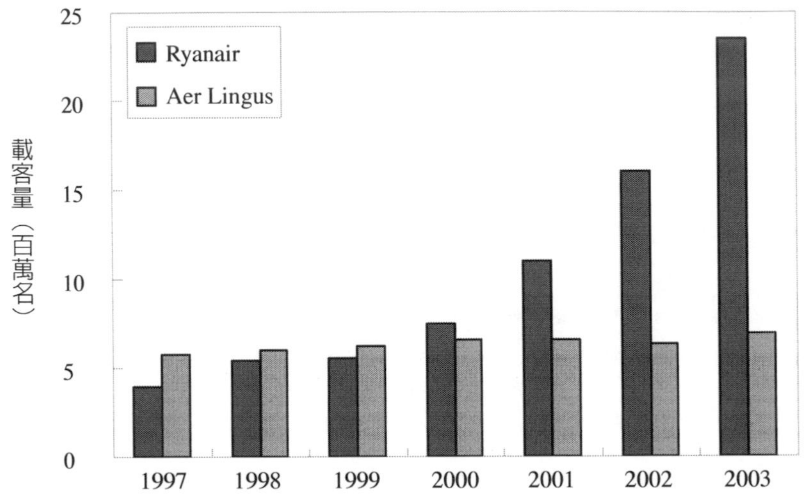

圖1-10　1997至2003年Aer Lingus 與Ryanair 的載客人數

資料來源：O'Connell & Williams (2005).

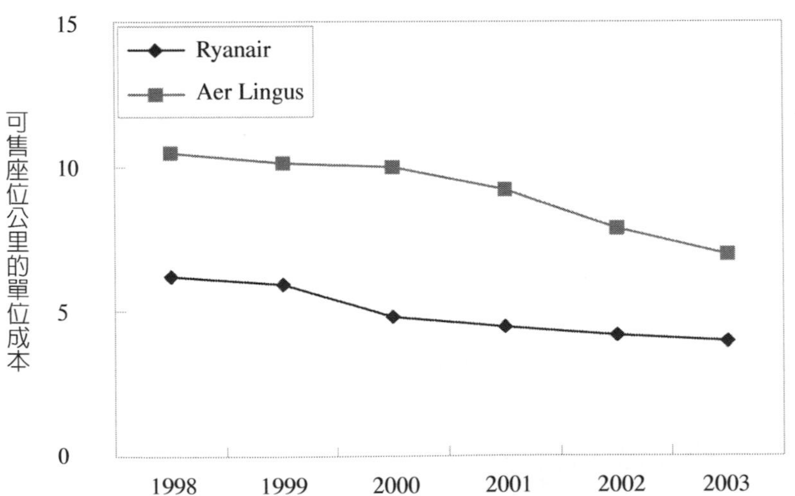

圖1-11　1998至2003年Aer Lingus 與Ryanair 的可售座位公里的單位成本

資料來源：O'Connell & Williams (2005).

7%，而營運成本也降低了31%的燃油成本、28%的機場費用、51%的飛機租賃費、12%的維修費、53%的配銷費用、21%的人事費、36%的管理費、21%的折舊費、49%的直接營運成本之雜項等，這些爲Aer Lingus共節省了三億四千萬歐元，也使可售座位公里的單位成本（Cost per ASK）獲得下降（參考**圖1-11**）。對於Aer Lingus而言，轉型是一項成功的策略，如今Aer Lingus已成爲歐洲最成功的航空公司之一。

第四節　低成本航空市場發展週期

低成本航空市場的發展週期與其他市場類似，根據Bjelicic（2007）分析，可分成初始期、擴張期、成熟期與合併期共四階段（參見**圖1-12**）：

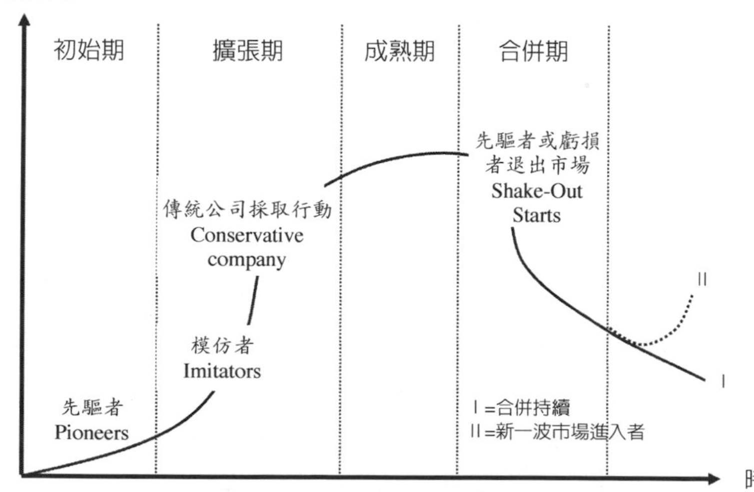

圖1-12　低成本市場發展階段

資料來源：改編自Bjelicic（2007）。

一、初始期

在市場發展初期，低成本航空的創始者或先驅者首先採取低成本策略進入航空市場，傳統航空公司剛開始無視或不以爲意低成本航空所帶來的商業模式與改變，不過要是低成本航空提供的產品被市場接受的話，就能迅速拓展規模。

二、擴張期

此爲低成本航空市場的拓展時期，先驅者的成功逐漸引起市場注意，創新的模式吸引了其他業者跟進模仿。仿效者不但包含從創投市場募得基金而成立公司的新業者，同時也包含市占率受到威脅的傳統航空公司，因此也是在這個時期傳統航空公司會成立低成本的子公司。

三、成熟期

在這個階段，低成本的航空市場產品提供數量達到頂峰，且業者彼此競爭也異常激烈；市場需求因此被拉抬，造成把市場做大的效應。

四、合併期

由於不是所有低成本業者都能承受長期降低票價或成本，來進行持續的價格戰，所以此階段業者開始進行整併。部分業者或許擴張過快，供給超過市場需求，造成入不敷出或營運損失，故虧

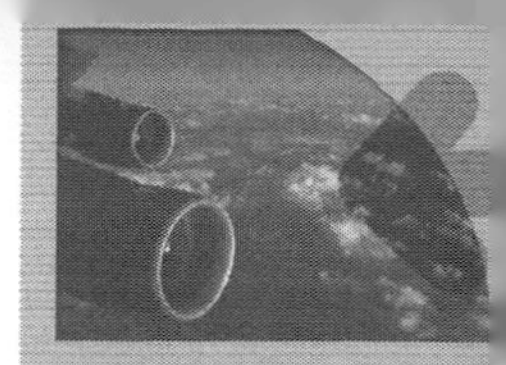

損者陸續退出市場。美國的People Express即是典型的失敗案例。一九八〇年美國的People Express推出超低票價，重視顧客的行銷策略。五年內公司的年營收已達10億美元。就在成為美國第五大航空公司的時候，公司因為擴展過速，系統無法處理急遽增加的乘客人數，再加上無法消化購併的公司，成立五年來大受歡迎，卻在第六年銷聲匿跡。

另外，此階段還可能會發生合併與收購，例如前述Go與easyJet的合併。其他的例子包括Ryanair 於二〇〇六年已開始向Aer Lingus提出14.8億歐元的收購建議，但遭Aer Lingus拒絕。由於愛爾蘭政府控制了該公司25%股權，並誓言利用這部分股權來保護愛爾蘭航空服務業。但受二〇〇八年全球金融危機的影響，愛爾蘭政府對所持Aer Lingus股權的態度也發生了變化。愛爾蘭經濟瀕臨崩潰，以及Ryanair抬高收購出價，使得Ryanair的新收購計劃比上次提議擁有更高勝算。不過，Aer Lingus工會擔心Ryanair會向他們提出嚴苛的工作條件，因此仍然極力反對這起併購案，目前併購案在二〇〇九年時仍在談判中。

此外，英國維珍大西洋航空公司（Virgin Atlantic Airways）於二〇〇八年十二月亦宣布有意收購bmi航空公司，其對於bmi在倫敦希斯洛機場擁有的起降權尤其感興趣。目前bmi擁有12%的起降權，比維珍的3%要多，雖然仍然比英航超過40%的起降權要少許多，但若將維珍長程航線業務與bmi占優勢的短程航線業務結合起來，將使得維珍航空成為英航更為有力的競爭對手。

圖1-12所顯示的低成本航空市場週期在世界上低成本航空出現的地區均已得到驗證，歐洲市場目前已來到合併期，而印度市場目前在擴張期。

而當市場產生合併狀況後，對有興趣再加入低成本航空市場的新業者將會更困難，最主要的障礙來自高度的資本需求。因低成本航空市場發展至此，對於想要快速進入市場並取得市占率的業者而言， 除了航權外，最重要的要件有兩項：一是飛機的取得，另一是資金的籌措。

1.**飛機的取得**：低成本航空業者若欲快速取得市場占有率，一開始營運時須具備一定數量的飛機。由於飛機租售爲全球的市場，新機是由飛機製造商（波音與空中巴士等）進行銷售，二手機則是在市場自由買賣，另外還有飛機租賃業者提供飛機租賃的業務。以Ryanair爲例，一開始其使用二手機來經營低成本航線，在一九九九年時，機隊共有二十二架二手飛機，其中有八架飛機曾在德航（Lufthansa）服役。

2.**資金的籌措**：航空業是資本密集行業，需要高度的固定成本。同樣的，低成本航空業者在開始營運時須投資大量的資金，以建立行銷系統與資訊技術（IT） 等便於提供基本產品，因此潛在投資者可能爲私人富豪或私募資本（private equity）的提供者。一般而言，私人投資者通常追求的是快速成功，而非企業的永續經營者，所以「股票首次公開上市（募股）」（Initial Public Offerings, IPO）[5]經常是低成本航空初始私人投資者用於募集企業發展資金，並使自己脫身的方式。成功的低成本航空IPO案例有easyJet、JetBlue、AirAsia等。例如二〇〇〇年創立的JetBlue，在營運一年內就出現獲利，JetBlue於二〇〇二年首次公開募股並於那斯達克上市，成爲有史以來最受歡迎的航空股份，現今市值已經達到數十億美元。又如AirAsia是企業家Tony Fernandes透過私人籌資於二〇〇一年成立的，爲了業務擴充需求，二〇〇四年首次公開募股，籌集2.63億美元的資金，現於馬來西亞

交易所掛牌。亞洲還有另一家低成本航空Jet Airways，已於印度的證券交易所上市。這些低成本航空公司均成功地利用股票上市籌集資金，以增強自身實力。

另外，低成本航空籌措資金的另一個方式爲飛機的售後租回（sales-and-leaseback of aircraft）。售後租回乃航空公司爲了實現改善財務報表狀況或減輕稅務負擔，選擇將其擁有所有權的飛機出售給其他第三方（銀行、飛機租賃業者或飛機製造商），然後再從後者租回飛機。例如印度的低成本航空Deccan在五年內搶占了15%的印度國內航空市場，但由於其進入市場的成本過高，因此公司成立至今尚未盈利。爲瞭解決財務上的窘境，Deccan將機隊中二十三架A320先賣出換取報酬，再用租賃的方式將這些飛機租回使用。印度其他低成本航空Indigo與SpiceJet亦分別將其二十架的A320與波音737以此方式籌措中長期資金。而部分其他的低成本航空業者據瞭解亦曾利用此項方式獲利，但近年來由於飛機租賃業者擔心飛機的市場價格可能會開始滑落，已逐漸不願意再承接售後租回的案件。

註譯

❶國內生產毛額（Gross Domestic Product, GDP）代表一國國境內在一定期間內所生產出來，提供最終用途的商品與勞務之市場價值。國內生產毛額成長率呈現當前經濟狀況。成長率高，則代表經濟成長強勁，反之則必須擔心經濟是否陷入衰退。

❷價格彈性的定義：需求變動的百分比除以價格變動的百分比，例如價格變動1%（例如價格由100漲到101），需求變動-0.5%（例如需求從100減到99.5），它的價格彈性等於-0.5% 除以1%爲-0.5。

所得彈性的定義：需求變動的百分比除以所得變動的百分比，例如所得變動1%（例如所得由100漲到101），需求變動0.5%（例如需求從100增到100.5），它的所得彈性等於0.5% 除以1%爲0.5。

彈性的絕對值若大於1，即爲非常有彈性。若彈性小於1，即無論價格或所得怎麼變動，需求之變動並沒有因價格或所得而動。

❸國際航空運輸協會的統計只針對航空公司本身資產的財務表現，並未納入航空業者其他之營運如旅館、維修場、地勤代理，或其他資產買賣所得。

❹可售座位公里（Available Seat Kilometers, ASKs）：指可售座位數與飛行距離數之乘積，其公式如下：可售座位公里＝可售座位×飛行距離。

❺「股票首次公開上市」（Initial Public Offerings, IPO）：是指企業透過證券交易所首次公開向投資者增發股票，以期募集用於企業發展資金的過程。

第二章　低成本航空公司之發展

- 低成本航空市場總體概況
- 美洲
- 歐洲
- 亞太地區
- 其他地區

第一節　低成本航空市場總體概況

一、低成本航空業者數量

囿於對低成本航空公司的定義不同（例如是否包含傳統航空公司的低成本特定航線，或是否包含提供合理型產品的budget carrier等），因此對於低成本航空公司詳細的數量各界有不同的計算方式與數字。同時由於近來低成本航空市場的新興與合併風潮所致，對於低成本航空業者的家數，更難以獲得隨時的更新與掌握。不過，根據航空業界權威雜誌《航空商業》（*Airline Business*）二〇〇八年的年度統計，到二〇〇七年五月為止，全世界有超過一百家的低成本航空，有六十五家低成本航空是在過去四年內成立的（如**圖2-1**）。以各洲為區分的話，二〇〇四年以來亞太地區有二十八家新成立的業者，歐洲有十八家，美國有十一家，非洲有五家，以及中東有三家（Airline Business, 2008d）。大部分的低成本

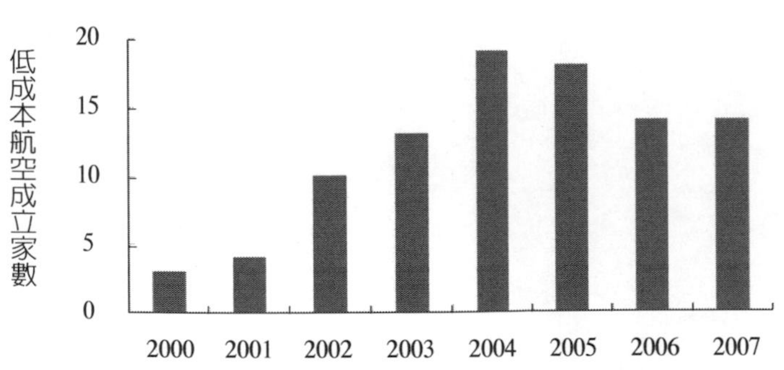

圖 2-1　2000至2007年低成本航空成立家數

資料來源：Airline Business (2008d).

公司是大量同時產生的，此現象尤以亞洲最爲明顯，此乃因亞洲正處於低成本航空市場的擴展期所致。

二、與傳統航空公司之營業獲利率比較

在世界航空產業裡，低成本公司用自己的經營模式，以低於傳統既有航空公司40%至50%的成本（Doganis, 2001）挑戰著傳統主流航空公司。從整體趨勢來看，低成本航空發展迅猛，力道不可小覷。若將全世界表現較佳的低成本航空與傳統航空公司做比較，**圖2-2**顯示，自從一九九五年開始，低成本航空公司（含西南航空、JetBlue、easyJet、Ryanair、AirAsia、Virgin Blue）的營業獲利率（operating margin）[1]均高於高價優質業者與聯網業者兩種族群的傳統型航空公司。高價優質業者的組成有國泰航空（Cathay

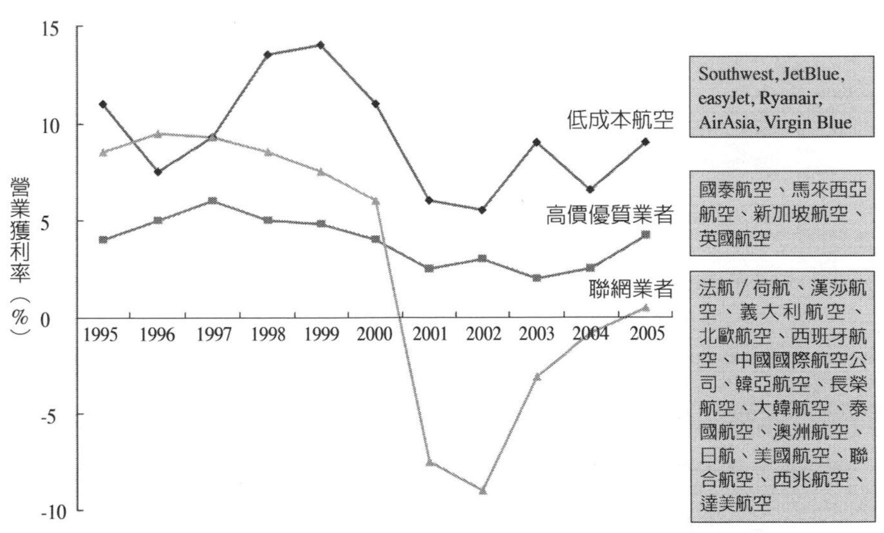

圖 2-2 1995至2005 年間不同類型航空公司之營業獲利率

資料來源：Franke (2007).

Pacific Airways）、馬來西亞航空（Malaysia Airlines）、新加坡航空（Singapore Airlines）與英國航空等，此族群是國家航空公司（Flag carrier），擁有大量忠誠的商務常乘會員，亦即高收益的客源，因此在航線票價上可以採取較高的定價（至少在部分航段是如此訂價）。

聯網業者族群有法航／荷航、德國漢莎航空、義大利航空（Alitalia）、北歐航空、西班牙航空（Iberia）、中國國際航空公司、韓亞航（Asiana Airlines）、長榮航空、大韓航空（Korean Airlines）、日航（JAL）、美國航空（American Airlines）、聯合航空（United Airlines）、西北航空（Northwest Airlines）與達美航空等。此類型業者夾在高價優質業者與低成本航空之間，其航網主要由短程與長程航線組成，市場區隔不若其他兩類族群——低成本航空及高價優質業者來得明顯，因此在市場愈來愈競爭時，其收益狀況屬於中等，要創造高營收顯得極具挑戰性。雖然在二〇〇一年九一一事件之前，由於九〇年代投資／運能增加，加上市場需求上升，導致聯網業者之營業獲利率有9%至10%。不過九一一事件後，獲利率一度跌至-10%，市場需求減少，來不及反應的業者因運能過剩或不採取合併策略，承受了大幅損失。雪上加霜的是，與聯網業者結盟聯運的區域業者在低成本航空的攻勢下，逐漸被打散，也侵蝕了其短程航線收益。由**圖2-2**可看出，九一一事件後聯網業者的復原速度顯得比低成本航空與高價優質業者的緩慢許多，直到二〇〇五至二〇〇六年間才獲得損益兩平。

若將高價優質業者與聯網業者合併爲「傳統型航空公司」族群與「低成本航空」族群做比較的話（如**圖2-3**），可以發現傳統型航空公司族群在一九九七年前之營業獲利率均優於低成本航空，一九九八年雙方呈現勢均力敵的狀態，一九九八年至二〇〇〇年間，低成本航空族群小幅領先。直至二〇〇一至二〇〇四年間雙方

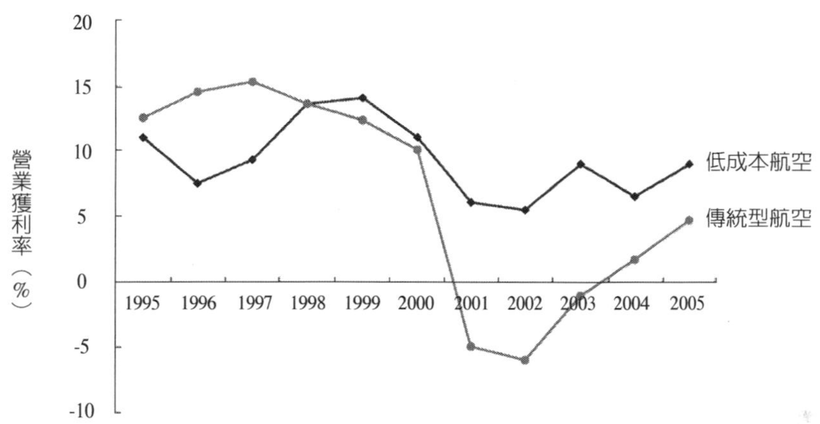

圖 2-3　1995至2005年間低成本與傳統型航空之營業獲利率

資料來源：改編自Franke（2007）。

差距逐漸拉大，顯見低成本航空雖亦受九一一攻擊事件、阿伊戰爭和SARS等負面外部環境因素的影響，但營運並未像傳統型航空公司陷入低潮。二〇〇五年起航空業逐步回暖，雙方差距乃逐漸變小，但低成本航空族群之營業獲利率依舊高於傳統型航空公司族群。

雖然世界上其他低成本航空不見得均呈現獲利的狀態，尤其是對於剛進入市場或起步不久的小規模低成本航空。但在經濟不景氣時，低成本航空已證明其是仍能獲利的經營模式，而且箇中翹楚者比起傳統大型航空業者一點都不遜色。

三、低成本航空公司之載客經營績效

低成本航空之營業獲利率優勢除了歸因成本控制外，主要源自於龐大的旅客載運量，據統計，二〇〇六年愛爾蘭低成本航空公司Ryanair每月搭載的旅客已高於英國航空。這些逐日上升的旅客載運數字，使得低成本航空在歐美與亞太地區已拓展出相當數量的市場占有率。**表2-1**顯示，二○○六年間低成本航空公司在美國、加拿大、英國、愛爾蘭、歐盟與澳洲等國已占本國航空市場的五分之一以上，甚至在英國、愛爾蘭已有40%的比例。

從「可售座位」來看，根據全球飛航資料公司（Global Flight Information Company）OAG的報告指出，在二○○六年七月時，低成本航空的可售座位只占全世界航空公司可售座位數二億八千九百萬位的16%，而在二○○七年七月中，全世界航空公司的可售座位數三億九百萬位，其中有20%是低成本航空所提供的，約占六千一百九十萬位左右，顯見低成本航空的崛起之速（Kerensky, 2007）。

在「搭載人次（運量）」上，二○○七年低成本航空搭載的旅客總數達五億五千萬人次，比起二○○六年增加了24%（Airline Business, 2008d）。若仔細分析全世界低成本航空市場運量分布，二○○七年低成本航空的市場以歐洲旅客運量最高，比例直逼四成，接下來是北美地區有34.9%，亞太地區在近年的成長下，有

表2-1　2006 年低成本航空公司於該國航空市場的占有率

地區／國家	占有率（%）	地區／國家	占有率（%）
北美		**亞洲**	
美國	24–25	馬來西亞	2
加拿大	30	新加坡	<1
		日本	1
歐洲		中國	-
英國／愛爾蘭	40	泰國	<1
歐盟	20	印度	
歐盟新會員國	<1		
		其他	
澳洲／紐西蘭		巴西	3
澳洲	30+	南非	1
紐西蘭	..	波灣國家	<1

資料來源：改編自Francis et al.（2006）。

18.9%，南美地區占4.6%，非洲比例爲1.2%，中東地區比例最低，只有0.9%（見**圖2-4**）。

在「旅客運量成長率」上，二〇〇六年到二〇〇七年間，低成本航空於各洲均呈現兩位數字的成長趨勢（參見**表2-2**）。中東與非洲地區雖然是運量最低的兩個地區，成長率卻高達77%與66%！表示此二地區具相當大的發展潛力。同樣地，亞太地區在低成本航空快速成長下，二〇〇七年搭載的旅客已超過一億人次，成長率亦不可小覷。至於歐美地區則維持一貫的高運量，搭載人次爲相當於兩倍亞太地區運量的二億。此外，南美洲的發展亦頗値得注意。相較之下，傳統航空的成長率（參見**表2-3**）則維持一貫與國民生產毛額相符合的成長趨勢，都在10%以下（除了中東外）。傳統航空同樣也是在中東、非洲地區與南美洲的成長率最高，最値得關注。

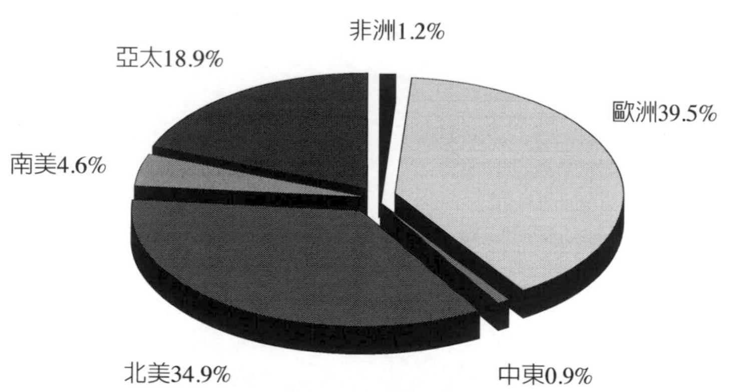

圖 2-4　2007年各洲在全世界低成本航空市場之占有率

資料來源：Airline Business (2008d).

表2-2　2006年與2007年的旅客運量成長率——低成本航空

	旅客運量（百萬）		成長率
	2006年	2007年	
非洲	4.1	6.9	66.7 %
亞太	77.5	104.8	35.3 %
歐洲	173.7	219.8	26.5 %
中東	2.8	4.9	77.5 %
北美洲	169.2	194.1	14.7 %
南美洲	19.8	25.6	28.9 %
總和	447.1	556.1	24.4 %

資料來源：Airline Business (2008d).

表2-3　2006年與2007年的旅客運量成長率——傳統航空

非洲	8.0 %
亞太	7.3 %
歐洲	6.0 %
中東	18.1 %
北美洲	5.5 %
南美洲	8.4 %
總和	7.4 %

資料來源：Airline Business (2008d).

從「個別航空公司」來看，**表2-4**為世界低成本航空市場二〇〇七年旅客運量排名前八十大的業者。第一名為西南航空，載客量高達八千八百萬人次，比第二名Ryanair 還高出五千萬人次，第三名是easyJet。值得注意的是，前十大低成本航空（北美洲業者五家，南美洲一家，歐洲三家與澳洲一家）的運量總和為三億九百八十萬人次，占全部低成本航空載客量五億四千四百萬人次的 57%。

表2-4　2007年載客量前八十名之低成本航空

2007	(2006)	低成本航空	國籍	成立日期	旅客運量(百萬)	成長率	載客率
1	(1)	Southwest Airlines	美國	1971	88.7	5.8%	72.6%
2	(2)	Ryanair	愛爾蘭	1991	48.4	19.3%	78%
3	(3)	easyJet	英國	1995	38.2	13.4%	83.5%
4	(5)	Air Berlin	德國	2002	27.9	41.4%	-
5	(4)	Air Tran	美國	1993	23.8	18.6%	76.2%
6	(7)	GOL Tranportes Aereos	巴西	2001	22.4	28.5%	68.4%
7	(6)	JetBlue Airways	美國	2000	21.4	15.2%	80.7%
8	(8)	Virgin Blue	澳洲	2000	15.6	6.7%	81.7%
9	(9)	WestJet Airlines	加拿大	1996	13	16.1%	80.7%
10	(11)	Frontier Airlines	美國	1994	10.4	16.5%	78.7%
11	(13)	Lion Air	印尼	2000	10	25%	-
12	(10)	Ted	美國	2002	10	-	-
13	(14)	AirAsia	馬來西亞	2001	9.7	31.1%	78.6%
14	(12)	Aer Lingus	愛爾蘭	1936	9.3	7.8%	75.4%
15	(16)	Jetstar	澳洲	2003	8.4	22.3%	75.8%
16	(15)	Germanwings	德國	2002	7.9	11.3%	81.4%
17	(17)	Deccan	印度	2003	7.3	30.7%	76.6%
18	(21)	Spirit Airlines	美國	1990	6.9	39%	80.7%
19	(18)	Norwegian	挪威	2002	6.4	24.6%	80.3%
20	(27)	Vueling Airlines	西班牙	2004	6.2	77.2%	73%
21	(24)	flybe	英國	2002	6.1	33.9%	61.3%
22	(20)	Adam Air	印尼	2003	6.0	20%	-
23	(28)	Cebu Pacific Air	菲律賓	1996	5.4	57.2%	80%
24	(19)	Transavia	荷蘭	1996	5.4	5.9%	-
25	(22)	Tuifly	德國	1973	5.0	8.7%	-
26	(23)	Onur Air	土耳其	1992	4.9	7.8%	80%
27		Clickair	西班牙	2006	4.6	-	70%
28	(25)	Sterling Airlines	丹麥	2000	4.3	1.9%	76%
29	(26)	bmibaby	英國	2002	4.3	5%	74.7%
30	(31)	Thai AirAsia	泰國	2004	4.2	40%	-
30	(31)	Wizz Air	匈牙利	2003	4.2	40%	84%
32	--	Pegasus Airlines	土耳其	1990	4.1	-	-

（續）表2-4　2007年載客量前八十名之低成本航空

2007	（2006）	低成本航空	國籍	成立日期	旅客運量（百萬）	成長率	載客率
33	（33）	Jet2.com	英國	1978	3.9	36.9%	73.6%
34	（42）	SpiceJet	印度	2005	3.8	105.1%	72.7%
35	（34）	Skymark Airlines	日本	1998	3.6	15.7%	-
36	（30）	Monarch Scheduled	英國	1986	3.6	30.1%	78.9%
37	（35）	SkyEurope Airlines	斯洛伐克	2001	3.6	2.9%	82.8%
38	（29）	JetLite	印度	1993	3.3	2.9%	-
39	（40）	Allegiant Air	美國	1998	3.3	49.8%	81.3%
40	-	IndiGo Airlines	印度	2006	3.3	-	73.6%
41	（41）	Mandala Airlines	印尼	1967	3.0	50.1%	-
42	（37）	Nok Air	泰國	2004	3.0	17.6%	70%
43	（38）	LanExpress	智利	1958	2.8	25.4%	72.5%
44	（44）	Air Arabia	阿拉伯聯合大公國	2003	2.7	53.4%	86.4%
45	（36）	ATA Airlines	美國	1981	2.7	2.4%	85.8%
46	（39）	Wind Jet	義大利	2003	2.5	13.6%	70%
47	（54）	Spring Airlines	中國	2005	2.4	118.2%	-
48	（48）	Click Mexicana	墨西哥	2005	2.2	48.1%	63.6%
49	（64）	Volaris	墨西哥	2006	2.2	142.9%	69.2%
50	（49）	FlyGlobespan.com	英國	2003	2.1	61.8%	77.2%
51	（46）	Thomsonfly	英國	2004	2.0	31.9%	81.3%
52	（43）	Kulula.com	南非	2001	2.0	11.1%	88%
53	（52）	Indonesia AirAsia	印尼	2000	2.0	62.5%	-
54	（51）	Interjet	墨西哥	2005	1.9	54.5%	66.2%
55	（47）	Tiger Airways	新加坡	2004	1.8	20.0%	-
56	（62）	GoAir	印度	2005	1.8	96.9%	78.9%
57	（20）	Niki	奧地利	2003	1.7	33.8%	-
58	（45）	Sun Country Airlines	美國	1983	1.6	4.1%	66.4 %
59	-	Mango	南非	2006	1.6	-	87%
60	（58）	Myair.com	義大利	2004	1.5	39.4%	0.7%
61	（54）	Skynet Asia Airways	日本	2002	1.4	28.2%	70.6%
62	（56）	1Time Airline	南非	2004	1.4	28.4%	83%
63	（53）	Flynordic	瑞典	2000	1.3	12.7%	-

（續）表2-4　2007年載客量前八十名之低成本航空

2007	(2006)	低成本航空	國籍	成立日期	旅客運量（百萬）	成長率	載客率
64	(57)	One-Two-Go	泰國	2003	1.3	20.8%	72%
65		vivaAerobus	墨西哥	2006	1.3	-	71%
66	(60)	Jetstar Asia / Valuair	新加坡	2004	1.3	20%	-
67		Lucky Air	中國	2006	1.3	-	83%
68	(67)	Air India Express	印度	2005	1.2	100%	-
69	(67)	Jazeera Airways	科威特	2005	1.2	100%	74%
70	(63)	Zoom Airlines	加拿大	2004	1.2	33.3%	-
71	(59)	China United Airlines	中國	1986	1.1	3.3%	-
72	(69)	Volareweb	義大利	1998	1.1	99.6%	70%
73	(74)	Blue Wings	德國	2003	1.0	194.2%	-
74	(65)	Jetstar Pacific	越南	1991	1.0	38.3%	-
75	(61)	Centralwings	波蘭	2005	1.0	-	81%
76	(70)	Avolar	墨西哥	2005	1.0	122.5%	73.1%
77	(79)	Alma de Mexico	墨西哥	2006	0.9	340.6%	53.4%
78	(71)	Blue Air	羅馬尼亞	2004	0.9	111.5%	74.8%
79	(66)	Star Flyer	日本	2004	0.8	15.7%	69.5%
80	(73)	Atlas Blue	摩洛哥	2004	0.8	100%	56.8%
前80名業者總和					544.5	23.5%	74.2%
全部低成本業者總和					556.1	24.4%	

資料來源：改編自Airline Business（2008d）。

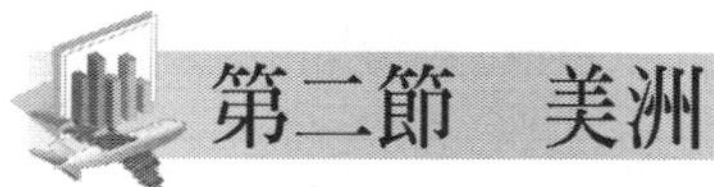

第二節　美洲

如前述，二○○七年北美的低成本航空公司旅客運量成長了14.7%，並占有全世界低成本航空市場的34.9%。**表2-5**爲美洲幾家著名低成本航空公司在二○○六至二○○七年的財務績效。

表2-5　美洲著名低成本航空公司於2006至2007年財務績效

低成本航空	國籍	收益（百萬美元）	營業獲利（百萬美元）		淨獲利		財報年度
		2007	2007	2006	2007	2006	
Southwest Airlines	美國	9,861	791.0	934.0	6.5%	5.5%	2007 / 12
JetBlue Airways	美國	2,842	169.0	127.0	0.6%	0%	2007 / 12
GOL Tranportes Aereos	巴西	2,553	-11.9	322.9	2.1%	15%	2007 / 12
Air Tran	美國	2,310	137.0	40.9	2.3%	0.8%	2007 / 12
WestJet Airlines	加拿大	2,019	281.7	176.8	9.0%	6.5%	2007 / 12
Allegiant Air	美國	361	44.1	22.6	8.7%	3.6%	2007 / 12
go！	美國	26	-13.9	-5.8	-	-	2007 / 09

資料來源：改編自Airline Business（2008d）。

一、美國

Pacific Southwest 是美國境內首先創立低成本商業模式的業者，不過是西南航空將之發揚光大，並成爲美國第六大的航空業者（Air Transport World, 2003）。一九七八年美國解除管制後，受西南航空公司發展成功的鼓舞，許多公司包括前包機業者、新業者以及主要航空業者成立的子公司（Delta Express、Continental Lite、United Shuttle），全部模仿西南航空模式而成立（如People Express即是在此段時期成立），因此一九七九年至一九八五年可說是低成本模式的增生期。但這些公司很少存活過五年，在一九八五至一九九二年間開始面臨倒閉或與傳統公司合併的命運，傳統航空業者成立的子公司也因先天母公司的成本過高或工會因素紛紛被中止。一九九二年開始有新一波的業者進入市場，但只是仿效部分西南航空的營運方式，一九九六年因ValuJet的空難意外致使低成本航空的載客量下滑，因此一九九七至二〇〇〇年又掀起了一波合併潮。

二〇〇一年的九一一事件震盪了傳統航空公司時，對部分新低成本航空業者反倒造成其進入市場的好時機（如JetBlue），以及強化原本低成本航空的發展期。**表2-6**、**表2-7**爲西南航空與美航公司在二〇〇二年的成本比較。以「員工薪資」爲例，西南航空的員工薪資成本約占總營業成本的39%，與美航公司的40.8%相差不遠；但從單位成本（除以客運收益公里數）來看的話，西南航空的員工薪資單位成本只有美航公司的53%，亦即少了46%的成本。另

表2-6　西南航空與美航公司營運成本比較（2002年）

	西南航空	美航公司	% point difference
員工薪資成本	39.0	40.8	-1.8
油料	14.9	9.8	+5.1
維修	7.6	5.1	+2.5
銷售佣金	1.1	1.6	-0.5
土地／租金	6.8	5.4	+1.4
飛機租賃／折舊	10.6	10.3	+0.3
其他（行銷費用等）	19.9	27	-7.1
總營運成本	100	100	

資料來源：Morrell (2005).

表2-7　西南航空與美航公司單位成本比較（2002年）

	西南航空	美航公司	SW advantage （%）
員工薪資成本／RPK	2.73	5.06	-46
油料／ASK	0.69	0.86	-20
維修／ASK	0.35	0.45	-21
銷售佣金／ passenger	86.71	271.45	-68
土地／租金 per ASK	0.31	0.47	-34
飛機租賃／折舊　／ASK	0.49	0.90	-46
其他／ASK	0.92	2.37	-61
總營運成本／ASK	4.61	8.79	-48

註：ASKs （Available Seat Kilometers）：可售座位公里。
　　RPKs （Revenue Passenger Kilometers）：客運收益公里數 。
資料來源：Morrell (2005).

外，**表2-7**更顯示出西南航空比美航公司在銷售佣金與其他成本上，更具競爭力，前者是對每位旅客，後者是對每可售座位公里。

而部分傳統大型航空公司雖然在九一一事件後復原速度緩慢，但也在此時進入了低成本市場，如達美航空在二〇〇三年成立子公司Song（二〇〇六年五月已退出市場），聯合航空在二〇〇四年成立Ted，故低成本航空的運輸市場至此已逐步增加運量。目前在載客人數上，低成本航空在美國本土市場至少占了25%以上（Francis et al., 2006），預估未來二十年將擴展至50%（de Neufville, 2004）。

值得一提的是，美國區域線的航空公司有逐漸與低成本航空運量整合，或將其自身轉型爲低成本航空的營運方式。目前美國地區較著名的低成本業者如**表2-8**所示。

表2-8　美國地區較著名之低成本航空公司

航空公司	航線
AirTran	Flights from many cities in the Eastern USA
Allegiant Air	Flights between Las Vegas and several East Coast cities
JetBlue Airways	Flights from New York - JFK Airport to 30 US destinations
Midwest Express	Flights from many cities all over the USA
Southwest Airlines	Flights from many cities all over the USA
Spirit Airlines	Flights operate mainly between Florida and Chicago, Detroit, New York
Frontier	Flights from many cities all over the USA
USA 3000 Airlines	Flights from Midwest and Northeastern USA to Florida, Cancun, Dom.Rep.

資料來源：修改自李志偉（2007）。

二、南美洲

二〇〇七年南美洲的低成本航空公司旅客運量成長了28.9%，

並占有全世界低成本航空市場的4.6%。在南美洲，最典型低成本航空公司快速發展的例子在巴西。巴西的國營航空公司VARIG，成立於一九六九年，是巴西第一家航空，亦曾是巴西及拉丁美洲最大、班次最多的航空公司；所擁有的市占率曾占巴西航空客運市場的50%，以及占巴西全航空業國際市場的70%。但由於VARIG經營成效不彰，官僚體系濃厚，又輕忽二〇〇一年低成本航空公司Gol的成立，使得Gol航空公司快速擴張，二〇〇六年已取得巴西國內37%的市占率，在國際市場上亦極具競爭力。因此在VARIG於二〇〇五年宣告重整與破產保護後，巴西政府逐漸將國際航權從VARIG移轉給其他航空公司。二〇〇七年四月Gol購入VARIG，二〇〇八年十月正式合併爲一家統一的航空公司，預計將創造國內短航線飛行（Gol）和長途航線運輸路線（VRG）的新航網。**圖 2-5**爲Gol 的廣告。

圖 2-5　Gol 的廣告

資料來源：Gol(http://www.voegol.com.br/Paginas/home.aspx).

第三節 歐洲

二〇〇七年歐洲的低成本航空公司旅客運量成長了26.5%，並占有全世界低成本航空市場的39.5%。一九八七年，歐盟實行天空開放政策，航空公司只要持有飛航作業許可證，就可以在歐盟境內任何城市之間經營航線。歐洲的低成本航空公司大部分都在九〇年代成立，家數衆多，幾乎每個國家都有一家以上，但經營模式各有千秋。據國際航空運輸協會統計，歐洲境內國際定期旅客從一九九九年的1.76億增長到二〇〇三年的2.15億人次，年平均增長5.1%，低成本航空公司的市場占有率還要高於這一數字。尤其二〇〇四年十月有十個新的歐盟成員國，如波蘭、捷克、匈牙利 、斯洛伐克、斯洛文尼亞、波羅的海三小國、馬爾他以及賽普勒斯等相繼加入歐盟後，使得歐洲的交通運輸更加便利，也給低成本航空公司提供了更廣闊的發展空間，不少低成本航空公司都把目光瞄準了這些地區，準備開闢新的航線。除了既有的低成本航空可開拓新航線至這些新加入的歐盟會員國外，更使新成立的低成本航空公司可選擇以這些國家爲總部基地，開始加入低成本航空市場。

這些國家經濟發展相對落後，有的低成本航空市場尙未起步，有著潛在的發展空間。據統計，在二〇〇四年歐洲的航空旅行人次是六億五千萬，低成本航空的載客人數有九千四百六十萬人次，至少有20%的旅客選擇搭乘低成本航空；到了二〇〇六年，低成本航空提供的座位數則平均每國達到了30.8%，如**圖2-6**所示。歐盟新會員國斯洛伐克甚至超過原先就已蓬勃發展的低成本市場（愛爾蘭與英國等），低成本航空提供的座位數高達72%。其他的新會員國如波羅的海三小國與捷克表現亦十分亮眼，急起直追比利時與

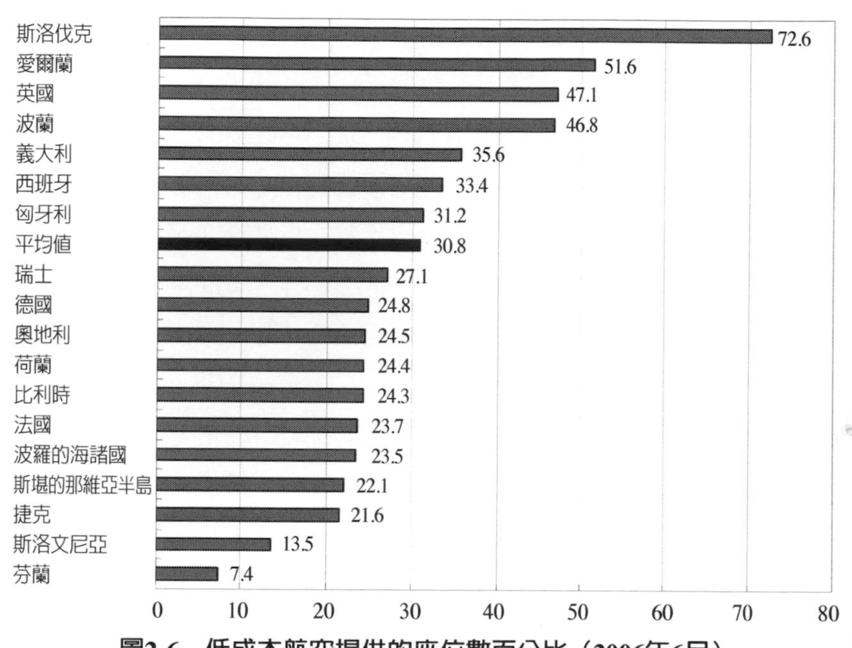

圖2-6　低成本航空提供的座位數百分比（2006年6月）

資料來源：Bjelicic (2007).

法國等國。歐洲低成本航空市場將會隨著歐盟經濟的持續增長而不斷發展。

儘管競爭激烈，但其實市場還遠未達到飽和程度，低成本航空公司將會有更大發展。歐洲尤其是在西歐，人們的休閒時間不但增加了，同時近年來人們對於休閒時間的利用方式亦逐漸在改變中。其中最重要的是現代年輕人能機動性地到本國內其他地方甚至國外，大量參加音樂會或休閒娛樂活動，而低成本航空正迎合並鼓勵這樣的生活休閒型態。 例如西歐年輕人會飛到東歐去聽著名樂團的演奏會，只因參加音樂會的入場券加上機票價格比同樣樂團在自己國家的演奏會門票還要便宜。

除此之外，低成本航空亦鼓勵了人們根據機票價格選擇旅行地點與行程的風氣，尤其是針對短假期旅遊或週末旅遊而言。另外對於低成本航空班次高的航點，也出現了外國旅客對於當地度假屋的需求。同樣的，大量東歐人在西歐工作，也蘊含了其配偶長期與短期工作機會的需求增加，東歐學生到西歐就讀的數量同樣增加了，移居、結婚或家庭聚會等，這些都會造成低成本航空需求的增加。另外，隨著歐盟的日益壯大，商務旅行的需求亦隨之上升。而東歐部分城市如布拉格或布達佩斯，更吸引了公司的興趣，成爲舉辦商務會議或研討會的熱門地點，因而成爲東歐航空旅客運量發展快速的前幾名。

至於俄羅斯情形較特殊，就在東歐小國紛紛解除天空管制政策、對於低成本航空開放天空時，進出俄羅斯的航點依舊很少，雖然市場有資金，但囿於政府政策，對於開放天空仍舊抱持保守的態度，同時也限制了低成本航空公司的發展。**表2-9**是歐洲著名低成本航空公司之財務績效。

目前歐洲境內最大的低成本航空公司是總部位於愛爾蘭的Ryanair和總部設在倫敦盧頓機場的英國easyJet，這兩家業者規模、

表2-9　歐洲著名低成本航空公司2006至2007年財務績效

低成本航空	國籍	收益（百萬美元）	營業獲利（百萬美元）		淨獲利		財報年度
		2007	2007	2006	2007	2006	
easyJet	英國	3,551	339.9	212.1	8.5%	5.8%	2007／09
Air Berlin	德國	3,459	29.6	80.9	0.4%	3.1%	2007／12
Ryanair	愛爾蘭	2,887	608.8	457.1	17.9%	18.1%	2007／03
Aer Lingus	愛爾蘭	1,768	121.8	95.9	8.2%	-6.3%	2007／12
Germanwings	德國	867	-	-	-	-	2007／12
Norwegian	挪威	727	23.0	-4.8	2.0%	-0.7%	2007／12
Sterling Airlines	丹麥	719	-0.8	-30.9	-0.8%	-3.5%	
Flybe	英國	675	12.8	-6.3	1.3%	-4.0%	2007／03
Vueling Airlines	西班牙	499	-97.5	-13.0	-17.4%	-4.6%	2007／12
SkyEurope	斯洛伐克	316	-28.0	-68.4	-10.2%	-30.9%	2007／09

資料來源：改編自Airline Business（2008d）。

實力及盈利水準都不相上下，均以提供低價格和高效率的服務不斷占據低成本航空市場，同樣透過併購其他公司迅速擴大規模。由於這兩家公司基地以及飛行的航線並不相同，目前還沒有形成明顯的直接競爭態勢。這兩家業者可說是主導歐洲低成本航空市場的主流公司，其發展方向及相互之間的關係，將對歐洲低成本航空市場有決定性的主導作用。二〇一〇年之前，預計低成本航空公司每年的增長速度將在30%左右，並逐漸把傳統的大型航空公司排擠出曾經給他們帶來豐厚利潤的短程航線市場。**表2-10**為歐洲知名的低成本航空公司。

表2-10　歐洲知名的低成本航空公司

國家	低成本航空公司
英國	Air Southwest、bmibaby、easyJet、Flybe、Flyglobespan、Jet2.com、Manx2、Monarch Airlines、Thomsonfly、Ryanair
西班牙	Clickair、LagunAir、Vueling
瑞典	FlyNordic
瑞士	easyJet Switzerland、Flybaboo、Helvetic Airways
荷蘭	transavia.com
挪威	Norwegian Air Shuttle

資料來源：修改自李志偉（2007）。

第四節　亞太地區

二〇〇七年亞洲的低成本航空公司旅客運量成長了35%，並占有全世界低成本航空市場的19%。亞洲市場低成本航空的經營模式引進較晚。雖歷經一九九八年金融風暴，二〇〇三年的SARS也重創亞洲地區，然根據Boeing（2006）對全球航空市場展望分析報告指出，亞太地區二〇〇五至二〇二五年之旅客平均成長率預估為

6.4%，若單就中國大陸地區來說將高達8.8%，遠超過北美之3.6%或歐洲地區之3.4%。顯示亞洲的經濟狀況，尤其是大陸的經濟發展，帶動了亞洲航運市場的成長，不管是客運或是貨運，都擁有很大的發展潛力。加上二〇〇六年的原油價格首度突破每桶70美元等外在營運條件的改變（國際航空運輸協會, 2006），讓傳統航空公司再次重新思考經營模式。低成本航空公司如雨後春筍般地相繼成立，使原本競爭激烈的航空市場更趨白熱化。目前，亞太地區有近二十家低成本航空公司。**表2-11**爲亞洲著名低成本航空公司二〇〇六至二〇〇七年之財務績效。

亞洲第一家低成本航空公司AirAsia在二〇〇七年的淨獲利率高達31.1%，而且在二〇〇六年與二〇〇七年，其運量已是全世界低成本航空市場排名第十四與第十三的業者。AirAsia另外與泰國合資在泰國成立Thai AirAsia，從泰國、新加坡、馬來西亞、印尼開始，近期要把航線開到香港及澳門。而新加坡Valuair開航新加坡—曼谷航線及新加坡—香港航線，新加坡航空成立了Tiger Airways迎戰東南亞地區的低成本航空業者。客源頗多的香港市場是航空業者爲低成本航空開站的目標，香港政府爲鞏固亞洲航

表2-11　亞洲著名低成本航空公司2006至2007年財務績效

低成本航空	國籍	收益（百萬美元）	營業獲利（百萬美元）		淨獲利		財報年度
		2007	2007	2006	2007	2006	
Virgin Blue	澳洲	1,713	255.8	99.3	10.0%	6.1%	2007 / 06
Jetstar	澳洲	891	69.0	33.2	-	-	2007 / 06
Deccan	印度	492	-167.2	-80.5	-41.1%	-19.6%	2007 / 12
AirAsia	馬來西亞	449	127.3	51.4	31.1%	19.1%	2007 / 06
spiceJet	印度	165	-14.7	15.6	-9.4%	-	2007 / 03
Spring Airlines	中國	165	9.4	3.8	4.7%	5.6%	2007 / 12
Lucky Air	中國	96	-	-	-	-	2007 / 12

資料來源：改編自Airline Business（2008d）。

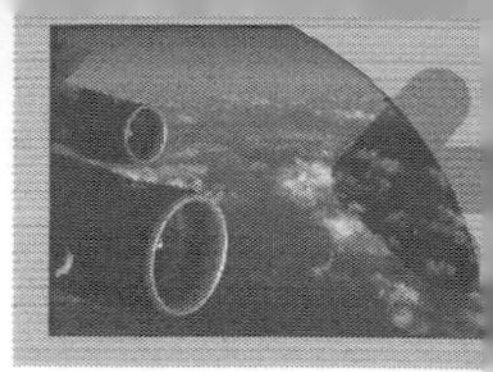

空樞紐的地位，與馬來西亞簽署天空開放協定，此舉將令馬來西亞的低成本航空有機會進入香港市場。

至於在印度，航空市場在二〇〇三至二〇〇四年的成長率達22.8%，由於其幅員遼闊、人口衆多，特別是中產階級又快速崛起，因此長期來看具有十足的成長潛力。早期印度航空市場主要有兩家業者：Air India 與 Indian Airlines，一九九三年開始有新業者加入（如Jet Airways ），二〇〇三年起陸續有低成本航空業者Air Deccan、Kingfisher、GoAir 與spiceJet等加入航空市場，而且大手筆的訂購飛機，顯示市場具發展潛力。而且印度政府也開始大規模進行次級機場現代化的工程，預計在二〇一〇前整修好三十五座次級機場，以因應成長迅速的國內航空市場。此外，中國也是被十分看好的低成本市場，但目前受限於法規、飛機購油的管道以及大小機場對於起飛降落與地面代理沒有區分，而仍有發展空間的障礙。

亞洲航空市場與歐美市場具有一點較大的差異是，由於次級機場通常聯外交通不便、設備不佳，因此旅客運量較集中大型機場，不像歐美低成本航空大量利用次級機場。以新加坡爲例，新加坡政府爲了因應低成本航空旅客的增加，特別興建一座低成本的航站，供低成本航空公司使用。

另外，亞洲低成本航空公司試圖打破傳統低成本營運模式，除了在國內航線或區域性短程航線外，已開始經營長程點對點航線，例如：二〇〇六年十月在香港成立之甘泉航空（Oasis Hong Kong Airway），以香港爲基地，飛航香港與倫敦間之長程定期航班，雖然成立之初只有兩架波音747-400參與營運，但畢竟是航空界一大創舉。不過因爲油價高漲，Oasis已於二〇〇八年停飛。AirAsia挾其低成本航空公司區域航線發展成功的經驗，亦成立AirAsia X以廣體客機經營低成本航空之長程航線，其後續發展值得密切注意。**表2-12**爲亞洲地區各國較知名之低成本航空公司。

表2-12　亞洲低成本航空公司

國家	低成本航空公司
中國大陸	Spring Airlines、Viva Macau
印度	Air Deccan、Air India Express、Alliance Air
印尼	Indonesia AirAsia、Citilink、Lion Air
馬來西亞	AirAsia、AirAsia X
菲律賓	Air Philippines、Asian Spirit、Cebu Pacific Air
新加坡	Jetstar Asia Airways、Tiger Airways、Valuair
泰國	Nok Air、One-Two-GO、Thai AirAsia
越南	Pacific Airlines
韓國	Jin Air、Jeju Air、Air Busan、Eastar Jet

資料來源：本研究整理與李志偉（2007）。

第五節　其他地區

一、中東

由於中東地區國家逐漸放寬航空管制、開放天空，因此低成本航空市場已逐漸被拓展開來，第一家在波灣地區的低成本航空是二〇〇三年以阿拉伯聯合大公國爲總部成立的Air Arabia，二〇〇五年在科威特有Jazeera Airways成立，陸續成立的還有Nas Air、Sama Airlines與Bahrain Air。二〇〇七年中東的低成本航空公司成長了77.5%，並占有全世界低成本航空市場的0.9%。比起歐美，中東地區的低成本航空尚在初始階段，但其已證明自己能與傳統大型航空公司如阿酋航空競爭（參見**表2-13**）。

據統計，Air Arabia 在二〇〇七年成長約是二〇〇六年的二至三倍之多，其營運方式與大多數的低成本航空類似，機上不提供餐

表2-13　Air Arabia與Jazeera Airways 於2006至2007年財務績效

低成本航空	國籍	收益（百萬美元）	營業獲利（百萬美元）		淨獲利		財報年度
		2007	2007	2006	2007	2006	
Air Arabia	阿拉伯聯合大公國	350	41.9	20.7	29.3%	13.5%	2007／12
Jazeera Airways	科威特	122	-	-	6.6%	11.6%	2007／12

資料來源：改編自Airline Business（2008d）。

飲、使用單走道飛機，節省了維修器材備料與員工訓練的成本。此外Air Arabia以次級機場爲根據地，並在飛機滑行時力行節油措施。最近Air Arabia更推出旅客可以在搭乘航班起飛前二十四小時以前報到的服務。

Jazeera Airways 是中東地區唯一既不是國營亦不是由政府出資的業者，在其開始營運的第二年即宣告獲利。不過，與其他低成本航空不同的是，Jazeera Airways提供兩級艙等的服務，同時也使用主要的機場起降。

二、非洲

由於天空不夠開放、基礎建設不夠完善等因素，使得低成本航空在非洲的發展落後於其他四大洲。但非洲主要城市的距離遠，道路交通系統不佳以及商務旅客的逐年增加，使得非洲的航空市場具有頗爲樂觀的前景，目前已有低成本航空業者在南非與東非營運。二○○七年非洲的低成本航空公司旅客運量成長了66.7%，並占有全世界低成本航空市場的1.2%。**表2-14**爲非洲地區低成本航空公司1Time Airline 於二○○六至二○○七年之財務績效。

非洲的第一家低成本航空公司在南非，是二○○○年成立的

表2-14　非洲地區低成本航空公司2006至2007年財務績效

低成本航空	國籍	收益（百萬美元）	營業獲利（百萬美元）		淨獲利		財報年度
		2007	2007	2006	2007	2006	
1Time Airline	南非	90	2.3	1.9	-	-	2007／12

資料來源：改編自Airline Business（2008d）。

Kulula.com（祖魯語Kulula爲easy／simple之意），是南非Comair成立的子公司。主要競爭對手與市場是南非國營航空公司——南非航空（South African Airways, SAA）的短程航線。到二○○八年爲止，Kulula已大舉侵占南非的國內航空市場，目前一週有三百架次航班，十二條航線，約占有16%的市場占有率。Kulula同時也是南非最大的網路零售商。

Kulula的競爭對手是1Time Airline，不論在國內或區域市場，兩家業者均有競爭的航線。 1Time Airline經營的黃金三角航線連接約翰尼斯堡、開普敦與德班市[2]，根據全球飛航資料公司OAG的統計，「約翰尼斯堡—開普敦」是二○○七年世界新航線運量成長最快的航線，而「約翰尼斯堡—德班市」排名第八。

儘管如此，法規的高度管制是非洲航空市場發展的一大挑戰，目前航空公司只能依賴與國際航空公司的合作來開拓區域航線市場。例如Kulula的母公司Comair與英國航空簽有分銷協定（Franchise Agreement），以BA／Comair品牌經營英航在南非國內與區域的航線。因此，即使受限於法規，仍能拓展南非到非洲各地的市場。

若天空自由化後，以南非爲例，預計每年將有五十萬名旅客造訪南非，創造七萬個工作機會。非洲自由化的航空市場如肯亞與埃及，已經展現了天空開放所帶來的利益，例如「奈洛比（肯亞首

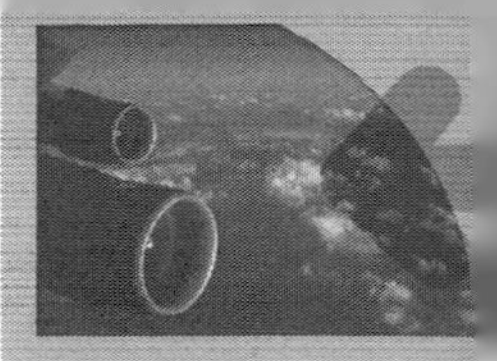

都）——約翰尼斯堡」航線在二〇〇〇至二〇〇五年間每月的旅客成長率為69%。

註譯

❶營業獲利率：用來衡量一公司的相對獲利力，計算方法是拿營業利潤除以銷售淨額。

❷德班是非洲最大、最繁忙的港口，世界第九大海港。

第三章 低成本航空經營模式與服務

- 前言
- 航線選擇
- 機種選擇
- 票務與售票通路
- 主要客戶
- 機上服務
- 次級機場
- 廣告與企業文化
- 組織
- 低成本航空vs.混合式航空
- 成本比較

第一節 前言

如前所述，低成本航空業最初是在歐美市場興起。經過多年發展後，低成本航空已逐漸擴散至世界各地航空市場，成爲今日民航業中不可忽視的力量。因此想要探究低成本航空的成功，必須先瞭解它們的經營模式。

其實「低成本航空」之所以不宜稱爲「廉價航空」，主因之一是低成本航空的成功關鍵是「低成本」，而非「廉價」。反觀一家航空公司可以很「廉價」，但卻沒有低成本結構，例如二〇〇〇年停業的瑞聯航空就是一個例子。因爲只憑低票價作爲最高策略的業者，大都只能在某些特定市場中生存，難以在競爭激烈與充滿挑戰的航空業中擴張與壯大。眞正的低成本業者採取各種手段全力降低成本，使得它們擁有更強大的競爭優勢。這些降低成本的策略牽涉多個領域，如何成功執行往往是低成本業者的最大挑戰，但也能爲它們帶來重大利基。

本章將舉出目前低成本航空常見的經營模式與服務方式。必須說明的是，並非每家低成本業者都全盤使用以下模式，這些模式也非一成不變通行全球。此一產業經過多年發展，不同市場中的各家業者逐漸發展出不同定位，因此有些業者只使用部分以下模式；有的業者則開發出不同的經營方式，這些變化使得低成本航空領域變得更爲複雜與有趣。

此外值得一提的是，隨著航空業的經營環境更加艱困，「開源節流」成爲整個業界的重要課題，許多傳統航空公司也開始引進部分低成本航空經營策略，因此以下這些策略並不全然是低成本航空的「專利」。關於各種經營模式，本書將在以下章節中討論。

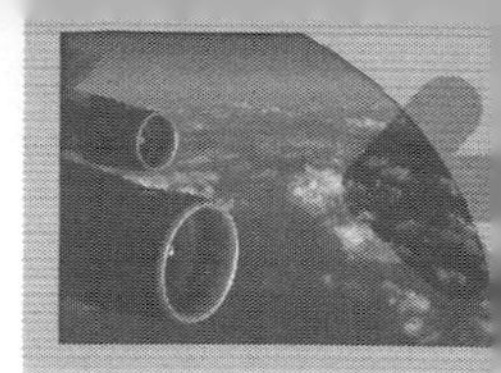

第二節　航線選擇

低成本航空通常以單走道客機，經營航程在三小時以內的航線，時間更長的航線較爲少見。它們之所以如此，與低成本航空營運方式有關。這類業者普遍希望讓每架飛機每天飛航更多班次、載運更多乘客與提高飛機的每日使用時間，因此營運節奏較傳統業者更加緊湊。在這樣的要求下，時間較長的航線並不適合低成本航空經營，而且一般而言，隨著航線距離加長，其客運收益公里數（RPK）也會隨之降低，較不適於傳統上票價較低的低成本業者。

要分析低成本業者營運模式對航線選擇的影響，首先必須瞭解飛機每日使用時間的重要性。飛機購置一向是航空業者的重大成本之一。提高飛機每日使用時間代表更有效利用航空公司的最重要資產，這對於必須致力壓低成本的低成本航空尤爲重要。一般而言，低成本航空的每日飛機使用時間都在十一小時左右或更高，下**表3-1**即爲部分低成本航空業者的每日飛機使用時數。

將以上數字與單走道客機的業界平均時數做比較，以空中巴士A319爲例，全球A319機隊（一千一百二十六架）在二〇〇八年十一月的平均每日使用時數爲8.14小時（Airbus, 2008）。與業界平均水準相較，低成本航空的每日使用時數多出三到五成左

表3-1　低成本航空公司2008年間每架飛機每日使用時數

航空公司	JetBlue（美國）	AirTran（美國）	WestJet（加拿大）	easyJet（英國）	Vueling（西班牙）	Norwegian（挪威）
每架飛機每日使用時數	12.4	11.0	12.4	10.9	12.6	11.3

資料來源：各公司年報。

右。對於低成本航空與傳統航空，一架單走道客機的售價並沒有太大差別；但是低成本航空的每日利用飛機的時數卻高出如此之多，對降低成本自有立竿見影的影響。

如前述，低成本業者普遍偏好飛航中短程航線，目的是讓飛機每天載運更多乘客。所以低成本業者一方面提高飛機每日使用率，一方面要盡可能飛航更多班次。以一架載客170人的飛機每日營運約十一小時而言，假如每趟航程都不超過一個半小時（加上半小時地面整備時間），則每天可飛航三個來回共六班飛機，提供1,020個座位。但假如這架飛機執行一次單程三個半小時的來回班機，剩下時間將只夠飛航一次短程航線來回，如此一天只能飛航四班，提供680個座位。如果考量低成本業者普遍票價較低，超過三小時的航線自然較不受業者青睞。

目前低成本航空平均每趟航程約爲二小時左右，至於航程距離，**表3-2**爲部分業者於二〇〇八年每班班機的平均航程。

爲了配合飛航更多班次的需要，業者必須縮短每趟班機之間的地面整備時間；低成本航空的通行標準是半小時左右。相較之下，傳統業者的地面整備時間約爲一小時。對於低成本航空而言，這樣的方式每天可爲每架飛機帶來多飛一趟來回班機的時間，對於提高飛機生產力大有幫助。至於低成本航空如何縮短地面整備時間，將在接下來的章節中說明。

表3-2　低成本航空公司2008年每班班機的平均航程

航空公司	AirTran（美國）	SkyEurope（斯洛伐克）	easyJet（英國）	Vueling（西班牙）	AirAsia（馬來西亞）
每班班機航程（公里）	1,118	972	1,009	919	1,231

資料來源：各公司年報。

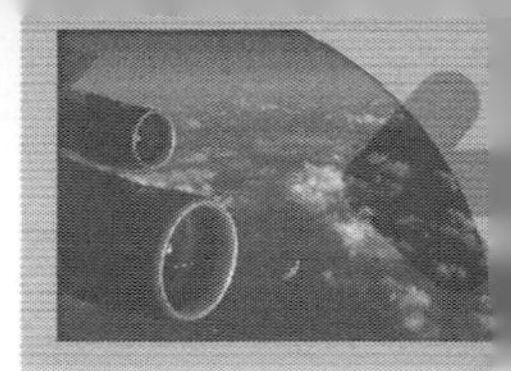

第三節　機種選擇

爲了獲得最低營運成本，低成本航空必須選用「低成本」飛機。然而，不是價錢最便宜的飛機，就是符合低成本航空需求的「低成本」飛機。低成本航空重視的不是低購置成本，而是低單位成本。因此目前大部分低成本航空的機隊，都是由單走道客機市場中最新型的兩種飛機組成：波音737-700／-800或空中巴士A320家族。而且許多低成本航空都只有單一機隊，避免多種機型帶來的額外負擔。

以機齡而論，目前許多中大型低成本航空的機隊與各大航空公司相比毫不遜色。原因除了這些低成本業者近年大幅擴張，正在引進新造客機之外，還有就是年輕飛機可提供更低的營運與維修成本。雖然它們的購買或租賃費用更高，低成本航空仍然願意投入資金引進它們，這點在油價高漲時尤爲明顯。

一般人可能會有所誤解，以爲低成本航空爲了省錢而使用老舊飛機（這也是「廉價航空」一詞帶來的影響之一）。但便宜的老舊飛機其實並不符合低成本航空所需，原因是它們的耗油與維修成本普遍偏高，這對每日飛行時數較長的低成本業者非常不利。此外，年事較高的飛機出現機械問題的可能性也較高，會對營運節奏緊湊的低成本航空帶來頭痛問題。

目前一般而言，低成本航空的首選是150人座至180人座的波音 737第三代-700／-800客機，或者空中巴士A320家族（**圖3-1**），主要原因有以下幾項：

1.它們是單走道飛機市場中營運成本最低的飛機，而且擁有公

圖 3-1　從倫敦盧頓機場起飛的匈牙利WizzAir A320

資料來源：王鼎鈞提供。

認的可靠性。

2.它們廣受各地航空公司採用，因此航空公司有多家維修服務與零件供應廠商可以選擇，而且較容易找到夠資格的飛航組員與模擬機。

3.市場上有大量同型飛機，業者如須引進更多飛機時，可向製造商訂購、租賃公司租賃或在市場上購買，在擴大機隊時擁有更多選擇。

當然，並非所有低成本航空都使用以上兩種飛機。例如有些低成本業者在剛成立時，因爲資本較少或是租賃公司不願冒險出租，只能先引進較舊的波音737第二代-300／-400／-500客機。但是這些公司一旦站穩腳步，大都會尋求更先進的客機。少數低成本航空亦操作波音757、717、MD-80或MD-90等機型。但是757是單走道市場中最大的機型，並不利於在較短航線上操作；MD-80則年事漸高，耗油與維修成本無法和新一代飛機相提並論。因此它們在低成本市場中只是少數而已。已經停產的MD-90或717雖然機齡並不高，價錢也相當便宜，但是它們的生產數量只有一百多架，不但難以提供未來成長所需，維修與訓練來源更可能成為新成立業者的問題，因此它們也是低成本市場中的少數。

除了以上的單走道噴射客機以外，有些低成本航空也操作螺旋槳客機或區間噴射客機，證明低成本模式並非一成不變。關於100人座以下的區間噴射客機，歷來並不受低成本航空青睞，主因是它們單位成本偏高，尤其過去區間噴射客機載客量都在50人以下時更是如此。不過隨著新一代區間噴射客機問世，近年來已有部分低成本航空開始引進約100人座的大型區間噴射客機，其中最成功的是巴西航空工業公司（Embraer）的E-170／E-190系列（**圖3-2**）。和波音與空中巴士的單走道客機相比，這些新式飛機的單位成本並不會高出太多，而且可以讓低成本業者將觸角伸入乘客數量較少的航線，進一步威脅傳統航空公司與區間航空公司的市場。這些大型區間噴射客機會對低成本航空業帶來何種影響，將是值得業界觀察的重點之一。

雖然波音737系列與空中巴士A320家族廣受低成本航空歡迎，而且兩家飛機製造商都擁有大量訂單等待交機，但這兩種飛機畢竟已是多年前的設計，許多較早生產的飛機將屆替換時間。經歷過油價飛漲壓力的航空公司（尤其是低成本航空）都希望兩種飛機的後繼機型早日問世，進一步降低業者的營運負擔。不過下一代單走道客機的發動機還在紙上談兵階段，因此兩大飛機製造商在這方面遲遲未有進一步動作，這也是目前航空業界最期盼解決的問題之一。目前看來，下一代單走道客機可能要到二〇二〇年左右才會出現。因此短期內，低成本航空仍須仰賴737與A320兩種飛機，在飛機營運成本上難有進一步突破。

圖 3-2　澳洲Virgin Blue的Embraer 170區間客機

資料來源：Rob Finlayson 提供。

第四節　票務與售票通路

和傳統航空業者相比，低成本航空在售票方面採取截然不同的作爲。這些策略與它們的訴求對象、售票通路、市場定位互爲相關，是低成本近年來成功的重要推手之一。

低成本航空的主要售票通路是自有網站，其次是電話服務中心。許多低成本航空都不經過全球訂位系統和旅行社售票，這樣做的原因是爲了節省機票銷售費用。全球訂位系統和旅行社都會向航空公司收取費用，低成本航空自然不願意經過它們之手。

利用自有網站售票除了不必向旅行社／全球訂位系統售票之外，另一個好處是幫助航空公司的現金周轉。如果航空公司經由旅行業者售票，票款可能要許久之後才會入帳，所有航班營運費用等於是航空公司墊付；利用自有網站售票則可避免這個問題。基於類似的道理，許多歐洲低成本航空的網站會對信用卡收取較高附加費，轉帳卡（debit card）的附加費則較低，目的是促使乘客使用可立刻扣款的轉帳卡。

既然不走傳統通路，低成本航空的票務規則自然也大不相同。傳統航空公司的票務是一門相當龐大的學問，因爲它們的票種較爲複雜。除了商務艙和經濟艙有不同票價之外，機票還可根據有效期限（十四天票、三個月票或年票等）、適用對象（外勞票、學生票等）和艙等差異等，衍生出不同票價與使用規定／限制，加上轉機以及與其他航空公司聯運，會帶來多種票價的排列組合。對於難以瞭解票務的一般大衆而言，傳統的機票規則有時會帶來一些麻煩，不但價錢便宜的機票通常會有不少限制，乘客也較難安排彈性行程。假如碰到必須購買單程票的場合，傳統航空公司的票價往往高得嚇人。此外，傳統航空業者和乘客通常必須經過旅行社交易，乘客無法見到訂位系統中的票價變化，完全仰賴旅行社安排與處理行程。這種現象在電子商務普及之前尤爲普遍。

相較之下，低成本航空的機票規則簡化許多。它們的機票種類變化不多，而且基本上都是單程票，也沒有適用日期和停留長短期限的限制，只有票價會因購買日期與班機不同而有所變化。低成本航空沒有「訂位保留」，乘客通常必須在購票同時付費。假如乘客想要更改日期，通常都須支付罰金加上兩班飛機票價的差額（假如改訂班機的票價高於原來票價）；而且機票通常規定不能退票，或者必須支付退票罰金。至於低成本航空如何爲機票定價，將會在第五章詳細討論。

對業者而言，機票規則簡化的最大好處是節省行政成本。值得一提的是，歐美低成本航空業者是航空業電子商務的先行者，早在多年前就已將機票完全電子化。這些都是爲了節省機票銷售和處理成本所做的努力。過去十年間在它們領軍之下，航空業在電子商務和機票電子化方面已有長足的進步。

由於低成本航空偏好不經旅行社售票，改以自有網站作爲面

對客戶的窗口，因此它們的主要客戶都是個人旅客。對於旅客而言，低成本航空的簡單機票規則與網路售票帶來許多好處。由於機票都是單程票，沒有來回票或最短停留期限的限制，乘客在規劃行程時擁有更多便利，例如方便設計多點行程，或者回程選擇搭乘別家公司或其他交通工具。乘客只要明瞭低成本航空對於更改班機或退票的規定，就可以彈性規劃自己的行程。這樣的便利性為低成本航空帶來不少忠誠客戶。

此外，由於低成本航空主要經由網站售票，每班飛機的票價在網路上一目了然，乘客可以挑選與安排對自己最有利的行程。這對肯花時間研究行程的乘客而言，不啻又是一項重大利多。這些是在經由旅行社售票的傳統模式下，旅客無法享受的便利。

除了售票之外，低成本航空莫不利用網站從事異業合作，作為推銷其他旅遊商品或服務的平台。今日連上任何一家低成本航空的網站首頁，都可以見到旅館、租車、保險等服務的連結，讓旅客在單一網站上解決所有旅行需求。這已成為低成本航空產業的特色之一（參考**圖3-3**）。

圖3-3　澳洲Virgin Blue航空的網站首頁

資料來源： Virgin Blue (http://www.virginblue.com.au/).

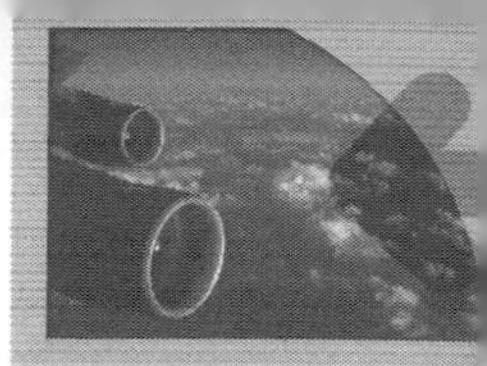

第五節　主要客戶

如前所述，低成本航空大都偏重以自有網站售票，有別於經由全球訂位系統和旅行社售票的傳統模式，以求節省機票銷售成本。在電子商務旅域中，低成本航空可謂成就斐然。在歐美國家，低成本航空大部分的機票都是經由自有網站售出。以網路售票比例而言，英國Jet2為97%、愛爾蘭Ryanair為99%、西班牙Clickair為85%、美國JetBlue則將近八成（Airline Business, 2008b）。

由於偏重網站售票，低成本航空的主要客群都是個人旅客，而非商務旅客或旅遊團體。這是它們和傳統航空公司（經由旅行社售票）之間的最大不同之一。

商務旅客由於缺乏個人時間，加上旅費較為寬鬆，因此經常直接交由旅行社代為處理行程，較少親自上網搜尋班機、比價和購票；此外，他們通常不太願意接受低成本航空服務的不便（例如沒有免費飲食、起降機場偏遠等）。旅遊團體通常由旅行社安排行程，加上低成本航空服務陽春，因此較少搭乘低成本航空。會利用網路購票與低成本航空者，多為出門旅遊、探親或就學的個人散客，而且偏向較年輕與習於使用網路的族群。這類旅客通常較為重視票價、行程較有彈性、而且願意花費時間研究行程。此外，這類旅客較能接受低成本航空服務的不便，使得他們成為低成本業者的主要客群。

此外，許多低成本航空都不提供哩程優惠計劃，以求節約成本和簡化營運，而且哩程優惠並不是個人旅客的優先考量，這也降低了低成本航空對常搭機的商務旅客吸引力。不過，近年來許多低成本航空已對經營模式進行修正，以求吸引收益較高的商務旅客，這些例子將在第四章介紹。

第六節　機上服務

機上服務是低成本航空與傳統航空業者之間最顯著的不同。爲了盡量降低成本，低成本航空採行簡化服務策略，將機上服務的各個領域變得更爲陽春，許多服務也不再免費。對航空公司而言，採行此種策略的原因除了降低成本之外，更可縮短地面整備時間，並且爲公司開創其他收入來源。

對於乘客旅行經驗而言，簡化的服務是搭乘低成本航空旅行最顯著的特點，旅客從報到開始就可以感受到不同。例如低成本航空班機大都不提供免費飲食，乘客必須掏錢購買所有飲食。許多低成本航空也不劃位，讓乘客依報到順序上機自由入座。更有甚者，有些低成本航空連登機證都可以簡單化，足見業者對「成本」斤斤計較的程度。

低成本航空的客服還有一項特點。傳統航空公司通常都以服務乘客爲首要使命，因此在不少情況下願意多花心力協助與照顧乘客。但是低成本航空的使命是降低成本，而且它們提供的是簡化服務，因此並非每家低成本航空都將乘客放在最高地位。就客服觀念而言，這是兩者之間最大的不同，消費者在搭乘低成本航空班機時也要有心理準備。

一、餐飲與機上銷售

以低成本航空的餐飲而論，減去正餐和飲料的支出、並將它們轉爲銷售收入項目，使得業者在成本上更具競爭力。此外，如果考量到傳統航空公司餐飲的複雜，想要簡化運作流程的低成本航空自然不樂於提供正式餐飲。

舉例而言，航空公司的一份正餐除了食物之外，還須包括多項餐盤與餐具，上機後還需要加熱。準備正餐與相關器材不但花錢（例如國籍航空的經濟艙正餐每份成本約在250至400元之間，視航線而定），更須花費地面人員與空服組員許多時間。但是在低成本航空運作模式之下，每班飛機只在地面停留半小時左右。這樣短的時間幾乎只夠乘客上下機，要完成上餐並不可行。而且低成本航空班機航程通常都不長，餐飲並不是絕對必要。

在這樣的考量之下，許多低成本航空早就不供應任何正餐，即使是機上販賣的飲食，通常也只有飲料、三明治和熱湯等簡單物品。這樣不但讓地勤作業大幅簡化，更可以爲公司帶來額外收入。當然，低成本航空班機上通常也沒有一般班機上常見的報紙、毛毯或撲克牌。除了安全角色之外，空服員在機上次重要的客服工作就是銷售，這和傳統航空公司的空服員服務角色頗不相同。**圖3-4**照片上是菲律賓Cebu Pacific航空的機上飲食價目表；低成本航空的

圖3-4　菲律賓Cebu Pacific航空的機上飲食價目表

資料來源：王鼎鈞提供。

機上飲食大都必須付費購買，這也是航空公司的另一收入來源。

如此簡化服務帶來的另一個好處，是讓低成本航空簡化人力，所以低成本航空班機上的空服員數目往往少於傳統航空公司班機。以波音737-800爲例，低成本航空以189人座的全經濟艙客艙只需法規下限的四名空服員，即可應付機上客服工作。但傳統航空公司的約160人座雙艙等客艙卻需要六名左右空服員。兩相比較之下，低成本航空的單位成本當然較低。

當然，機上能夠販賣的物品並不僅限飲食而已。除了某些紀念品和衣物之外，低成本航空還可以販賣其他類型商品，已有的例子包括機場進城的車票、手機易付卡等，爲斤斤計較的低成本航空業者帶來額外收益。不過受限於低成本航空的簡化運作程序要求，這些販賣品多以輕巧、易處理物品爲主。基於同樣道理，低成本航空的國際班機上通常不會像一般航空公司提供多樣免稅商品，以免增加地勤處理時間和人力。

二、機上自由座

對於首次搭乘低成本航空班機的旅客而言，登機時的入座方式可能是另一項特別的經驗，因爲許多低成本航空在這方面也採取特別作法。

對於機上劃座，部分低成本航空採行的是「不劃座」措施，部分則繼續保持傳統的「劃座」方式。不劃座的目的是進一步減少旅客登機耗費時間，以及簡化地勤程序。如果是不劃座班機，乘客會根據報到順序依批登機。登機證上印有乘客報到序號，取代一般登機證上的座位碼。上機後乘客只要有空位即可入座，耗費時間要比傳統劃座方式更少。

這種措施帶來的另一個好處，是促使乘客提早報到。因爲一般乘客都喜歡挑選自己喜好的座位，入座後輕鬆地等待起飛，而不是上機後只有別人挑剩的座位可選，還有必須在滿滿的上方置物箱中，辛苦地爲自己的隨身行李挪出空間。如果乘客想要避免這樣的麻煩，最好的辦法就是早點到機場報到。

不過值得一提的是，隨著低成本航空近年來努力開創各項收入來源，這種挑選座位的「權力」也不再免費。在低成本航空業者中，大部分不劃座的公司都已將「優先登機」列爲收費項目之一，至於執行劃位的業者，則對「網站提前劃位」執行收費。關於低成本航空業者開拓機票來源以外收入的努力，將會在後面的章節詳加介紹。

第七節　次級機場

機場選擇是低成本航空營運模式的一大特點，也是它們和傳統業者最大分別之一。一般而言，低成本航空大都偏好使用次級機場，避開擁擠與起降費用昂貴的主要機場。乘客因此必須舟車勞頓，以「不便」換取更便宜的票價。

本文這裡所指的「次級機場」，是城市主要門戶機場以外的其他機場。這類機場通常距離城市較遠、地點較爲偏僻、交通較爲不便、而且只有陽春的場站設施。但它們的優點是起降費用便宜，而且沒有機場擁擠問題，飛機不必浪費時間在地面排隊等待起飛，非常適合低成本航空的運作。

這類機場在亞洲的例子不多，但在歐美較爲常見，主因是歐美先進國家擁有歷史悠久的普通航空、商務航空和私人航空事業，因此各地早已廣設機場。此外冷戰結束之後，歐洲各國紛紛裁減兵力與關閉基地。一些被關閉的航空基地於是轉型爲商用機場，讓低

成本業者擁有不同選擇。

這些機場往往坐落於偏遠地區或中小城鎮。爲了吸引往來主要城市的旅客，它們理想上距離大城車程應在一小時至一個半小時之內，而且最好擁有便利道路交通。值得一提的是，爲了吸引航空公司前來飛航，這些次要機場所在地的地區政府或機場往往會提出優惠方案，包括降落費減免、新航線廣告贊助、低廉租金等等，以期航空公司帶來的旅客能夠振興地方經濟。這些因素相加起來，使得次級機場已成爲低成本航空業節省成本的主要手段之一。

儘管這類機場理論上適合低成本航空營運，但在選擇次級機場之前，航空公司仍必須先做評估，確定這些偏僻的機場擁有足夠客源，才不會讓班機空空如也。這樣的評估牽涉到的即爲機場的“catchment area”概念。

所謂“catchment area”，指的是機場能夠吸引到旅客的地理範圍，其大小視各地交通情況有所不同。以這個概念來看，一座位於中小城鎮的機場也許無法靠所在地支持航空服務，但如果這座機場能夠吸引到鄰近大城的旅客，就有成爲次要機場的潛力。假如鄰近大城的主要機場過分擁擠或收費過高，缺乏其他新興業者提供服務與競爭，使得當地旅客飽受高票價之苦，這座次要機場的吸引力就會更大了。

爲了簡單說明這個概念，假定台灣的竹北市有座國際機場，對於正在考慮開航越南河內的航空公司而言，單憑來往新竹縣市的客源當然難以支持竹北—河內航線。但假如航空公司規劃人員計入以機場爲中心，方圓一個半小時車程內（涵蓋台北、桃園、新竹、台中等地城鎮）收入百萬元以上的家庭數目與中大型製造業公司數目，結果可能會發現：以“catchment area”而論，竹北機場的潛力並不見得低於台灣其他機場。而且竹北市的聯外交通完全不是問題。此外，竹北機場爲了吸引其他縣市乘客，提供機場免費停車，並向航空公司提供新航線前兩年降落費減半優惠；竹北市政府為了振興當地旅遊產業，願意分擔航空公司半年內廣告費用。假如業者再考量越南北部旅遊市場充滿潛力，但因為諸多因素，桃園國際機場每天只有三家公司的三班班機飛往河內，使得座位供不應求，票價一直偏高。這樣竹北一河內航線就值得認眞評估了。

因此近年來在世界各地，次級機場已成為機場營運的新興現象之一。在不少歐美城市，可以見到低成本航空利用次級機場，讓這些偏遠機場登上空運舞台的例子。

- 德國法蘭克福：位於西方的哈恩機場（原為美國空軍基地），距法蘭克福約100公里，巴士車程約一小時四十五分。
- 德國杜塞道夫：位於荷蘭境內的威茲機場（原為英國皇家空軍基地），距杜塞道夫78公里，巴士車程約一小時三十分。
- 比利時布魯塞爾：位於南方的沙勒羅瓦機場，距布魯塞爾48公里，巴士車程約一小時。
- 美國紐約市：位於東方的長島機場，距紐約市曼哈頓區約80公里，火車車程加上接駁巴士約一小時四十五分。
- 法國巴黎：位於北方的博書機場，距離巴黎市區約90公里，巴士車程一小時十五分。

由於全球有許多大城機場都面臨設施飽和卻難以擴建的問題，使得新興的低成本航空轉向次級機場發展。但這樣的策略也對乘客帶來一些問題。某些低成本航空不見得會強調自己飛航的是次級機場，許多民眾也搞不清楚這些地名原來不是主要機場。例如對於來自外國的旅客，光看航空公司網站上的Paris（Beauvais），或者Barcelona（Reus）等字樣，並不會知道這些機場距離市區可能有近百公里之遙，因此這種作法為某些低成本航空帶來「欺騙消費者」爭議。另外，乘客看到某些中小型城市機場的名字，不見得知

道可以利用它們前往鄰近大城，例如德國北部的呂貝克（鄰近漢堡）、法國南部的格勒諾勃（鄰近里昂）、美國加州的聖荷西（鄰近舊金山）等都是例子。因此弄清低成本航空飛航什麼地方，還有目的地周圍有哪些可以利用的機場，已成爲低成本航空旅客規劃行程功課的一部分。

值得一提的是，有些主要機場近年來也開始重視低成本航空，主因是低成本航空往往是擴大旅遊人口的重要推手。爲了吸引低成本航空飛航，這些主要機場紛紛提供優惠方案，以及爲低成本航空設計的簡化服務。例如配合低成本航空需求，飛機即使停在航站大廈也不接上空橋。此外，目前已有機場興建低成本航空專用航站，吉隆坡和新加坡都是這方面的代表例子。這些爲低成本航空量身打造的航站設計簡樸，也沒有空橋，使用費用較爲低廉。未來會不會有更多低成本航站出現在主要機場，將是一個值得觀察的議題。

第八節　廣告與企業文化

對於旅行大衆而言，航空業打造出的傳統形象是莊重、可靠、美好服務、舒適旅程，這些主調在各大航空公司廣告上一再出現。但新興的低成本航空卻完全打翻以上準則。

它們之所以採行截然不同的策略，原因是它們的經營模式與傳統航空公司大相逕庭，而且成立之初往往都是市場中的無名小卒，因此必須採取手段吸引消費者的注意，建立與傳統業者完全不同的形象。

爲了達成這樣的目的，許多低成本航空的廣告擺脫傳統航空業的「包袱」，改採詼諧手法呈現低成本航空的低價優勢（見圖**3-5**），甚至不惜拿傳統航空公司的「高價」來開玩笑。

圖 3-5 美國AirTran的平面廣告

資料來源：AirTran (http://www.airtran.com/Home.aspx).

反映在廣告以外的層面，不少低成本航空的企業識別都使用明亮色彩，並且創造易記的商標與公司名稱。例如英國bmi的低成本子公司，取名爲bmibaby（英文發音："be my baby"），代表公司的漫畫人物更是讓人過目不忘。美國Frontier Airlines則在每架飛機垂直尾翼漆上不同動物的圖樣，凸顯其「來自西部邊疆」主調。還有泰國的Nok Air因爲主要股東之一是雞肉公司，飛機塗裝就如同鳥類一樣（Nok是泰文中的大鳥）。西班牙航空的低成本子公司則直接命名爲Clickair，讓所有顧客知道只要使用滑鼠就能買票。

更有甚者，許多低成本航空的制服也採取輕鬆路線，一反傳統航空公司第一線客服人員的正式西裝與套裝。它們的空服員穿著可能是Polo衫、卡其褲或夾克（如**圖3-6**），甚至還有飛行員制服是皮夾克的例子，帶給乘客更輕鬆與愉快的感覺。

除了塑造不同形象之外，這些措施還可以幫助公司建立不同文化。世界各地低成本航空通常都是年輕的新公司，目標客層是出門旅遊和探親的個人旅客，因此不少公司都將「年輕」、「快樂」和「熱情」作爲公司文化主軸。

圖3-6　美國西南航空的空服員

資料來源：Michael Ing 提供。

這樣的文化反映在客服之上，使得有些低成本業者提供更活潑的搭機經驗，例如美國西南航空與菲律賓Cebu Pacific都是例子。除了塑造更有向心力的團隊之外，這樣的企業文化與客服方式也對乘客帶來更大吸引力，讓他們更願意搭乘低成本航空的班機。

第九節　組織

對於必須節省成本的低成本航空而言，簡化人事自然是最重要的手段之一。爲了達成這個目的，低成本航空的組織都非常精簡。但是航空公司是一種複雜的單位，涵括領域從航務、空服、機場地勤、維修到內部的資訊、營運、企劃等等。如何在不影響安全的情況下，還能達到組織精簡的目標，即爲低成本航空的優勢。

一般航空界在探討公司組織規模時，均會以「人機比」（員工數除以飛機數）爲比較基準之一，**表3-3**爲低成本航空與世界各大航空公司的人機比。

表3-3　低成本航空與世界各大航空公司的人機比

航空公司	員工人數	飛機數	人機比
Ryanair	5,920	168	35
easyJet	5,674	153	37
Germanwings	1,033	25	35
Jet2	818	30	27
Singapore Airlines	14,071	102	138
Alitalia	22,515	128	176
China Airlines	9,726	67	145

資料來源：Air Transport Intelligence database (2008).

表3-3顯示，低成本航空員工數與飛機數的人機比遠低於傳統模式的航空公司。低成本航空每架飛機只需不到四十名員工，相較於大型航空公司往往超過百名員工，其間差別不可謂不大。低成本航空之所以能夠擁有如此精簡的組織，主因有以下幾項：

一、營運模式的簡化

低成本航空通常只以單走道客機經營中短程航線，而且通常只有單一機隊，給予乘客的服務也比較陽春。相較之下，傳統航空公司不但擁有多種機隊，而且必須飛航長程航線，同時爲乘客提供更完善的服務，因此需要更多人力才能支持這樣的營運模式。

二、組織單純

和傳統航空業者相比，低成本航空少掉不少業務部門。例如低成本航空不設分公司（即使大型低成本航空也是如此），也不在各航點派駐員工。又例如旅行社通常不是低成本航空主要售票通路，因此公司不需要一批這方面的業務人員。另外許多低成本航空都不經營貨運，所以公司也不需要貨運部門。如果再考量低成本航空本來就刻意精簡人事，加上它們大都歷史較短，不像各大公司背負沉重人事包袱，因此能以較少人力執行航空公司業務。

三、將非核心業務外包

「外包」是低成本航空業節約人事開支的重要手段。和傳統航空業者相比，低成本航空通常都將非核心業務大量外包，這些業務主要是維修和地勤工作。許多低成本航空普遍不執行高階維修，甚至有將維修工作完全外包的例子（低成本航空維修策略將於第八章討論）。它們之所以能夠如此，也要歸因於近年來統包維修服務的興起，讓航空公司可以減少維修人力。至於地勤工作（尤其是在外站），低成本航空也大都將之外包給地勤服務公司，不以公司員工處理機場地勤業務。

在這樣的策略下，低成本航空的企業內部人力得以大幅減少。除了必要的空勤組員之外，公司總部員工人數少到讓人驚異。以德國的Germanwings爲例，這家操作二十五架A319客機的低成本航空擁有一千零三十三名員工，其中七百七十名是空勤組員，其他部門員工只有兩百多名（到二〇〇八年十二月爲止，Germanwings

網站）。從這樣的數字足見低成本航空組織是多麼精簡。關於低成本航空的人力資源策略，本書將在第六章詳加討論。

第十節　低成本航空vs.混合式航空

以上簡述了低成本航空的主要營運特點。不過低成本航空節省成本的策略當然不只以上這些。例如許多低成本航空都只經營點對點服務，不安排轉機和建立中樞城市。因爲對於轉機工作而言，少數班機延誤就可能對整個系統帶來影響，所以想要轉機的乘客必須自行購買兩張機票，並且自負班機延誤風險。還有許多低成本航空都不經營貨運業務，因爲低成本航空的半小時地面停留時間不足以裝卸貨物，而且貨運會爲追求營運節奏快速的低成本航空帶來額外負擔。

如第一章所述，並不是所有低成本航空公司都遵循這些策略，其實每項策略都只有部分公司採用而已。低成本航空產業經過許多年的發展與演化，各地的低成本航空已演化出不同的經營模式與策略，甚至市場定位也各有差異。例如「飛機以單艙等設置最多座位」是低成本航空的重要原則之一，但近年來也出現設置商務艙的低成本航空。或者關於「低成本航空只操作一種單走道噴射機」的原則，近年來也出現擁有兩種以上機隊，甚至引進渦輪螺旋槳客機的低成本航空。這些都說明以上的經營策略只是準則，各家公司會在市場中尋找最適合自己的定位與策略。

隨著低成本航空業的持續演變，關於「低成本航空」的界線已開始變得模糊起來。原因之一是低成本航空的興起，原本爲了競逐傳統航空公司不觸及的低價市場。但是這些市場的客源畢竟有限，而且在各地市場中都不乏其他低成本競爭者，因此部分低成本

航空逐漸加入更多服務項目，或者修改原本的經營策略，嘗試吸引更多客源。另一方面，某些傳統航空公司則引進低成本航空策略，讓自己在激烈競爭中具備更強的競爭力。

結果就是新一代「混合式」航空公司（Hybrid Value Carriers）的出現，這樣的例子正在世界各地逐漸增加。其中最有名的例子之一是澳洲的Virgin Blue。這家公司在二〇〇〇年開始營運時走的是低成本路線，但是近年來，Virgin Blue開始變得愈來愈「豪華」，不但在機上提供豪華經濟艙，還提供哩程計劃與機場貴賓室，並且打破單一機隊引進區間噴射客機。這些措施目的都是開拓原本低成本航空模式無法觸及的商機。另一個例子是美國的JetBlue；這家公司在二〇〇一年開始營業時也遵照低成本航空法則經營。但是近年來，JetBlue已經打破幾乎大部分低成本航空策略。這家公司與全球訂位系統業者大力合作、與外籍航空公司合作聯運、機上所有飲料點心免費供應、引進區間噴射客機、並且設立轉機中心提供轉機服務，超越原本低成本模式的領域。

關於這類型航空公司，近年來最佳的例子是二〇〇七年在美國成立的Virgin America（見**圖3-7**）。這家公司運用了部分低成本航空的經營方式，例如強調網站售票、機上出售餐點、不經營貨運；某些方面甚至比一般低成本航空還要「極端」，像是完全不使用現金與乘客交易（包括機上販賣在內）。但在另一方面，Virgin America飛航主要城市機場、在單走道飛機上設有三個艙等、客艙擁有最先進娛樂系統，「豪華」程度比起傳統航空公司有過之而無不及。這種「混合式」策略目標，顯然是搶攻低成本航空和主要傳統航空公司之間的市場區塊。這也使得Virgin America難以歸類爲眞正的低成本航空，只能以「混合式」航空公司視之。

以上這些例子說明：低成本航空準則只是參考，今日「低成本航空」的名下可以有許多種不同經營方式。事實上，眞正完全

圖3-7　混合式航空的例子之一：美國Virgin America

資料來源：Michael Ing 提供。

堅守低成本航空策略的業者已經屈指可數，只有Ryanair、Tiger Airways等少數業者屬於此類公司。

更有趣的是，收取行李附加費或者機上出售餐點本來是低成本航空的「專利」，也是低成本航空與傳統航空的分別之一。但是目前在美國，大部分主要航空公司都已在國內航線引進這兩項措施，反倒是低成本航空龍頭西南航空堅不採行，結果和低成本航空相比，這些美國主要航空公司的國內線反而更像低成本班機。這些有趣的變化正是航空事業吸引人之處。

第十一節　成本比較

一、低成本航空的成本優勢

低成本航空節省成本的策略，不外乎就是對成本的斤斤計

較。對於這些簡化營運模式的航空業者而言，必須要先達成低成本的目標，才能向旅客提供較優惠的票價，吸引消費者投向低成本航空的服務。

根據德國Condor航空總經理Christoph Debus指出，歐洲低成本航空的成本要比傳統航空公司最多低上六成，這些成本優勢是由以下各點累積而成（Debus, 2006）：

1.更高座位密度　16%
2.低機票銷售成本　9%
3.使用較便宜的次級機場　8%
4.簡化營運程序（如旅客報到手續）　8%
5.人事成本　7%
6.機上服務　6%
7.更高飛機生產力　3%
8.單一機隊　3%

值得注意的是，以上這些措施與許多人對「廉價航空」的憂慮——例如採用老舊飛機、減少訓練或維修支出等等——完全無關。這也說明低成本航空的成功是靠著採用特定經營模式，而不是降低航空公司在安全方面的花費。關於低成本航空的成本優勢，拉脫維亞的低成本航空airBaltic總裁Bertolt Marti Flick曾說過：

> 成本效率不是奇蹟。談到最後，就是組員與飛機的生產力。我們的737每日飛航十二小時……我們的飛行員每年值勤八百五十至八百六十小時，已經接近法規的上限。對於整個業界來說，燃油與航路費用一模一樣。我們的主要基地里加機場的收費對所有競爭者一視同仁。誠然，低成本航空的地勤費用較低……我們受益於這項事實：簡單的點對點網絡、單程票價與簡單的餐飲服務，後者讓地勤作業簡化許多。但是如果想要

找出這些項目的重點：在成本居於領先地位的關鍵，其實是高效率的航務運作。（Flick, 2007）

總而言之，低成本航空的成功是奠立於對許多細節的重視。Smyth（2006）在國際航空運輸協會的文件中，將低成本航空公司在營運成本控制上，歸納成八大種類，並細分爲各子項目，以及所使用的方法，詳如**表3-4**：

表3-4　低成本航空典型降低成本的方法

成本種類	成本項目	降低成本的方法
飛機所有權成本	所有權結構 機隊結構 飛機使用率	避免週期性購買 自購與租賃最佳化及機隊之一致性 新機與舊機組合最佳化 減少過境時間 減少非計劃維護時間
燃油成本	經濟化航路 購油成本 降低飛機空重	區域性短程航線 減少延誤及使用小機場 降低服務費用 使用購買油料期貨策略 估算乘客報到率 產品革新，如：座椅
維修成本	機隊 維護成本	機型一致性 降低平均機齡 各項維修工作最佳化 合併維修項目統一外包
組員成本	組員產能 相關薪津 相關成本 組員成本	改進組員派遣率以減少待命 降低飛時限制條件 減少資深客艙組員 降低額外薪津補貼 減少組員過夜任務之需求 減少組員過夜薪津補貼
代理成本	服務水準 自營 降低代理費用	服務水準協議標準化及更新其項目 客艙組員投入客艙清潔 組員支援上、下貨 對重要供應商簽署總合約 離峰時段價格調整

（續）表3-4　低成本航空典型降低成本的方法

成本種類	成本項目	降低成本的方法
餐飲成本	減少單位成本 減量	餐點簡化 減少補給運送成本 監控乘客數與可用餐點數 改善餐飲浪費管理
行銷	票務 銷售管道 銷售佣金	發展電子機票 乘客自助式報到 允許乘客使用線上報到 顧服中心效率化 與代理商簽目標導向合約 減少佣金

資料來源：Smyth（2006）及本研究整理。

二、低成本航空與傳統航空公司成本比較

由於低成本航空的成本遠低於傳統航空公司，因此它們可以提供更便宜的票價。**表3-5**是低成本航空可售座位公里成本，以及**表3-6**爲歐洲傳統航空可售座位公里成本，這些數字是以可售座位公里數（ASK）成本爲比較基礎，與傳統航空相較，顯示出低成本航空因經營模式所帶來的競爭優勢。

表3-5　2008年第三季歐洲低成本航空可售座位公里成本（含燃油）

航空公司	Norwegian（挪威）	Vueling（西班牙）	easyJet（英國）	AirBerlin（德國）	SkyEurope（斯洛伐克）
可售座位公里成本（分）	5.06	5.97	4.25*	5.15	6.53

註：單位爲歐元。
資料來源：各公司財報。
*2008會計年度全年數字。

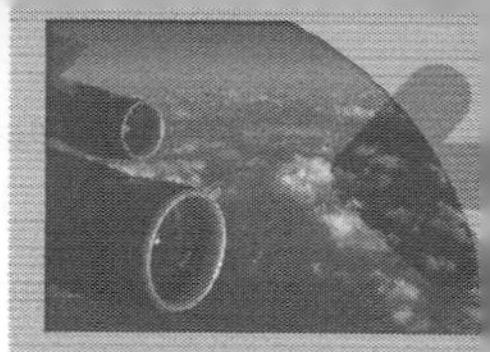

表3-6　2008年第三季歐洲傳統航空可售座位公里成本（含燃油）

航空公司	Iberia（西班牙）	Austrian（奧地利）	Finnair（芬蘭）
可售座位公里成本（分）	8.39	10.73	7.81

註：單位爲歐元。
資料來源：各公司財報。

由以上數字顯示，傳統航空公司與低成本航空的單位成本差距可達六成之多，這也是低成本航空能夠提供低票價，同時還能維持獲利的原因。如果以北美洲爲例，也可以發現類似的狀況。**表3-7**與**表3-8**是北美洲低成本航空與傳統航空的成本，這些數字是以可售座位哩（ASM）成本爲比較基礎。

表3-7　2008年第三季北美低成本航空可售座位哩成本（含燃油）

航空公司	Southwest（美國）	JetBlue（美國）	AirTran（美國）	WestJet（加拿大）	Allegiant（美國）
可售座位哩成本（分）	10.67	10.56	11.56	11.21	11.49

註：單位爲美元。
資料來源：各公司財報。

表3-8　2008年第三季北美主要航空可售座位哩成本（含燃油）

航空公司	美利堅航空（美國）	美國大陸航空（美國）	聯合航空（美國）
可售座位哩成本（分）	14.15	13.19	14.75

註：單位爲美元。
資料來源：各公司財報。

在北美市場中，傳統航空公司與低成本航空的單位成本差距可達四成左右。這說明在開放與自由化的市場中，低成本航空經營模式確實能帶來強大競爭優勢。無怪這些業者近年來能夠在世界各地不斷攻城略地，而且市場占有率不斷增加。隨著經濟不景氣籠罩

全球，消費者對於開支更爲精打細算，還有航空業經營環境愈加艱困，能夠以更低成本提供更高生產力的公司才是逆境的贏家。低成本航空的經營模式將讓它們更能因應大環境變化，並且更爲受到旅行大衆的歡迎。

近年來它們的節省成本之道，也爲航空業帶來許多值得思考的教訓，促成其他航空公司的改革與轉型。這些教訓將在未來章節中加以討論。

第四章　主要低成本航空公司介紹

- ✈ Ryanair
- ✈ easyJet
- ✈ Air Berlin
- ✈ Southwest Airlines
- ✈ JetBlue
- ✈ Gol

第一節 Ryanair

你想要豪華享受，去找別家公司吧！

——Ryanair董事長Michael O'Leary對抗議輪椅使用費乘客的回覆

Ryanair是一家長了翅膀的沃瑪。

——Exane BNP Paribas航空分析師Nick van den Brul對Ryanair獲利率的評語

在低成本航空產業中，少有別家公司像Ryanair如此成功、帶來如此重大影響、還有引起如此多的愛恨情仇。在全球空運業之中，也少有像Ryanair的董事長Michael O'Leary這樣愛出鋒頭、將自己定位爲企業家明星的領導人物。在歐洲的低成本航空市場中，從愛爾蘭發跡的Ryanair在十年內，從一家小公司成爲兩大領導者之一，航線版圖跨越全歐洲，這家公司的特立獨行策略當然值得研究。

愛爾蘭的Ryanair原在一九八五年由Ryan家族創辦，飛航英國與愛爾蘭之間的航線。但是該公司始終無法獲利，於是在一九九〇年代初期由創辦人之一Tony Ryan的助理Michael O'Leary接手經營。O'Leary向美國的西南航空取經，引進低成本的經營概念，並於一九九四年起購入波音737-200客機，開始將低成本航空模式帶入歐洲市場。憑著大膽靈活的票價、宣傳和管理方式，Ryanair開始飛快成長，機隊規模從一九九五年底的十一架737-200成長至二〇〇九年初的一百九十五架737-800，並在歐洲各地設有三十一處基地。這家航空公司員工數目不到六千人，但在二〇〇八年的載客人數達到5767萬人次，足見其效率之高（相較之下，載客人數相當、以國內航線爲主的中國南方航空卻擁有大約四萬五千名員工）。

Ryanair如此成功的關鍵是以最低成本提供最低票價。爲了全力與成本對抗，O'Leary以毫不留情的方式追求最高效率，無論是對乘客、供應商、機場、業務夥伴皆是如此。該公司的作風一向犀利，O'Leary更是語不驚人死不休，多年來留下許多「精彩」故事，像是班機取消後完全不幫助乘客、率先開發各種名目費用、對政府單位提高規費則大加斥責等等。例如Ryanair才在二〇〇八年下半退出四座機場，原因都是機場決定提高收費或增收其他項目稅捐。在一則出名的故事中，Ryanair和波蘭航空（LOT）於二〇〇六年爲燃油附加費問題槓上；O'Leary宣稱假如波蘭航空停收燃油附加費，他就在華沙街頭裸奔（結果波蘭航空並未如此）。至於Ryanair廣告更是不時挑戰主管當局容忍極限。當然，這種爭議作風也使得Ryanair的形象不盡然完全正面。在某些消費者心目中，Ryanair成爲小氣、差勁客服、愛吵愛鬧的代表，是出門旅行最好避免的公司。

但是在這些苛刻、小氣、大言不慚的作風背後，Ryanair是一家紀律嚴明的公司。無論低成本航空業或空運市場如何演化，Ryanair多年來卻始終如一，堅持低成本航空的絕大部分準則。在不少小地方，可以看出Ryanair如何盡力與成本對抗，例如該公司把逃生卡畫在座位椅背，免除座位背後需要清理的口袋；客艙內則像公車一樣貼滿廣告。憑著對成本毫不通融的堅持，O'Leary打造出全歐洲單位成本最低、戰力最強悍的大型航空公司。儘管近年來航空業受到各項考驗，Ryanair仍是歐洲表現最亮眼的公司之一，年年都以穩定速度成長，而且擁有其他航空公司無出其右的獲利率。

如果說低成本航空的服務也可以分爲上中下三等，Ryanair就是服務最低一等的業者，使得搭乘該公司旅行有時成爲辛苦的經驗。Ryanair偏好飛行次要與偏遠機場，其歐洲航線圖簡直就像歐洲地理教科書，上面充滿許多沒沒無名的目的地。Ryanair機上不劃座位、不提供轉機與貨運服務、所有飲食都要花錢購買、幾乎全部機票都以ryanair.com網站出售，完全堅守低成本航空模式。至於能夠「剋扣」乘客的機會，Ryanair通常都是率先引進者。例如Ryanair是最先收取機場報到費和託運行李費的公司之一，信用卡費也是歐洲各公司最高者之一。但是從經營觀點而言，Ryanair執行這些措施的理念都是簡化營運流程，促使更多乘客不託運行李與運用網路報到，還有使用對航空公司有利的轉帳卡。這樣公司才能在飛快成長的同時，控制人力與成本的增加。這些收費項目在引進之初不見得受到乘客歡迎，但日後都被許多低成本航空引用，使Ryanair成爲低成本航空業的標竿業者之一。Ryanair已宣布將在二〇一〇年初全面執行網路報到，完全揚棄傳統的機場櫃台報到，藉以進一步減少成本。這又是全球航空業的另一個創舉。

由於Ryanair擁有業界最低的單位成本，其票價經常也是業界最低，而且該公司對於廉價甚至免費促銷一向毫不手軟，使其成爲其他競爭對手的噩夢。但是由於該公司能以低票價帶來大量客源，歐洲許多機場都樂於提供優惠方案，吸引Ryanair開航和建立基地。

儘管這家公司的形象爭議頗多，Ryanair仍是一家充滿遠見、經營穩當的成功低成本航空。展望未來，Ryanair已經公開表示正在評估引進廣體飛機，將其營運模式運用在長程航線之上。甚至O'Leary還曾經提出，以後Ryanair座位都可以免費出售，營收則來自其他收費項目與機上販賣。換言之，這種方式將航空公司的機票變成行動電話業者的免費手機，讓其他相關服務提供營收。

這些願景能否成眞，當然還有待時間證明。但是Ryanair這種不惜一切與成本對抗的決心和遠見，爲空運產業帶來許多影響，成爲歐洲最成功的低成本航空公司之一。無論其作風是否讓人佩服，Ryanair勢必會成爲未來歐洲航空業的重量級公司，繼續爲低成本航空業帶來讓人驚奇的發展（見**圖4-1**）。

第二節　easyJet

本公司的哲學是結合三件事情：低成本、關心顧客與方便，還有在成本不打折之下提供關心與方便。在我來看，好好對待顧客並不比糟糕對待顧客花的錢更多。

——easyJet執行長Andrew Harrison

在歐洲的低成本航空革命之中，easyJet扮演了和Ryanair同等重要的角色。兩者同時在九〇年代中期出現，採取類似的低成本策略，成爲今日歐洲兩大低成本航空之一。至於easyJet如何達成這樣

圖4-1　Ryanair 737-800客機

資料來源：王鼎鈞提供。

的成功，當然也是值得敘述的故事。

英國easyJet是在一九九五年底由來自希臘的Stelios Haji-Ioannou創立。Stelios出身希臘船運家族，爲了成立這家公司，向父親要來500萬英鎊，當時他才年僅二十七歲。easyJet當初是使用向別家公司濕租的737-200客機開始營運，由倫敦北方郊外的盧頓機場飛航英國國內線，總部設在機場旁的一棟鐵皮機棚內。但是easyJet的低票價策略使其大受歡迎，很快就踏上飛快成長之路。至二〇〇八年底，easyJet的機隊規模已達一百六十五架空中巴士A319／A320／A321以及波音737-700客機，在二〇〇八年間的載客量達到4458萬人次，在二〇〇八年底飛航的機場超過一百個，並在歐洲各地設有十九個基地，是今日歐洲第二大的低成本航空。儘管easyJet成長快速，但是該公司的財務與經營一向穩健，而且是歐洲獲利最佳的航空公司之一。該公司並在二〇〇二年和二〇〇七年分別向英航買下Go與GB Airways，站穩英國低成本市場的龍頭地位。

easyJet同樣以追求營運效率爲首要目標。如同easyJet執行長Andrew Harrison指出，該公司的策略非常簡單，就是只做一件事，而且成爲同業之間的頂尖者：歐洲短程航線（Airline Business, 2008c）。所以easyJet堅持大部分的低成本航空營運守則，例如該公司機上不劃座位、沒有哩程計劃、所有飲食必須付費、優先登機和託運行李都要收費，也不提供轉機服務。這樣的策略使得easyJet擁有低成本與高營運效率，這方面與大部分低成本航空並無二致。

至於該公司的廣告與行銷手法走的也是「有趣」與「搗蛋」路線，只是沒有Ryanair如此極端。著名的故事包括二〇〇一年時，easyJet爲了抗議倫敦盧頓機場提高降落費，在所有盧頓出發的機票票價之外，徵收5.50英鎊的「巴克萊肥貓稅」（因爲當時盧頓機場主要股東是巴克萊銀行）。還有英航低成本子公司Go在一九九八年成立時，Stelios帶著一群員工穿上easyJet的醒目橘色服裝，出現在Go的首航班機上，向乘客發送easyJet免費機票。對於一向傳統的航空業而言，這些當然都是引人注目的話題。

如前所述，假如低成本航空服務可以分成上中下三等，easyJet就是中等的公司。該公司與Ryanair的最大不同之一，就是飛航主要機場，所以在巴黎戴高樂、阿姆斯特丹、布魯塞爾、羅馬Fiumicino、慕尼黑、馬德里等大城市主要國際機場，都可以看到easyJet的班機。以西班牙巴塞隆納爲例，easyJet飛航的是巴塞隆納國際機場，Ryanair飛航的卻是一小時車程外的雷烏斯與吉容那機場。飛航主要機場難免要面對機場擁擠和費用較高的問題，但好處是這些機場可以讓easyJet收取較高票價。兩相權衡之下，easyJet選擇的策略是飛航主要機場。這樣的定位讓easyJet避免與Ryanair等低成本航空硬碰硬，轉爲與成本更高的傳統航空公司競爭。經過多年營運，easyJet已證明這種兼顧便利與低成本服務的策略十分成功。此外，該公司也和全球訂位系統業者合作，目的同樣是吸引收益較高的商務旅客。

此外，在機隊方面，easyJet目前同時操作兩種系列客機。該公司在九〇年代末期開始擴張時，選用的機型是149人座的波音737-700客機。但是在二〇〇二年決定後續訂單時，該公司出人意料地訂購一百二十架空中巴士A319，加上增購一百二十架的選擇權。當時全球低成本航空市場仍是737系列的天下，考量到easyJet是指標性航空公司，訂單的規模非常龐大，當時更是航空業的不景氣時期，空中巴士於是提供非常優惠的售價，終於贏走easyJet的訂單。自從贏得easyJet勝利之後，空中巴士A320家族在低成本航空之間一再旗開得勝，終結波音737系列獨占低成本航空市場的局面。目前easyJet預計在二〇一二年全部汰除737-700，屆時機隊將由一百九十五架A319與A320組成（easyJet, 2009）。

另一個easyJet和Ryanair最大的不同，是Stelios在成功經營航空

公司之後，開始嘗試讓“easy”品牌跨入其他產業，不像Ryanair從來只堅守航空公司市場。目前“easy”品牌已包括easyCar（租車）、easyCinema（戲院）、easyPizza（外送披薩）、easyBus（巴士）、easyCruise（郵輪）、easyInternetCafe（網咖），乃至easyHotel（平價住宿）等等。這些事業都和easyJet一樣，以平價、方便、網路銷售爲主要賣點。這些事業有的還算成功，有的則不甚順利。不過這種將航空公司品牌「輸出」到其他產業的作法，倒是空運業內少見的例子。

經過十多年的發展，easyJet已成爲低成本航空產業最成功的公司之一。藉由結合低成本模式與主要機場的便利，並且堅持簡化營運控制成本，easyJet找到一個有別於傳統低成本航空的定位，未來同樣會在歐洲低成本航空產業扮演重要角色（見**圖4-2**）。

圖4-2　easyJet A319客機

資料來源：王鼎鈞提供。

第三節　Air Berlin

擴大規模或者不擴大規模向來不是我的目標，任何策略都必須帶來獲利與意義。所以我們將目光放在各個不同市場，而且採取截然不同的策略。

——Air Berlin執行長Joachim Hunold

歐洲的低成本航空除了Ryanair與easyJet外，另一吃重角色即爲德國的Air Berlin。這家以柏林爲名的航空公司採取與大部分低成本航空不同策略，近年來在歐洲各地飛快成長，成爲歐洲低成本航空市場之中第三大公司。而且Air Berlin結合低成本理念與多項服務的獨特策略，使其在新興歐洲低成本航空之間獨樹一格。

Air Berlin原是一家成立於一九七八年的美國註冊公司，當初業務是飛行自西柏林出發的包機航線（根據第二次世界大戰的列強協議，只有美英法的航空公司可以飛行西柏林至西德之間的空中走廊）。兩德統一之後，Air Berlin在一九九一年由德國投資人買下，開始經營德國的包機市場。該公司在一九九八年開始經營定期航線，並在二〇〇二年推出「城際穿梭服務」，從包機航空公司轉爲經營點對點航線的低成本航空。

德國一向是歐洲低成本航空主要戰場，Air Berlin則是其中最成功的業者之一。Air Berlin在跨入點對點航線市場之前，已經是一家具有相當規模的航空公司，加上經營成功與股票上市帶來的資金，使其擁有迅速擴張的實力。近年來Air Berlin陸續入主其他航空公司，使其成爲德國第二大（僅次於德國漢莎航空）的航空業者。該公司在二〇〇四年至二〇〇七年陸續入股或買下奧地利Niki、德國低成本航空DBA、瑞士包機公司Belair、德國包機公司LTU。至二〇〇九年一月，Air Berlin集團的機隊包含一百二十五架Dash 8 Q400、A319／A320／A321、737-700／-800、757、767與A330客機，尚待交機訂單達一百三十架（包括二十五架787），這樣的機隊結構在低成本航空之中難得一見。Air Berlin原本也像easyJet一樣操

作737，但在二〇〇五年受到空中巴士優惠條件的吸引，投入A320家族客戶的行列。該公司飛航全歐洲約八十個目的地；除了德國之外，該公司的主要市場是南歐各國的旅遊點，甚至飛航西班牙國內線。此外入主包機航空LTU之後，Air Berlin已經踏入長程市場。

由以上的簡介可以看出，Air Berlin並不是一家純粹的低成本航空，這也是該公司最大的特色。在低成本航空之中，Air Berlin屬於提供高水準服務的業者，因此在許多方面都不遵照低成本航空模式。這家公司的短程班機上提供免費飲料與點心、免費報紙與劃位服務、擁有轉機服務與哩程計劃、不向乘客收取託運行李費用，並且同時飛航主要城市機場與次要機場，甚至與其他航空公司共掛班號（例如自二〇〇九年一月起，Air Berlin在柏林至北京航線上與海南航空共掛班號）。而且Air Berlin並未遵照單一機隊原則，除了合併自包機業者的廣體客機之外，Air Berlin集團的短程航線機隊包括Dash 8渦輪螺旋槳客機，以及737與A320兩種系列噴射客機。乍看之下，這些使得Air Berlin與傳統航空公司並無二致。

但是另一方面，Air Berlin又與傳統航空公司的營運模式不全然相同。例如該公司在短程航線上不提供商務艙、沒有貴賓室、不與少數夥伴之外的其他航空公司聯運、熱餐仍然需要購買、大部分定期班機機票由網站銷售，而且一向將主要目標放在南歐旅遊市場等。這些策略使得Air Berlin超越單純的低成本航空，成爲典型的混合經營模式業者。一方面，Air Berlin仍然保有某些低成本航空業者的色彩，單位成本也低於傳統業者（該公司在二〇〇八年第三季的可售座位公里直接營運成本只有5.15歐分）。另一方面，Air Berlin提供與傳統航空相似的服務，吸引收益較高的乘客，同時避開西歐的城際航線割喉戰與低成本航空競爭者。這些特點使得Air Berlin變成一家難以根據傳統模式定義的航空公司。但是無論如何，Air Berlin的結合低成本與傳統航空路線，以及同時營運定期與包機市場的策略相當成功，使其成爲歐洲最成功與成長最快的航空公司之一。

這種以低成本營運提供高水準服務的策略，目前已開始在世界其他新興航空公司出現，例如美國的Virgin America與JetBlue都是例子。經過近年的併購與擴張，Air Berlin當前最大的挑戰是整合多家公司的資源與多種機隊／航線，同時繼續維持低成本的優勢。無論成果如何，Air Berlin的獨特營運策略說明低成本航空不是一種單一產品，各家業者會爲自己找出最適合的營運模式與市場定位，爲低成本航空市場帶來更多樣的變化（見**圖4-3**）。

圖4-3　Air Berlin波音737-800客機

資料來源：王鼎鈞提供。

第四節　Southwest

就統計數字而言，被西南航空僱用要比進入哈佛大學更為困難。

——西南航空共同創辦人Jim Parker

美國西南航空是低成本航空業的先驅，在歷史上享有其關鍵角色。成立三十多年之後，這家公司依然堅守創業時的營運原則，發展成全球最大的低成本航空，並且創下美國歷史上航空公司持續獲利最長的紀錄。除此之外，這家公司充滿歡樂的企業文化早已成爲傳奇，是許多企管學院的課堂典範。

西南航空成立於一九六七年，並於一九七一年開始飛航服務，當時是一家飛航德州達拉斯、休士頓與聖安東尼奧三角航線的小公司。打從一開始，西南航空就以低價和趣味行銷手法吸引乘客，使得這家公司業務蒸蒸日上。美國開放天空之後，西南航空從一九七九年開始跨出德州，逐步擴大網路版圖。西南航空一向堅持低票價與低成本經營策略，加上傑出企業文化帶來的優秀客服，使其成爲美國天空開放後最成功的航空公司。今日西南航空已穩坐全球最大低成本航空寶座，至二〇〇八年十月，旗下機隊共有五百三十六架波音737-300／-500／-700客機，飛航全美國六十四個城市，每天飛航超過三千三百個班次。

西南航空之所以創造如此偉大的成就，其強調「人本」的企業文化是最大的動力。在創辦人兼董事長Herb Kelleher領導下，這家公司一向以「快樂爲工作之本」爲指導原則，運用各種趣味手法激勵員工團隊精神、向心力與歡樂心情。事實證明，這種作法讓西南航空擁有一支高生產力與提供優秀客服的團隊。所以西南航空一向以第一線員工善待乘客，以及空服員的各式創意笑話聞名。西南航空的廣告更是幽默廣告的最佳代表。對於服務業而言，西南航空的例子說明：讓乘客一再光顧的最好辦法，就是擁有一群快樂的員工。過去十多年間，美國各大航空公司的營運景況可謂困難重重，一再傳出鉅額虧損與破產消息，只有西南航空年年維持獲利和成長，在美國國內市場一枝獨秀。西南航空擁有美國航空業連續獲利最長的紀錄，自一九七三年至今從未有過年度虧損。在二〇〇七年間，西南航空的四千二百個職缺一共收到三十二萬九千二百份履

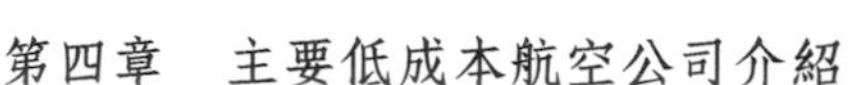

歷，足見該公司受到員工歡迎的程度。

在歡樂的工作文化下，西南航空是一家紀律嚴明的公司。該公司是最早將低成本營運方式帶入市場的公司之一，而且多年來無論市場如何改變，西南航空的營運模式仍然沒有太大變化。這也是西南航空的成功秘訣之一：專注於做得最好的一項業務，不對核心策略三心二意。西南航空的班機不劃座位、客艙單一艙等、機票只有單程票、主要飛航短程航線、只有單一機隊、並且限制地面整備時間在二十分鐘左右。這種追求營運效率與簡化流程的觀念經過其他新興航空公司仿效與改變，成爲我們所熟知的低成本航空模式。今日遍布世界的低成本航空，其實都可以算是西南航空的「徒子徒孫」。

不過在另一方面，西南航空的經營方式也與許多低成本航空略有不同，這些當然是爲了因應美國市場的情況。該公司在機上提供免費冷飲與零食、提供轉機服務（不過八成旅客仍然是點對點乘客）與哩程計劃、同時飛航次要與主要機場，以及經營包裹貨運等等。此外，儘管近年來美國各傳統航空公司紛紛在國內線收取託運行李費，西南航空卻反其道而行，不向乘客收取託運行李或更改班機手續費用，成爲該公司吸引乘客的一大賣點。

多年以來，西南航空一向是低成本航空的模範，一直堅持創業以來的基本營運模式。這家公司一向堅持緩慢成長的策略，絕不在景氣好時過分擴張，所以至今航點數目不到七十個，這種保守作風讓西南航空通過一次又一次景氣考驗。不過近年來，西南航空也開始調整一些經營方式，試圖擴展乘客的來源。例如西南航空曾與American Trans Air（已於二〇〇八年四月結束營業）共掛班號，並已申請和加拿大與墨西哥的低成本航空WestJet與Volaris共掛班號，準備將觸角伸入國外市場。此外，西南航空還引進一些吸引商務旅客的措施，例如在二〇〇八年推出"Business Select"票價；購買這種票價的旅客享有優先登機、哩程加倍、更改班機不須支付票價差額等權利。在經濟不景氣的時代，無論是中小企業或大型公司都會裁減出差旅費，這種措施會讓低成本航空擁有更大吸引力。這也說明即使是服務簡化的低成本航空，依然可以動腦筋吸引較高收益的商務旅客。

儘管西南航空最出名的是企業文化，但是這家航空公司堅守營運模式、謹慎成長的作風，使其成爲全美國最成功與前景最被看好的航空公司。不過這家全美載客數最高的航空公司還有多少成長空間，值得持續關注。但是環顧市場，西南航空仍是目前實力最堅強的業者，擁有比其他航空公司更佳的前景。在未來的空運發展歷程中，這家現代低成本航空始祖仍然會是新興低成本航空學習的對象（見圖4-4）。

圖4-4　西南航空737-500客機

資料來源：王鼎鈞提供。

第五節　JetBlue

我們的目標是以最低成本建立美國最佳的經濟艙產品。

──JetBlue創辦人David Neeleman

在近年出現的新興航空業者之中，美國JetBlue無疑是最醒目的明星之一。低成本航空從來不是一個易於經營的事業，新興低成本航空的「傷亡率」一點都不低。但是JetBlue不但成功在美國站穩市場，並且開創出新興低成本航空的新經營模式。這家公司的成功經驗爲低成本航空產業帶來不少值得參考之處。

JetBlue是由航空業傳奇人物David Neeleman創立。Neeleman可謂航空業中的「金童」；過去二十年中，他曾經主導Morris Air（一九九三年爲西南航空併購）、WestJet、JetBlue等三家成功低成本航空的成立，並於二〇〇八年在巴西成立Azul航空。在失敗多於成功的空運業之中，這樣的紀錄無人能出其右。因此當Neeleman在一九九九年開始計劃成立新公司時，吸引到不少重量級投資者加入，包括JP摩根銀行與索羅斯等，爲這家航空公司累積起上億美元的創業資金，創下近年來新興低成本航空的紀錄。

至於市場的選擇，JetBlue選擇的基地是紐約的最主要國際機場——甘迺迪國際機場。這項選擇主要原因是紐約擁有龐大的市場，但是當時缺乏低成本航空服務，使得自紐約（尤其是甘迺迪機場）出發的票價偏高，這正是新興低成本航空的最好目標。此外當時美國運輸部爲了鼓勵競爭，特許向新成立業者發給甘迺迪機場的起降額度；JetBlue因此獲得每日七十五個起降額度，在二〇〇〇年二月開始營運。

JetBlue在開航之後相當成功。在九一一事件之後的不景氣之中，以低成本／低票價爲策略的JetBlue是少數能夠獲利的美國航空公司，並在二〇〇二年讓股票上市。過去這些年，JetBlue不斷擴大機隊規模與航線版圖，至二〇〇八年底機隊規模已超過一百四十架空中巴士A320與Embraer 190，飛航美國和加勒比海的五十二個目的地，是美國僅次於西南航空與AirTran的第三大低成本航空，二〇〇八年載客人數近2200萬人次，在甘迺迪機場擁有專屬的T5航

站大廈，並在另外五個西岸與東岸城市設立基地。

JetBlue在成立之初是以低成本航空爲走向。因此該公司保有不少低成本航空特色，例如機上只有單一艙等、不提供熱餐、提高飛機生產力、以點對點航線爲主要市場等。但是有趣的是，JetBlue打從一開始就採取獨特的路線，朝向低成本航空與傳統航空之間的市場發展。因此JetBlue的服務變得愈來愈多樣化，成爲「混合式」航空公司的另一個代表性例子。例如除了美國東北部以外，JetBlue只飛航中大型城市主要機場。該公司擁有先進機上娛樂系統，每個座位提供免費Direct TV（直播電視）服務。JetBlue在二〇〇五年成爲首家引進100人座Embraer E-190區間噴射客機的低成本公司，試圖進入更多中小型城市市場，搶食傳統航空公司的客源。而且該公司並不只經營美國國內市場，航線版圖早已進入墨西哥和加勒比海。當然，JetBlue也有自己的哩程計劃，而且經由全球訂位系統售票。

此外，相對於不與其他航空公司合作的低成本航空，JetBlue卻採取完全不同的策略；該公司在二〇〇七年將19%股權售予德國漢莎航空，並爲後者在美國國內提供接續服務，還有與愛爾蘭Aer Lingus結成策略聯盟，提供美國國內的接續服務。另外雖然JetBlue只有單一艙等，但在A320客機上提供五排加大椅距至38吋的座位，乘客可加價選擇此種舒適座位（以拉斯維加斯至紐約爲例，單程需30美元），成爲JetBlue吸引乘客的一項賣點。

這樣的策略使得JetBlue超脫傳統低成本航空模式，甚至接近傳統業者服務（尤其美國傳統航空公司的國內班機變得愈來愈低成本化）。對乘客而言，最明顯的差別只是JetBlue沒有眞正的商務艙，還有哩程不能與別家航空公司互通。但是這也使得JetBlue在各方面愈來愈難以和傳統航空公司分隔。如同T2Impact & Flight Insight（2008）指出的，目前JetBlue和傳統航空公司相比，只有在人事成本方面占有明顯優勢，其成本結構幾乎已和達美航空一樣。

尤其近年來美國傳統航空公司紛紛大幅降低成本，雙方之間的成本差距愈來愈小，使得JetBlue這樣的「高級」低成本業者感受到強大競爭壓力。JetBlue在二〇〇六年至二〇〇七年的赤字說明該公司正面對許多挑戰，而且該公司正在經濟不景氣下減緩成長速度。不過獲得德國漢莎航空這樣強大的投資人與夥伴之後，JetBlue再度成為一家不可忽視的業者。

近年來美國的低成本航空業哀鴻遍野。除開一度聲勢不小、想要把Ryanair模式移植到美國的Skybus匆匆結束營業之外，Frontier和AirTran等低成本航空都受到經濟不景氣、高油價與競爭激烈的打擊，在二〇〇八年間只有西南航空與JetBlue獲利。JetBlue從低成本航空模式起家，但是早已走上不一樣的道路，追求傳統航空公司與低成本航空之間的市場。這家公司如何為新一代混合式航空公司走出一條路，還有克服目前在市場中面對的挑戰，將是未來美國航空業另一個引人注目的重點（見**圖4-5**）。

圖4-5　JetBlue的巴西製Embraer E-190客機

資料來源：Michael Ing 提供。

第六節 Gol

Gol的使命是為巴西國內航空市場帶來革命。

——Gol航空網站

對於低成本航空而言，最適合發展的地方是自由化的大型單一市場，因爲它們在這些市場中可以自由決定航線與票價，開創新的經營定位。除了北美洲與歐洲之外，目前眞正的自由化單一市場並不多，不過少數新興經濟體已成爲充滿希望的新市場。其中最好的一個例子，就是南美洲最大國家巴西。

過去不到十年之間，巴西的空運業也經歷了巨大變化。這個國家擁有低成本航空所需的大型國內市場、經濟正在開始起飛、而且政府在二〇〇一年完全開放國內天空。結果巴西的新興航空公司不但將低成本服務帶入國內，更加速傳統航空公司的消失。其中最成功的新興業者就是低成本航空Gol。

Gol是由巴西長程巴士集團Grupo Áurea於二〇〇一年成立，全名爲「射門智慧航空」（Gol Linhas aéreas inteligentes，簡稱爲Gol）；「智慧」兩字當然是爲了強調該公司與傳統業者的不同。該公司是巴西完全開放天空之後，首先進入市場的低成本業者，其低票價策略馬上一砲而紅。短短兩年內，Gol就拿下巴西國內兩成的市場。面對低票價與激烈競爭，巴西原有的四家主要傳統航空公司只有TAM成功轉型，另外三家航空公司——Transbrazil、VASP與Varig——在接下來數年中陸續退出市場。其中擁有多年歷史的國營Varig航空在二〇〇六年宣布破產，日後被Gol買下，成爲集團

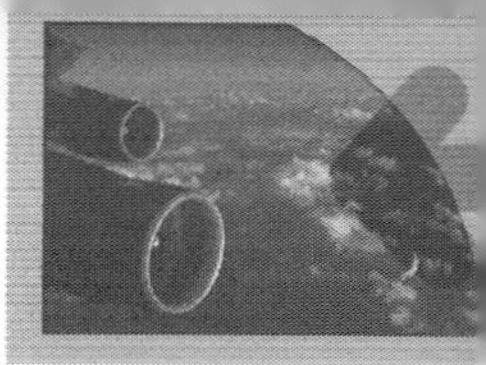

一員，維持飛航少數國際航線，並於二〇〇八年底完全併入Gol。這也是世界上少見低成本航空買下傳統航空公司的例子。

在低成本航空產業中，Gol是典型「在正確時間出現在正確地點」的成功例子。該公司正好在天空開放後搶先進入市場，擁有強大股東支援，加上巴西經濟快速起飛，使得Gol近年來以飛快速度發展，成爲南美洲最大的低成本航空。Gol在二〇〇八年底操作八十二架波音737-300／-700／-800客機，飛航巴西與南美洲六個國家的五十八個目的地，尙待交機的確認737訂單達九十八架，這樣飛快的成長速度證明低成本航空在新興市場的吸引力。該公司股票已在二〇〇四年於聖保羅和紐約上市交易，並在二〇〇二年至二〇〇七年間全部維持獲利，直到二〇〇八年受到經濟不景氣與高油價影響，加上近年來擴張過快才出現赤字。在巴西經濟成長火熱的二〇〇四年與二〇〇五年，Gol的獲利率甚至達到驚人的19%。即使是在低成本航空業之中，這也是難得一見的獲利數字。

Gol的營運方式完全仿自歐美低成本航空，但也因應當地環境有所調整。Gol雖然和大部分低成本航空一樣出售飲食、只有單一艙等、使用單一機隊、推動網路售票與報到等。不過該公司飛航許多主要城市機場（因爲拉丁美洲缺乏次級機場）、機上劃座、提供轉機服務與哩程計劃、飛航國際航線。此外，Gol和外籍航空公司共掛班號，並且正在考慮申請加入星空聯盟。特別的是，對於使用某些信用卡的乘客，Gol提供分期付款的措施，提供一個讓新興中產階級與年輕族群搭機旅行的方法。另外Gol大部分機票都在網站銷售，只透過旅行社出售較高價位機票。結果證明在巴西這樣的開發中國家，航空公司一樣能夠以網路爲主要售票通路。

隨著傳統航空公司與低成本航空BRA陸續消失，巴西國內市場的主要航空公司只剩下Gol與TAM。而且在整個南美洲，目前除了Gol以外，還沒有值得一提的低成本航空；只有一些傳統航空

引進部分低成本戰術，改進短程航線服務（例如TAM的巴西國內線）。就競爭觀點而言，這讓Gol享有遠比其他歐美低成本航空更佳的發展機會。然而Gol仍然面對諸多挑戰，例如巴西經濟在目前的經濟危機中受創頗重，Gol近年來的飛快成長使其從二〇〇八年起吃到苦頭，接連數季陷入赤字；購買Varig之後，Gol對於如何處理這個品牌摸索許久，最新的定位（第四版）是飛航美洲國際線的全套服務公司。此外，David Neeleman在北美洲創下成功創辦三家航空公司的紀錄之後，於二〇〇八年在巴西成立Azul航空，雄心勃勃地以Embraer E-190／-195區間噴射客機進軍國內市場，挑戰兩大巨頭的獨占地位；這當然不是可以等閒視之的對手。

儘管有這些挑戰，Gol確實證明低成本航空模式可以跨越國界，甚至進入開發中國家市場，讓原本不熟悉搭機旅行的民眾開始運用低成本航空。接下來Gol必須在經濟危機的時代，面對成長過快帶來的壓力。Gol能否成功度過這段困難時期，將是低成本航空事業在南美洲的最重要焦點（見**圖4-6**）。

圖4-6 Gol的波音737-800客機

資料來源：Rob Finlayson 提供。

第五章 低成本航空的票價結構

- 收益管理
- 低成本航空的收益管理
- 低成本航空平均票價與票價實例
- 低成本航空與傳統航空的票價比較
- 非機票收入
- 網路訂位與全球訂位系統

第一節　收益管理

一、收益管理目的

許多報章雜誌都曾報導過「廉價航空」票價多麼低廉，例如「新加坡到曼谷只要新幣10元！」或者「柏林到倫敦只要一毛歐元！」因此社會大衆經常的疑慮是：「低成本航空的票價爲何這樣便宜？」

要回答這個問題，必須先瞭解何謂「收益管理」（revenue management）；這是所有航空客運業者（尤其是低成本航空）票價運作的核心。低成本航空如此便宜的票價，還有它們爲何能夠維持獲利，答案都在收益管理的學問之下。

事實上，低成本航空的票價經常並不廉價。爲了求取最大營收，低成本航空採取更有彈性的票價策略，高低之間的差距更大。至於「傳說中」的低票價，經常只出現在特惠期或離峰時間，而且低成本航空在尖峰或重大節慶期間，搶起錢來一樣毫不手軟。如果旅客抱著「一定很便宜」的期望去光顧低成本航空，頗有可能會失望而歸。但是假如乘客瞭解低成本航空的票價運作模式，還有瞭解這些機票的條件，那麼以不到台幣1000元在歐洲坐飛機眞的不是夢想。

「收益管理」是將同樣的商品或服務以不同價錢出售，目的是將企業的營收最大化，前提是客戶願意爲它們付出不同價錢，所以像泡麵或可樂較難成爲收益管理的對象。至於如何根據不同條件或不同市場狀況，爲商品或服務制定不同售價，就是收益管理的藝

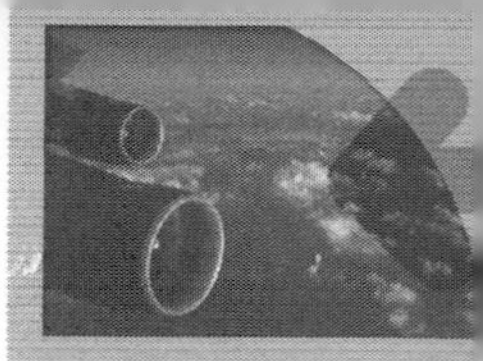

術了。

以航空公司爲例，收益管理主要運用在各式艙級的定價與座位數上。在同樣艙別（如經濟、商務與頭等艙）下，航空業者會再細分成「S艙」、「V艙」、「H艙」等次艙等。這些次艙等各有不同票價，附帶條件也各不相同，例如某些次艙等來回效期只有十四天，某些次艙等效期爲三個月、某些次艙等則限學生身分或特定國籍乘客使用。旅客從抵達機場到登機之後，所有享受的服務基本上以艙別爲區分，並未因次艙等的票價不同而有服務上的不同。這就是航空公司收益管理的運用，目標則是讓公司營收最大化。

在傳統航空公司的票價模式之下，某些最便宜的次艙等多爲促銷之用，因此每班班機只能分配有限的座位數、使用效期較短、而且無法在重大節日時使用。這些較便宜次艙等的主要目標是短期旅遊乘客。但是航空公司當然不希望整架飛機都是低價艙等的旅客，因爲這些旅客帶來的收益十分有限。所以業者會對其他行程或身分旅客設下較高價的艙等，試圖在不增加座位或服務之下，提升旅客帶來的總營收。設定這些條件的另一個目的是防止高收益旅客流向低價艙等，以免航空公司蒙受收益損失。

舉例來說，假如旅客必須購買單程票，或者機票的效期較長、限制條件少，這時航空公司就會收取較高的票價。原因之一是會規劃如此行程的旅客，通常都有必須如此安排的理由，這時航空公司就有較大的定價空間。反觀對於短程旅遊旅客，他們旅行的彈性通常較大，而且對票價較爲敏感，航空公司通常必須提供較低票價才能吸引到他們。

站在航空公司的立場，當然希望付高票價的乘客愈多愈好，低票價的乘客則愈少愈好。但是在現實世界之中，事情往往無法如此美好，原因是除非遇有重大節慶，航空公司通常很難以高價艙等「塡滿」整架飛機。爲了不讓機上座位空著，往往需要較低價乘客才能維持載客率。收益管理的藝術，就是在「價格」和「需求」之間求取最佳平衡。至於收益管理的第一步，就是瞭解「需求的價格彈性」，亦即價格轉變造成的需求反應程度。

二、差別定價

收益管理的目標是經由價格的變化，取得最大的營收。如果只有固定定價，營收會十分容易預測，因爲價格與需求之間沒有變化；但是經由差別定價，收益管理人員可以追求不同收益的消費者，創造更大的營收與利潤。**圖5-1**與**圖5-2**可以說明這樣的變化。

「艙位配置」是收益管理的重點。收益管理人員的任務之一，是決定分配給各種定價的座位數目。高價格座位固然可帶來更高收益，但市場通常需求量較低，因此分配量不能太高；低價格座位可以吸引更多消費者購票，但過多低價格座位會降低總營收。收益管理人員必須在兩者之間求取平衡，**圖5-3**和**圖5-4**分別顯示高價格與低價格分配艙位過多時會帶來的問題。

對於航空公司收益管理人員而言，充滿挑戰的是，每條航線與每個市場在不同時段對「需求的價格彈性」反應不盡相同。以台北—洛杉磯航線爲例，自台北出發與自洛杉磯出發的旅客來自不同市場，因此商務客與觀光客的比例並不一樣，而這兩類旅客對「需求的價格彈性」又有不同的反應。兩地旅客的旅行高峰期也不完全一致（台灣最重要的長假爲夏季暑假，美國最重要的長假是聖誕節與新年）。因此收益管理者必須爲兩地市場分別制定不同票價，並且考量旺季與淡季時的不同需求，以求發揮最大營收效果。由於考量的因素和票種如此之多，使得傳統航空公司的收益管理變得非常複雜。

除了這些制定票價的變數之外，航空公司還必須考量其他因

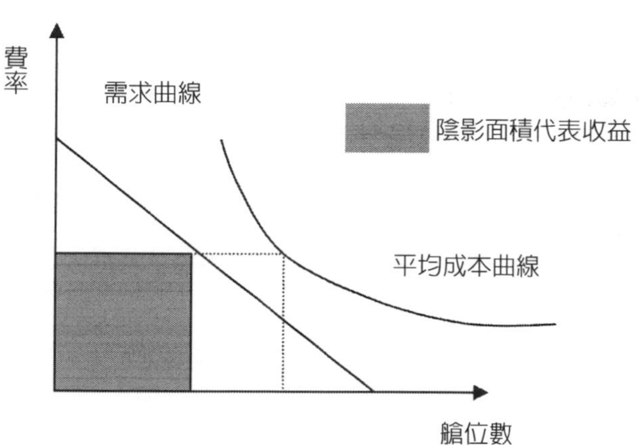

圖5-1　固定價格可能造成航線收益不符成本之示意圖

資料來源：張有恆（2003）。

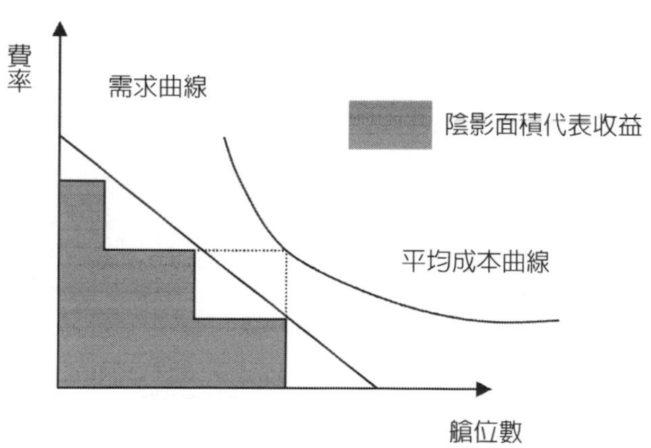

圖5-2　差別訂價可能造成航線收益大於成本之示意圖

資料來源：張有恆（2003）。

素。例如航空公司服務水準與班機頻率的不同，都會影響票價的制定。某些以品牌、機上服務與客艙設備著稱的航空公司，在制定票價時就占有較大優勢；即使必須提供較低價座位吸引乘客，保留給這類艙等的座位數也會較少。反觀機上服務較遜一等的公司，就比

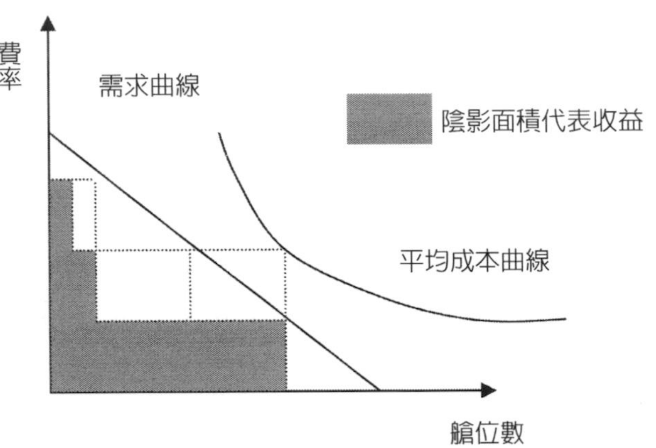

圖5-3　低價格艙位配置過多造成收益不符成本

資料來源：張有恆（2003）。

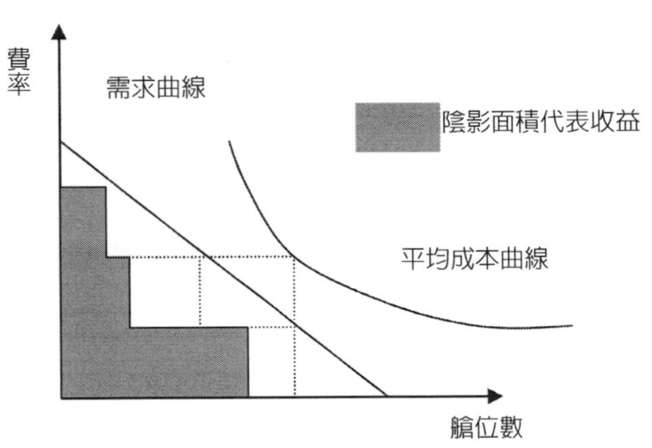

圖5-4　高價格艙位配置過多造成收益不符成本

資料來源：張有恆（2003）。

較難以吸引到願意付出較高票價的旅客（尤其是商務出差人士），必須出售較多低價艙等機位以維持載客率。所以航空公司對機上服務與設備的投資和努力，對於公司的營收會有重大影響。這也是世界一流航空公司在這些領域大力投資的原因。另外擁有較多班機頻

率的航空公司，能爲乘客提供更高的便利性，因此制定票價時的優勢高於班機頻率較少的航空公司。例如以台北一洛杉磯直飛班機而言，台灣的航空業者每天都提供一或兩班班機，因此票價通常較每週僅有數班的外籍航空公司爲高。

所以航空公司的收益管理人員必須瞭解每條航線與每個市場的狀況，才能夠訂出最允當的票價，以求班機在起飛日帶著最大收益升空。

收益管理的工作當然不僅限於航空業或運輸業。在別的產業中，我們也可以看到公司爲同一件產品或服務制定不同價格的現象。例如在旅館業中，同一間房間會因爲時間不同（如平日或節日）而有不同價格，甚至旅館會在淡季提供促銷價，但每日只爲促銷價保留有限房間數。這些措施的目的也是爲了讓旅館達到「收益最大化」。

第二節　低成本航空的收益管理

如前所述，收益管理是所有航空公司的核心業務，對低成本航空更是如此，因爲制定票價是它們立足市場的最重要戰術。低成本航空的收益管理宗旨與其他航空業者並無差別，目的都是讓每班飛機的收益最大化。但是低成本航空的票價結構與傳統業者不同，因此收益管理的執行策略較爲簡化。

第三章已經簡述過低成本航空的票價規則。基本上，低成本航空將機票規則大幅簡化，所以機票都是單程票，拿掉傳統航空公司機票的回程效期、使用資格、特定期限等限制。對於消費者而言，這樣的規則既簡單又明瞭。只要知道票價原則與更改規定，使用起來其實十分方便。比較麻煩的只有必須自行上網查價（因爲每

班班機票價可能都不同），還有需要更改班機時通常必須交付罰金和票價差額。

由於機票規則簡單，低成本航空的定價方式也相對單純。簡而言之，低成本航空將班機全部座位區分爲多種票價，從最低價座位開始出售，但某些票價會附有出售截止期限的限制（例如只提供到出發二十一天前）。一旦某種票價的座位售完，或者到達出售期限，航空公司就會轉而提供更高一級的票價。

制訂票價的第一考量，當然是必須超過班機的營運成本。另一個考量是如何將收益最大化。爲了擴大收益，航空公司的辦法不外：

1.在需求不高時以低價吸引乘客；
2.在需求高時提高票價獲取收益。

對低成本航空而言，需求高的時候通常出現在星期五晚上、星期日晚上、長假前後、重大節慶、甚至重要比賽期間。在這些時段，低成本航空的機票往往一點都不「廉價」，因爲航空公司必須利用這些時段擴大營收。想要購買便宜機票的旅客，最好避開這些時段搭機。

爲了說明低成本航空的收益管理，以下以虛擬的T低成本航空公司爲例，分成機票出售前之計劃階段與機票開始出售之階段，來說明低成本航空公司之收益管理計劃與執行。

一、機票出售前之計劃階段

T航空公司收益管理單位在計劃階段將全機座位區分爲八種票價，目標是必須超越營運成本13,500美元（每座位總平均成本爲90美元）。收益管理人員根據歷史經驗、景氣評估、市場調查等因

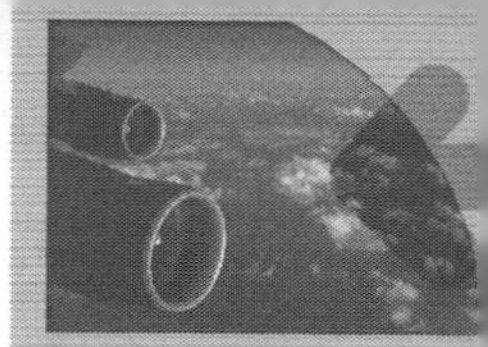

航班1
時間：3月5日星期四上午
航線：丹佛至舊金山
機型：A319客機
座位數：150個（全經濟艙）

素，對於票價和艙位分配做出預測的票價計劃表如**表5-1**：

表 5-1　T航空公司3月5日星期四上午丹佛至舊金山班機票價計劃表

票價（美元）	分配座位數目	票價總額（美元）	購買截止日期
25	8	200	無，特惠宣傳使用
45	15	675	30天前
65	20	1,300	21天前
95	20	1,900	14天前
135	25	3,375	10天前
155	32	4,960	5天前
195	20	3,900	無
245	10	2,450	無
總數	150	18,760	

此票價計劃表反映出低成本航空公司的幾項策略：

- 在低成本航空票價模式下，班機最高價乘客票價可能是最低價乘客票價的許多倍，但兩者享受的服務卻一模一樣。
- 低票價只有有限座位數，而且必須提早購買。這些旅客對航空公司營收的貢獻只占很小一部分。
- 航空公司會隨著出發日期接近，或者較低價座位售完，開始調高票價。
- 中高價位旅客經常是低成本航空營收最大來源。
- 即使是低成本航空，班機上還是會包括一些高票價座位，這些是所謂的“Last-minute fare”。因爲會在接近出發日期

才購票的旅客，通常旅程安排較沒有彈性（例如商務需要）。他們普遍願意付出較高票價，航空公司當然要「善用」這些旅客。

如前述，航空公司會利用需求高的時間提高票價，以獲取更高的收益。以下以T航空公司同一航線之另一航班的票價計劃表爲例，來說明此種作法（見**表5-2**）。

比較**表5-1**（星期四上午），此計劃表顯示出對於尖峰時段（星期五傍晚）班機，收益管理單位減少了分配給低價艙等的座位，增加分配給中高價艙等的座位數，甚至加入更高的“Last-minute fare”，使得班機的總收入增加15%以上，利潤則增加54%（假如全部機位按計劃售罄）。但是就這兩班飛機而言，它們的營

航班2

時間：3月6日星期五傍晚
航線：丹佛至舊金山
機型：A319客機
座位數：150個（全經濟艙）

表 5-2　T航空公司3月6日星期五傍晚丹佛至舊金山班機票價計劃表

票價（美元）	分配座位數目	票價總額（美元）	購買截止日期
25	8	200	無，特惠宣傳使用
45	8	360	30天前
65	12	780	21天前
95	12	1,140	14天前
135	30	4,320	10天前
155	38	5,890	5天前
195	28	5,460	無
245	8	1,960	無
295	6	1,770	無
總數	150	21,610	

運成本並無不同。

二、機票開始出售後之執行階段

繼續以航班1為例，假定航空公司在六個月前開始出售機票，收益管理單位必須在半年前就完成這份計劃。除了成本因素之外，收益管理人員還必須考量其他競爭者的票價，以及市場的需求度。市場需求的判斷依據包括對經濟走勢、市場發展預估，以及過去在這條航線中的經驗等等。由此收益管理人員認定對於星期四上午的班機，成本價90美元以上的座位只能賣出大約100個，這樣班機勢必會賠錢。航空公司當然不希望讓其他50個座位空著，因此願意以低於成本的票價賣給乘客，以求提高收益讓班機獲利。另外機上還保留部分座位提供特惠宣傳使用。

但這份計劃只是收益管理單位的藍圖而已。等到航空公司開始出售機票之後，市場狀況的變化可能會改變收益管理單位的決策，例如：

1. **競爭者的票價**：等到T航空公司開始對該班機出售135美元票價時，競爭者M航空卻在同一航線上提供115美元票價，使得T航空公司座位銷售減緩下來。這時收益管理人員必須考慮是否應該跟隨降價，以免陷入無人光顧的窘境。
2. **實際訂位狀況走勢**：T航空公司在預售階段發現機位銷售速度高於預期，代表市場需求比預期為高。這時收益管理人員可以考慮是否提高之後的票價，或者增加分配給較高票價的機位，以求提高班機的收益。或者在另一種情況中，T航空公司可能發現至少要在十四天前售完的95美元以下座位，到二十一天前只售出六成，這代表需求不如預期。這時收益管理人員必須考慮是否應該增加95美元或以下的座位，減少其他分配給較高票價的座位，吸引更多乘客搭乘。

假定在預售期間內，T航空公司這班3月5日班機銷售狀況不如預期，以致營收管理人員必須提供更多中價位座位。接著又必須因應別家公司競爭，將原本的135美元票價調低爲115美元。結果起飛時的實際銷售成績如**表5-3**。

就成果來看，雖然這班飛機載客率達到86%，但是就售票而言並未打平13,500美元的營運成本。原因包括：

- 由於需求不如預期，T航空公司必須出售更多中低價位座位，以求吸引更多乘客。連帶使得本班機平均票價跌到只有88.40美元。
- 競爭者的更低票價迫使T航空公司調低票價，對收益帶來直接影響。
- 高價“Last-minute fare”座位的出售狀況不理想，以致無法售出最高票價等級的座位。

表5-3　T航空公司3月5日星期四上午丹佛至舊金山班機銷售結果

票價（美元）	計劃座位數目	實際銷售座位數目	銷售總金額（美元）
25	8	8	200
45	15	15	675
65	20	20	1,300
95	20	32	3,040
115	-	24	3,375
135	25	-	-
155	32	19	2,945
195	20	12	2,340
245	10	0	0
總數	150	129	13,260

這個例子指出了幾個收益管理單位經常需要面對的挑戰，包括：

1.**收益管理是持續性工作**：收益管理是以預測為基礎，但由於市場的快速變化，收益管理也是一項持續性的工作。收益管理人員必須時時注意訂位情況，以及競爭者提供的票價，以做出最適切的判斷與回應。
2.**載客率與獲利並無絕對關係**：對於低成本航空而言，載客率與能否打平成本並無絕對關係。由於機位的售價經常浮動，載客率高並不見得代表營收讓人滿意，因此載客率並非唯一的獲利指標。收益管理單位追求的目標應該是「擴大總營收」。
3.**如何面對競爭者帶來的票價壓力**：在競爭激烈的市場中，「殺價」往往會對航空業者帶來重大傷害。儘管低成本航空經常以低票價作為賣點之一，但陷入票價戰爭對公司至為不利。為了避免這種情況，某些低成本航空開始改變經營模式，希望能吸引願意付出更高票價的乘客。第三章所提的「混合式」低成本航空於是應運而生。

以上使用的虛擬班機票價表只是簡化的例子。在現實世界中，收益管理單位的票價分類會更多，面對的狀況也更加複雜。因此市面上有數種專為低成本航空設計的軟體，幫助它們的收益管理單位進行預測、座位分配、分析等工作。不過在低成本航空發展史上，也曾經出現過其他票價結構模式。像是在本世紀初期，少數歐洲航空業者曾經嘗試全機單一票價。這種策略的好處是消除乘客對票價的「疑慮」，不必擔心出發前購買機票會面對昂貴價格，成為吸引乘客的賣點之一。但「單一票價」缺點是讓航空公司放棄定價權力，無法在需求不高時降價吸引乘客，或在需求升高時提高票價擴大收益，因此這種票價模式很快就從業界消失。

綜合上述，對於低成本航空的票價模式可以獲得以下結論：

1.**低成本航空不是「廉價航空」**：眞正低價機位可能只出現在特惠宣傳時間，或者必須提早購買，因爲航空公司分配給低價座位的數目有限。

2.**低成本航空的票價可能並不便宜**：航空公司以營利爲目的，必定會利用尖峰時段與需求高的時候擴大收益。在低成本航空的靈活票價結構下，尖峰時段或旺季班機的票價經常不太便宜，尤其是出發前才購買更是如此。

3.**乘客必須瞭解低成本航空票價策略才能買到便宜機票**：對於想要買到便宜機票的乘客，提早購買和避開尖峰時段是不二法則。此外掌握特惠宣傳是乘客買到便宜機票的最佳機會。

4.**不定期推出特惠活動刺激買氣**：各家低成本航空都會不定期推出特惠活動，提供便宜到驚人的機位，這也是許多報導將低成本航空形容成「廉價航空」的原因之一。然而從以上的票價範例，可以看出特惠機位往往只占少數比例，而且它們對總體營收的影響不大。航空公司願意將機位以超低價出售，原因當然是爲了維持顧客的忠誠度。由於低成本航空普遍不經由旅行社售票，它們必須仰賴乘客主動上網查詢票價。爲了讓消費者在計劃行程時「記得」查詢自家網站，低成本航空的策略之一就是進行特惠活動，這也是乘客想要買到便宜機票的最佳機會。

第三節　低成本航空平均票價與票價實例

一、低成本航空平均票價

本節以低成本航空的平均票價進一步說明低成本航空的實際收益。**表5-4**與**表5-5**是歐洲兩大低成本航空的平均收益，同時亦列出非票價收入，以瞭解每位乘客平均收益總額（關於非票價收入，本書將在下一節中解釋）。

至於在大西洋另一邊，**表5-6**是美國市場中的低成本航空平均票價。

表5-4　英國easyJet的平均乘客收益

	2005	2006	2007	2008
票價	42.43	45.17	43.68	45.67
非機票收入	2.95	3.38	3.85	8.40

註：單位爲英鎊。

表5-5　愛爾蘭Ryanair的乘客平均收益

	Q4 2005	Q4 2006	Q4 2007
票價	36.25	38.60	36.99
非機票收入	6.86	9.24	8.93

註：單位爲歐元。

表5-6　美國低成本航空的2008年第三季平均票價（含非機票收入）

	Southwest	JetBlue	Allegiant Air
平均乘客票價（美元）	124.38	142.55	118.60

註：單位爲美元。

由以上數家航空公司的數字可見，即使是以低票價爲號召的低成本航空，每位乘客的平均收益也不低。以歐洲兩大低成本航空公司爲例，即使是一向最便宜的Ryanair，每位乘客對航空公司的「貢獻」也在新台幣2,000元以上；easyJet的每位乘客收益則達到新台幣近3,000元（以當時匯率）。至於在美國，這個數字更增加到新台幣4,000元左右。

這也說明了大衆印象中的便宜機票，往往只占低成本航空公司座位的一小部分。如果以「零元機票」出名的Ryanair爲例，相對於每名買到零元機票的乘客，就有一名花費超過70歐元（新台幣3,400元左右）購票的乘客；而且後者還需要付出託運行李和其他費用，加起來的總金額會接近新台幣4,000元。這樣的票價已經變得並不廉價。

以下是一些實際的票價範例，用以說明它們的收益管理執行方式。這些範例可以幫助讀者更瞭解低成本航空的票價策略，還有爲何它們儘管以低票價出名，但仍有不錯的乘客平均收益。

二、票價實例：Jet2英國里茲到德國杜塞道夫

如前所述，低成本航空會隨著出發日期接近提高票價。**表5-7**是英國Jet2的英國里茲到德國杜塞道夫單程票價，查詢時間爲二○○八年十一月十一日：

表5-7　Jet2的英國里茲到德國杜塞道夫單程票價

票價	日期	出發時間	抵達時間
£99.99	Sun, 16 Nov 2008	18:00	20:30
£119.99	Mon, 17 Nov 2008	18:00	20:30
£99.99	Tue, 18 Nov 2008	18:00	20:30
£59.99	Wed, 19 Nov 2008	18:00	20:30
£69.99	Thu, 20 Nov 2008	18:00	20:30

註：單位爲英鎊，須另加約21英鎊稅金。2008年11月11日查詢。

在數日之後，這條航線的票價已經打破100英鎊的高價。即使以一星期後的十八日爲例，票價總價也達到約120英鎊（約新台幣6,000元）。以這段表訂一個半小時航程而言，如此的票價恐怕一點都稱不上「廉價」。這正是隨著出發日接近，低成本航空會提高票價的例子，而且這些“Last-minute fare”通常會十分昂貴。但是航空公司可以收取這樣的票價，代表市場上有願意付出高價的需求。想要尋求便宜票價的乘客當然要避免出發前才開始詢價。

三、票價實例：easyJet的倫敦盧頓到巴黎戴高樂機場

既然出發前購票如此昂貴，提早購票又有何不同？接下來運用兩個不同時期的票價，以瞭解提早購票和出發前才購票的票價差別。以下是英國easyJet的倫敦盧頓機場到巴黎戴高樂機場票價，查詢日期爲二〇〇八年十一月十七日，目標是兩個多月後的班機（見**表5-8**）：

表5-8　英國easyJet的倫敦盧頓機場到巴黎戴高樂機場單程含稅票價

Sat 24 Jan	Sun 25 Jan	Mon 26 Jan
		£27.99 dep. 06:05, arr. 08:20
£25.99 dep. 06:05, arr. 08:20	£25.99 dep. 06:05, arr. 08:20	£27.99 dep. 08:30, arr. 10:45
£25.99 dep. 11:30, arr. 13:45	£25.99 dep. 15:15, arr. 17:30	£25.99 dep. 15:15, arr. 17:30
£25.99 dep. 13:40, arr. 15:55	£25.99 dep. 18:55, arr. 21:10	£25.99 dep. 18:55, arr. 21:10

註：單位爲英鎊。2008年11月17日查詢。

另外，**表5-9**是同家公司同一條航線，但是目標爲查詢日十一月十七日之後數天的票價。

表5-8和**表5-9**顯示出，提早購票所付出的價格遠低於接近班機起飛日的票價。**表5-8**顯示，兩個多月後的票價都還處於相當低的水準。但是**表5-9**則顯示出，數日之後的班機票價已經漲了不只兩倍，星期五傍晚的班機更已漲到近100英鎊。若再加入行李託運費和信用卡費用等，這張機票勢必會突破100英鎊（當時匯率約新台幣5,000元）。這對表訂時間僅有一小時十五分的班機而言，實在是不便宜的價錢。至於其他時段班機票價也提高許多。當然，正因爲有這些付出高票價的乘客，航空公司才能在提供低票價的同時，維持一定水準的平均收益。

表5-9　英國easyJet的倫敦盧頓機場到巴黎戴高樂機場單程含稅票價

Thu 20 November	Fri 21 November	Sat 22 November
£59.99 dep. 06:05, arr. 08:20	£59.99 dep. 06:05, arr. 08:20	£59.99 dep. 06:05, arr. 08:20
£69.99 dep. 08:30, arr. 10:45	£59.99 dep. 08:30, arr. 10:45	£59.99 dep. 08:30, arr. 10:45
£59.99 dep. 15:15, arr. 17:30	£79.99 dep. 15:15, arr. 17:30	£41.99 Dep. 15:15, arr. 17:30
£69.99 dep. 18:55, arr. 21:10	£94.99 dep. 18:55, arr. 21:10	

註：單位爲英鎊。2008年11月17日查詢。

四、票價實例：easyJet的倫敦Gatwick機場到直布羅陀

上一節說明低成本航空如何利用接近出發日期與每週尖峰時段，爲航空公司擴大收益。本節則舉出另一個低成本航空擴大收益的「戰術」——利用重大節日或活動提高票價。以下範例是easyJet的倫敦Gatwick機場到直布羅陀航線，查詢日期爲二〇〇八年十一月十七日，目標是將近四星期之後的班機（見**表5-10**）：

表5-10 英國easyJet的倫敦Gatwick機場到直布羅陀單程含稅票價

Thu 11 December	Fri 12 December	Sat 13 December
£26.99 dep. 07:30, arr. 11:20	£37.99 dep. 07:30, arr. 11:20	£28.99 dep. 07:30, arr. 11:20
£27.99 dep. 14:55, arr. 18:45	£52.99 dep. 14:55, arr. 18:45	

註：單位為英鎊。2008年11月17日查詢。

另外也是同家公司同一條航線，但是目標為聖誕節期間的班機（見**表5-11**）：

表5-11 英國easyJet的倫敦Gatwick機場到直布羅陀單程含稅票價

Mon 22 December	Tue 23 December	Fri 24 December
£122.99 dep. 07:30, arr. 11:20	£112.99 dep. 07:30, arr. 11:20	£162.99 dep. 07:30, arr. 11:20
£127.99 dep. 14:55, arr. 18:45	£117.99 dep. 14:55, arr. 18:45	

註：單位為英鎊。2008年11月17日查詢。

表5-10和**表5-11**的票價顯示，即使是同一條航線，平日與重大節日之間的票價差別有多麼明顯。以聖誕節前日的班機而言，其單程票價可達平日票價的六倍，換算成新台幣大約8,000元。再往前兩天的班機也要平日票價的四倍之譜，而且這還是一個多月前購買的票價。這個例子說明低成本航空在時機來到時，同樣會積極提高票價擴大收益，這時候的低成本航空當然一點也不「廉價」。

不過航空公司開出這樣昂貴的票價，當然是算準乘客願意在節日期間付出這樣的價錢。低成本航空票價的靈活變化與台灣國內線票價大致固定、節日也不會加價的模式相比，完全是截然不同的作法。

第四節　低成本航空與傳統航空的票價比較

收益管理為低成本航空帶來不少收益，但這不是低成本航空的專利，傳統航空公司也運用收益管理原則，提供非常有競爭力的票價，對於汲汲營營想要提高收益的低成本航空帶來不小壓力。

以下比較歐洲低成本航空與傳統航空的票價，首先以倫敦到柏林為例，**表5-12**是二〇〇八年十一月十八日查詢各航空公司票價的結果，票價皆以上午班機為準：

表5-12　倫敦到柏林單程含稅經濟艙票價

	英航 LHR-TXL	Air Berlin STN-TXL	Ryanair STN-SXF	easyJet LGW-SXF
12月1日	106	115	41.84	64.99
12月15日	71.20	91	51.84	84.99
1月1日	71.20	84	26.85	54.99
1月15日	71.20	55	0.01	25.99

註：單位為英鎊。2008年11月18日查詢。
LHR=倫敦Heathrow，STN=倫敦Stansted，LGW=倫敦Gatwick，TXL=柏林Tegel，SXF=柏林Schönefeld。

表5-12顯示，英航並不見得是最昂貴的航空公司，其他低成本航空甚至可能開出更高票價。但如果考量英航是唯一飛航倫敦Heathrow機場到柏林Tegel機場的公司、可以累積聯盟哩程、不對飲食和行李加收費用，低成本航空使用較遠的柏林Schönefeld機場等因素，英航可能才是最划算的選擇。

此外，以倫敦到阿姆斯特丹為例，**表5-13**是二〇〇八年十一月十八日查詢各航空公司票價的結果，票價皆以上午班機為準：

表5-13　倫敦到阿姆斯特丹單程含稅經濟艙票價

	英航 LGW-AMS	bmi LHR-AMS	easyJet LTN-AMS
12月1日	70	80	45.99
12月15日	59	60	30.99
1月1日	49	40	31.99
1月15日	49	40	42.99

註：單位爲英鎊。2008年11月18日查詢。
LHR=倫敦Heathrow，LTN=倫敦盧頓（Luton），LGW=倫敦Gatwick，AMS=阿姆斯特丹。

同樣的現象也出現在這個例子之中。easyJet在某些日期提供最便宜票價，但在某些日期卻不見得是最便宜的選擇。而且精打細算的消費者還會考量，低成本航空往往還有託運行李等額外收費項目，服務項目又不如傳統航空公司，結果傳統航空公司反而可能更加划算。

因此，低成本航空並不見得廉價，傳統航空公司也不見得昂貴，要如何才能找到最划算的機票呢？最好的辦法還是查看所有航空公司票價，並且比較各公司提供的服務，才能讓自己的金錢發揮最大效益。如果一味相信低成本航空就是「廉價」，結果可能會讓人大吃一驚。

第五節　非機票收入

「非機票收入」（ancillary revenue）是近年來興起的航空業重要課題。這些收入泛指除了機票票價以外，航空公司向乘客收取的其他費用。對於傳統航空公司來說，由於它們的服務模式包含大部分服務，因此傳統的非機票收入項目只有販賣免稅商品、行李超重費等。就比例而言，它們只占航空公司總營收的一小部分而已。但

是近年來，歐洲低成本航空開始對許多服務項目徵收費用，這股風潮在很短的時間內擴展到世界各地，讓非機票收入成爲所有航空業者的重點項目。

非機票收入風潮始於二〇〇六年二月，英國航空業者Flybe開航空業之先，對託運行李收取費用。當時採取這種措施的目的除了提升營收之外，還有一項意義是促使乘客少帶行李，減少航空公司的地勤負擔與成本。此例一開，其他歐洲低成本航空馬上開始仿效，而且逐漸開發出其他收費項目。對低成本航空而言，機票本身含括的服務項目本來就較少，因此擁有較多開創非機票收入的機會。在這股風潮之下，不但世界各地的低成本航空紛紛引進收費項目，連傳統航空公司也不放過非機票收入機會，以因應油價上漲與經濟衰退帶來的營運挑戰。

就低成本航空而言，目前非機票收入主要包括以下幾類：

- 託運行李。
- 信用卡費。
- 機上販賣。
- 提早選位或優先登機。

以下範例說明一般低成本航空公司之非機票收入項目有哪些：

範例一：easyJet 的倫敦Stansted機場至德國慕尼黑機場

（二〇〇八年十一月十一日查詢十一月二十五日U2 3411班機，匯率爲查詢日匯率）

- 機票：45.99英鎊（約新台幣2,364元）
- 稅金：9.00英鎊
- 一件託運行李：6英鎊

- 信用卡費：4.95英鎊
- 總價：65.94英鎊（約新台幣3,391元）
- 優先登機：7.50英鎊

範例二：Ryanair的法國尼斯至愛爾蘭都伯林機場

（二○○八年十二月三十日查詢二○○九年一月三十一日FR 1989班機，匯率爲查詢日匯率）

- 機票：0歐元
- 稅金：30.66歐元
- 一件託運行李加機場報到：15歐元（機場報到收費5歐元，網路報到只限擁有歐盟身分證件的無託運行李旅客）
- 信用卡費：5歐元
- 總價：50.66歐元（約新台幣2,347元）
- 優先登機：4歐元

範例三：Tiger Airways的新加坡至越南河內機場

（二○○九年一月一日查詢三月七日TR 308班機，匯率爲查詢日匯率）

- 機票：新幣50元（約新台幣1,148元）
- 稅金：新幣70元
- 一件託運行李（15公斤）：新幣10元
- 信用卡費：新幣5元
- 總價：新幣135元（約新台幣3,100元）
- 網路選位：新幣5元

由以上的範例，可見各家低成本航空都能在機票之外，向每位乘客收取至少數百元台幣的非機票收入。値得一提的是，目前已有的非機票收入項目如託運行李、優先登機（或網路選位）、機場

報到等，都屬本少利多的項目，而且都能與網站購票程序整合，對航空公司是絕對划算的買賣。無怪非機票收入能在短時間內擴散全球，在面臨諸多經營挑戰的航空業之內造成風潮。

以下是在低成本航空業者中，各航空公司自每位乘客獲得的平均非機票收入金額（**表5-14**），顯見非機票收入占低成本航空客運總營收至少達10%以上。

近年來，航空公司普遍面臨票價下跌與成本提升的雙重壓力。能夠一下增加一成以上收入，對航空業者可能就是賠錢或賺錢的不同。由於非機票收入愈形重要，大部分低成本航空業者都在設法擴大這方面的收益，使得非機票收入成爲當前業界最紅的議題。

在託運行李、優先登機等成爲收費項目之後，低成本航空公司當然還有其他可以拿來作爲收費的項目，只是每項都需要航空公司不惜投資，包括機上娛樂系統、機上行動電話等等，但它們對乘客的「必要性」與帶來的收入恐怕都很難和託運行李相提並論。而且考量到非機票收入的新項目難尋，還有航空公司不能設立太多項目，以免造成乘客過度反感（如使用廁所要收費等），未來要再大幅提升這方面收益，恐怕十分不易。

此外值得一提的是，隨著非機票收益近年來被低成本航空「發揚光大」，部分傳統航空業者也開始在開發其收費項目，這點以美國國內市場最爲明顯。過去十年，美國的各大傳統航空公司大都處

表5-14　低成本航空每位乘客平均非機票收入（2008年第三季）

航空公司	easyJet（英國）*	Allegiant Air（美國）	AirAsia（馬來西亞）	Vueling（西班牙）
每位乘客平均非機票收入金額	8.40英鎊	32.28美元	馬幣23.1元	11.60歐元
占總客運營收比例	15.53%	27.22%	10.59%	13.62%

註：*爲2007年10月1日至2008年9月30日數字。
資料來源：各公司財報。

於經營困境之中，因此它們早已在大部分國內線班機上取消經濟艙免費餐點，效法低成本航空改成販賣制，免費服務只剩一杯飲料。從二〇〇八年初起，聯合航空更率先對第二件託運行李收費。其他傳統航空公司不但立即仿效，甚至有的開始對第一件託運行李收費。短短不到一年，全美國航空公司幾乎都已對經濟艙乘客開徵託運行李費。

毫無疑問，世界各大航空公司都在觀察美國傳統航空公司引進非機票收入的發展。不過假如要在傳統航空公司大規模應用收費服務，恐怕還有困難。最大的問題當然是乘客的感受，還有自己品牌的「廉價化」。假如搭乘傳統航空公司也要花錢購買飲食、爲託運行李付費，那麼爲何不乾脆搭乘低成本航空班機，而且後者還可能比較便宜？有趣的是，美國最大的低成本航空西南航空就一直堅拒對託運行李收費。這家以"Freedom"爲廣告口號的航空公司甚至曾以一系列名爲"Freedom from Fees"的廣告，「嘲弄」其他小氣的同業。

不過隨著非機票收入興起，愈來愈多低成本航空勢必會走向所謂的"a la carte"票價模式。航空公司會將各種服務與座位切割，讓乘客就像在餐廳點菜一樣，根據需求從選單上挑選服務，付出最適合自己需求的價格。這些機票以外的付費項目將成爲低成本航空服務的特色之一，以及它們收入的重要來源。

第六節　網路訂位與全球訂位系統

如前所述，經由網路售票一向是低成本航空的主要策略之一。然而近年來，不少低成本航空卻開始重視全球訂位系統，反映出低成本航空模式的多變。促成這種變化的重要原因，是許多低成

本航空跨出原有市場定位，嘗試吸引收益較高的商務旅客。追根究柢，這些變化都是爲了追求更高的收益。

在電子商務領域中，低成本航空可謂最佳模範之一，早在電子商務興起時就大力推動網路售票，今日大部分業者都以網站爲主要售票通路。但是過去十年推動電子商務下來，卻也出現一些始料未及的問題。像低成本航空公開每班飛機的票價，等於是把比價和選擇的權力完全交給顧客。消費者逐漸學會找到最划算安排的不二辦法，就是肯花時間在網路上搜尋。但是對航空公司而言，網路消費者變得愈來愈精明並不是好消息。尤其只靠自有網站售票的話，對於一些品牌較弱、能見度較低的新興低成本航空頗爲吃力，因爲消費者在規劃行程時，不見得會「記得」來到它們的網站上查價。許多業者於是開始改弦易轍，嘗試開拓傳統通路的客源。

經由全球訂位系統與旅行社售票，當然需要付出較高的代價。但是普遍來說，經由傳統通路購票的商務旅客比例較高，因此可以帶來更高收益。以美國的JetBlue爲例，全球訂位系統目前只占該公司收入約6%而已，但平均票價要比網路售票票價高出30至40美元（Airline Business, 2008a）。由此可見，即使是在網路售票大行其道的年代，全球訂位系統仍然有其吸引力。

目前全球有47%的低成本航空經由全球訂位系統售票，這些航空公司載客量占低成本航空業的65%，而且大型低成本航空有逐漸轉向全球訂位系統的趨勢（Airline Business, 2008a）。事實上在世界各地市場中，正有愈來愈多主要低成本航空開始引進吸引商務旅客的措施，例如AirTran的商務艙、Virgin Blue的機場貴賓室、西南航空的商務票價方案、easyJet的主要機場模式等，回到全球訂位系統售票模式自然不讓人驚奇。這些低成本航空的服務當然不能與傳統航空公司相提並論。但是它們提供較廉價的出差旅行選擇，對於愈來愈重視成本的企業界（尤其是中小企業）有不小的吸引力。

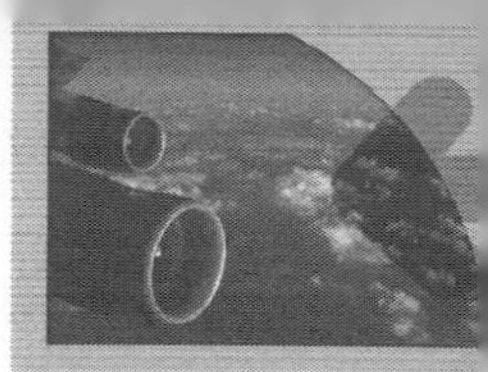

不過傳統的訂位系統和低成本航空的經營模式本來並不相同，要結合在一起還有不少要克服的挑戰。例如低成本航空的售票行爲不只是「賣票」而已，整個過程中還要加入其他非機票收入選項，原來的訂位系統軟體並沒有「預付託運行李費用」或「付費選位」等等功能。這個問題對於新出現的混合式航空公司尤爲麻煩，因爲它們大都會在售票同時提供多種付費服務選項。爲了競逐這塊新興市場，訂位系統軟體業者已在開發新的功能與介面。有些航空公司則自行開發軟體與介面，因應本身經營模式的需要。它們都面臨同樣的挑戰：這些軟體和介面不但要配合今日的營運需求，還要能夠應付未來航空業者營運模式的變化。短期內，訂位軟體與各種營運模式的整合仍會是低成本航空業面對的最大挑戰之一。

第六章　低成本航空之人力資源管理

- ✈ 人力資源管理
- ✈ 低成本航空公司之組織結構
- ✈ 低成本航空公司之人資政策與勞資關係
- ✈ 低成本航空公司之員工招募
- ✈ 低成本航空公司之員工甄選
- ✈ 個案研討——**bmi & Go**

第一節 人力資源管理

一、何謂人力資源管理？

人類與生俱來思考的特性，是開發不盡的資源，也是競爭力的關鍵因素，因此，「人」可說是組織最重要的資產。關於組織內人員的管理，最早起源於英國的「勞工管理」，二次大戰後美國改使用「人事管理」的名詞，隨著時代變遷，企業中的人事行政部門（personnel administration）逐漸由人力資源管理（Human Resources Management, HRM）部門所取代。現代人力資源管理與傳統人事管理的差異在於，現代人力資源管理係透過有能力且高度認同的勞力策略性部署，透過文化、結構和人力技術的整合配置，達到競爭優勢（Storey, 1995）。顧名思義，從前的人事行政部門做的是消極的「行政工作」，現代的人力資源開發與管理部門做的則是積極的「開發與管理」。換言之，將組織內所有人的資源做最適當之確保、開發、維持與活用，使企業之人與事做最適切的配合，事得其人，人盡其才，發揮最有效的人力運用，為此所計劃、執行與統制之過程乃稱「人力資源管理」。據此，人力資源管理有四大特點：

1.人與事可適切配合，使事得其人；
2.人盡其用，發揮其潛力，做最有效的貢獻；
3.人與人可協調合作，發揮團隊力量；
4.組織以科學系統性的方式進行規劃與管理，提升系統效能。

由於人力資源管理基本使命在爲組織求才、育才、用才與留才，因此，人力資源管理一般定義爲：針對組織內部所進行之吸引、培養、激勵和維持高績效員工等活動而做的管理。明確地說也就是，人力資源乃是指管理者在管理員工時所須執行的事務與政策，從招募、訓練、績效評估、獎勵，以及爲公司員工提供安全與公平的環境（何明成，2002）。主要內容包括：

1.工作分析（決定各個員工工作的本質）。
2.制定勞工需求計劃，並招募應徵者。
3.甄選應徵者。
4.新進員工的職前訓練與在職教育。
5.薪酬管理（如何付薪資給員工）。
6.提供獎勵與福利。
7.績效評估。
8.溝通（面談、諮商、懲戒）。
9.訓練與發展。
10.建立員工的承諾。

在人力資源管理的內容框架下，**圖6-1**爲DeNisi和Griffin（2001）所提出之人力資源管理流程。藉由結合組織目標及個人的生涯發展，將組織內人力的獲得、發展、運用、激勵與維持，透過有效率的運用，使企業的表現能逐步成長，達成長期目標。少了高績效的員工，組織便無法達到目標。人力資源經理的角色，即是在員工的貢獻產出與組織目標的實現間，透過各種管理，建立起實際有效的關係。因此，人力資源管理的工作，是一套經過事前計劃、有系統地改善組織表現的方式，其規劃必須配合組織的策略目標和計劃，而這一系列規劃詳盡的人力資源活動，將會徹底影響組織的生產力。換句話說，人力資源管理必須能創造價值，而其價值所在

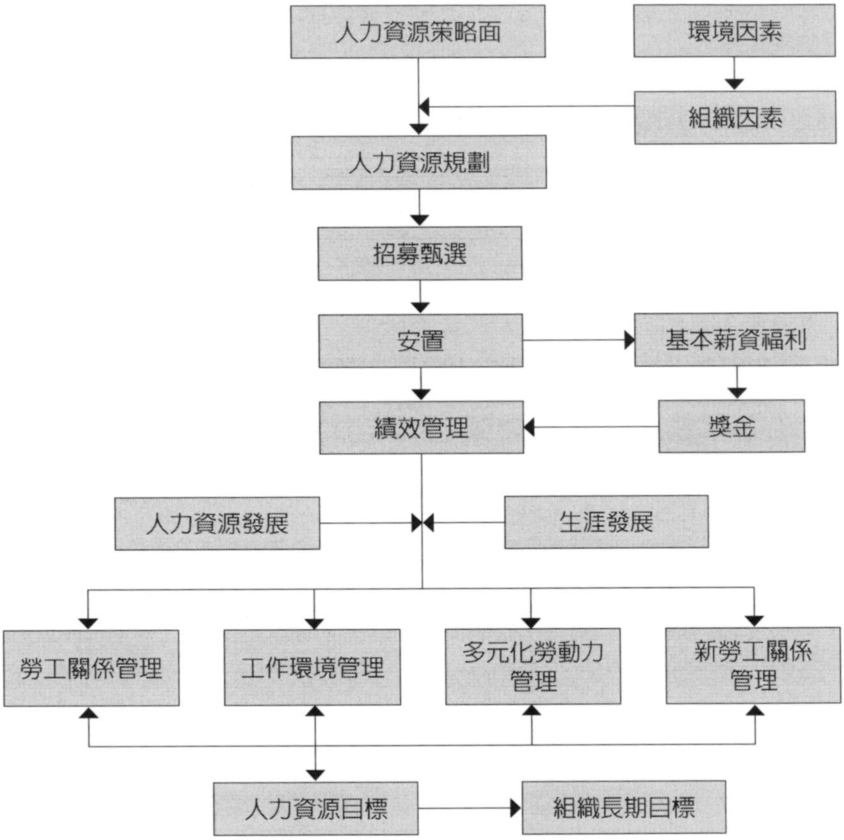

人力資源策略面
環境因素
組織因素
人力資源規劃
招募甄選
安置
基本薪資福利
績效管理
獎金
人力資源發展
生涯發展
勞工關係管理
工作環境管理
多元化勞動力管理
新勞工關係管理
人力資源目標
組織長期目標

圖6-1　人力資源管理流程

資料來源：DeNisi and Griffin (2001).

就在於人力資源管理部門為公司員工提供何種附加價值。而能否創造附加價值的關鍵就在於，人力資源的策略與組織策略的整合程度。

二、人力資源策略與組織策略

為了使組織的運作方向一致，策略的整合十分重要。除了能整合各部門的資源外，更重要的是讓員工清楚知道「爲何而戰」與「爲誰而戰」，以徹底發揮組織的戰鬥力與效能。人力資源策略與組織策略所整合的程度，隨著組織的不同而有所不同。在小型公司裡，通常組織策略與人力資源管理策略沒有關聯；隨著公司規模的增大、行政的需求與管理者的認知升級下，人力資源的策略逐步在符合組織的需要上建立，亦即由組織主導。當組織開始體認以人爲本的競爭優勢時，人力資源策略與組織策略將緊密的結合，在雙邊制訂策略時，均會考慮彼此的需求。最後，亦有可能發展成由人力資源策略主導組織策略的情形。

在現代組織管理中，通常是人力資源的策略建立在符合組織的需要爲主。當策略制訂之後，員工須扮演的角色與職責亦應運而生。根據Storey和Sisson（1993）以及廖勇凱、黃湘怡（2007）的分析，組織策略、員工的角色行爲與人力資源管理策略的關聯如**表6-1**，顯示組織策略對員工的角色行爲與人力資源管理策略的影響深遠。

三、組織設計

爲了貫徹組織策略與人力資源管理策略，使策略規劃獲得執行上的成效，策略和組織必須連結在一起。Chandler（1962）提出結構追隨策略的概念，認爲組織設計應視策略而定。換言之，策略和組織設計具有相當密切的關係。在一般公司中有許多的工作職位，必須依照某些邏輯進行整合與管理，整合的結果即爲部門的產生。最常見的部門劃分乃依照企業機能別、產品別、按地區別以及按顧客別的劃分四種。此外，企業界還常用的劃分法包括按專案別、流程別、時間別、矩陣式等。公司在組織設計時，可依照其需求選擇最適當的部門劃分方法，從而建立起整個公司的組織架構。

表6-1　組織策略、員工的角色行為與人力資源管理策略的關聯

組織策略	員工的角色行為	人力資源管理策略	案例
創新	高度的創意 長期焦點 高度的合作與相互溝通 適度關心品質與產量 重視過程與結果 大幅度的風險嘗試 高度混沌與未知的忍受度	設計需要緊密地交流和協調小組工作 績效考核趨向於反映長期和以小組為基礎的成果 允許員工可發展在公司中其他職位的技能 薪酬系統強調內部的公平大於外部與市場基礎的公平 薪資率較低，允許員工成為股東，並有較大的自由度選擇薪酬方式 以廣泛的生涯路徑來增強寬廣的技術範疇	Intel 微軟 IBM 惠普 3M
品質提高	相當的重複性和可預測性 較長期或中期的焦點 適度的合作和相互溝通 高度地關心品質 適度地關心產量 高度地關心過程 低風險嘗試的活動	相對固定和明確的工作說明書 對工作條件和任務本身有高度的參與決策權 相當的平等對待與僱用安全的保證 廣泛和持續的員工訓練和發展	Honda Toyota 麥當勞
成本降低	相當的重複性和可預測性 較短期的焦點 自動自發或個人的活動 適度地關心品質 高度地關心產量 高度地關心結果 低風險嘗試的活動	相對固定和明確的工作說明書，但允許有部分模糊的空間 較窄的工作設計和生涯路徑；生涯路徑鼓勵朝向專業化 密切觀察市場績效的程度來作為報酬決策 較少程度的員工訓練和發展	家樂福 代工製造業 UPS

資料來源：Storey & Sisson（1993）與廖勇凱、黃湘怡（2007）。

而公司的組織架構在一般學者的劃分下又分爲官僚式組織（bureaucratic organization）、機械式組織（mechanic organization）與有機式組織（organic organization）三種。

(一)官僚式組織

又稱科層式組織，根據德國社會學家Max Weber所提出的理性

法定威權（rational-legal authority）所架構出的結構，Weber認爲，官僚式組織具有六項特性，分別是組織成員間固定分工、層層節制的權力層級體系、遵從正式的法律與規範、組織內職位應按人員專長進行正式遴選、永業化的傾向以及工作報酬有明文規定等。因此一些大型企業內部會制訂許多政策制度，爲了讓員工在執行業務時有一致的標準，這些都是官僚式組織設計的運用。在工作高度分工下，具高度複雜性；政策通常以文件化呈現，因而具高度正式化；相關規定清楚，決策可在較低層級決定，故具低度集中性。

(二)機械式組織

機械式組織的工作細分清楚，任務被切割爲多個專業化的子任務，因此具高複雜性。爲了標準化任務以提高效率，同樣也得將作業流程標準化並以書面方式呈現，此爲高度正式化的特徵。另外，大部分重要的決策須由高階主管決定，溝通以上下級的指示爲主，強調對上級的服從，故具有高度集中特性。

(三)有機式組織

介於官僚式組織與機械式組織中間，其特色是結構簡單、非正式、低度集權。有機式組織爲了增加組織彈性與應變能力，工作依一般性任務呈現，個人任務會依狀況調整，決策是由具相關知識技能的人制訂，強調公司橫向與縱向的溝通。因此組織成員的思考較能跳脫本位主義，以公司整體利益考量。

第二節　低成本航空公司之組織結構

一、組織設計

本書第三章曾提及，低成本航空的組織都非常精簡，人機比遠比傳統航空來得低。從組織管理面而言，Carney和Dostaler（2006）以航空公司所有權與公司管理模式的關聯性進行調查，結果發現與傳統航空公司相較下，低成本航空公司較符合企業式的管理模式，管理階層具有直接的管控能力，因此較能下達快速且具風險性的決策。若深入比較傳統航空與低成本航空的企業經營模式，有下列幾項重要的組織結構與管理差異：

1.公司的董事會與各式委員會愈大，董事或委員愈多，公司組織結構的成本愈高。 若低成本航空盡其可能地奉行低成本策略來營運，那麼其公司管理架構負擔的成本將較輕，包括較小型的董事會，較少的董事，以及較少的高階主管成員；委員會的數量在低成本公司也較少。Alves和Barbot（2007）的研究證明了低成本航空公司的組織是較傳統航空省錢的架構。

2.非公司成員的董事比重亦是低成本航空與傳統航空公司的顯著差異處。Baysinger等人（1991）指出，公司主管是否為董事會成員與決策過程的靈敏度以及速度存在有正向關係。而據調查，低成本航空公司的資深主管是董事會的成員偏高，因此相容於其步調較快速的商業模式。

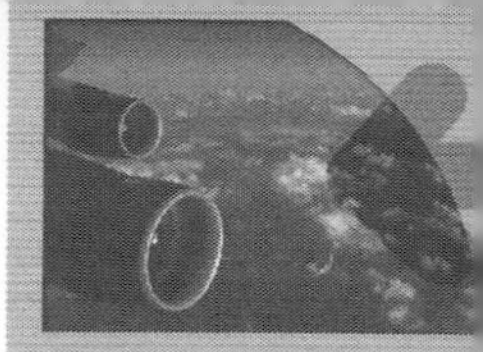

3.公司管理架構層級愈多、愈複雜將減緩決策過程。**圖6-2**與**圖6-3**爲傳統航空公司（以華航與長榮航空公司爲例）組織圖，由於航空業橫跨數個高度專業性的領域，如財務、客運、貨運、航務、空服、維修、安全等，均有其專業，工作設計細分清楚，同時也運用品質管理來標準化任務以提高效率，因此除了高複雜性之外，亦具高度正式化；至於是否具高度集中的特性則視公司文化而定，因此傳統航空公司以官僚式或機械式的組織架構爲主。

低成本航空簡化所有商業流程與技術，由於組織架構簡單，低成本航空公司的決策過程不若傳統航空公司般複雜，在效率與彈性上符合有機式組織的特性：結構簡單、非正式、低度集權。此種組織有利於組織溝通，減少員工間橫向溝通，減少勞資雙方不必要的猜忌，同時也因此能快速幫助管理階層塑造組織文化。

4.傳統航空與低成本航空公司在經營管理上另一個顯著差異，是在高階主管持有公司股份的比例（Alves & Barbot, 2007）。在低成本航空，高階主管持有相當高比例的公司股份，因此無形中使管理階層與一般投資大衆的心態趨於一致，除了有利於公司與投資大衆的關係外，也相對成爲追求公司成長的激勵要素。

二、組織文化

組織文化或組織氣候會影響組織成員的行爲，除影響組織個人行爲外，兩者都是經由組織成員的互動過程及領導者的管理風格所產生。因此組織文化可說是組織內大部分人的價值觀與行爲模式，影響組織的績效甚鉅。許多學者曾針對組織文化與組織績

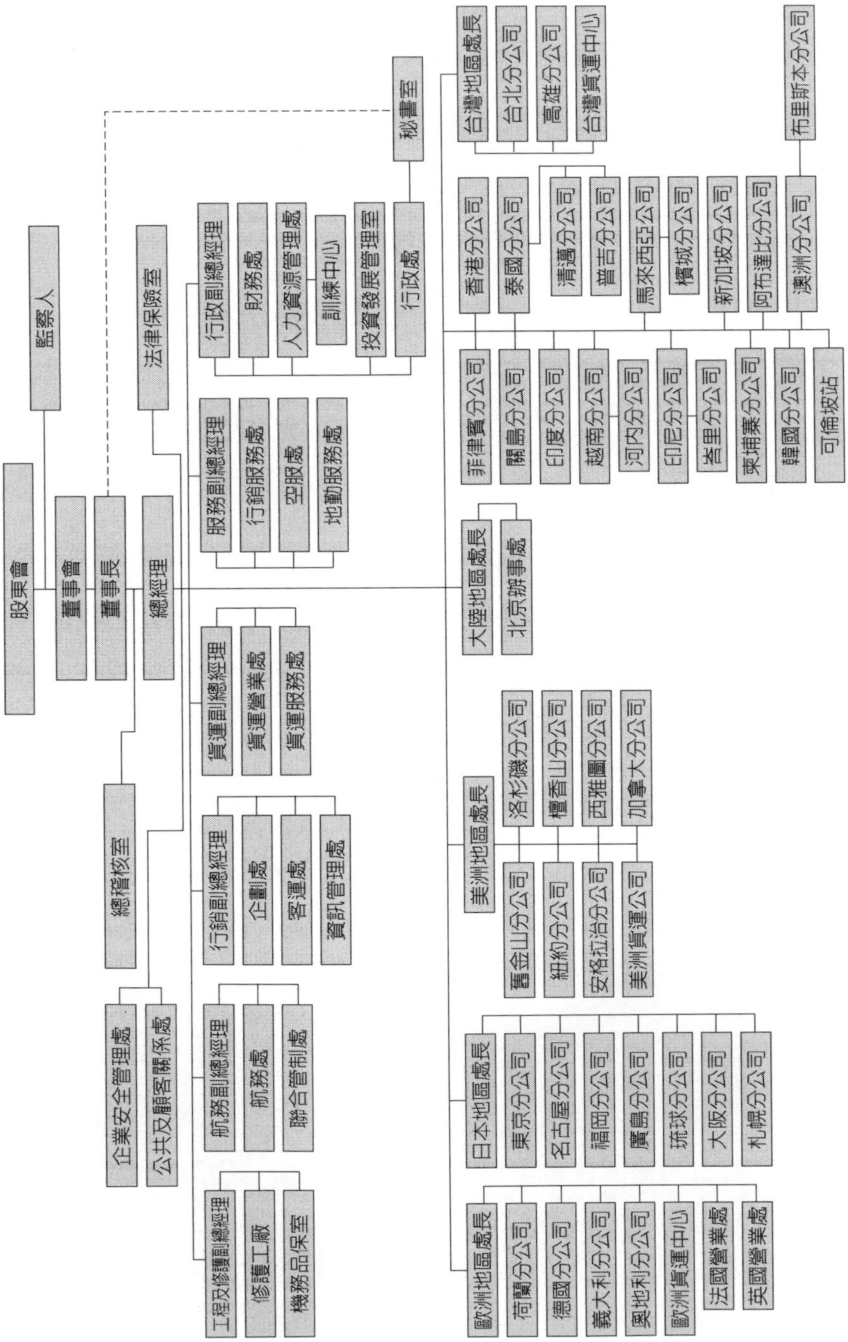

- 股東會
  - 監察人
  - 董事會
    - 董事長
      - 總稽核室
      - 秘書室
      - 總經理
        - 企業安全管理處
        - 公共及顧客關係處
        - 法律保險室
        - 工程及修護副總經理
          - 修護工廠
          - 機務品保室
        - 航務副總經理
          - 航務處
          - 聯合管制處
        - 行銷副總經理
          - 企劃處
          - 客運處
          - 資訊管理處
        - 貨運副總經理
          - 貨運營業處
          - 貨運服務處
        - 服務副總經理
          - 行銷服務處
          - 空服處
          - 地勤服務處
        - 行政副總經理
          - 財務處
          - 人力資源管理處
            - 訓練中心
          - 投資發展管理室
          - 行政處
            - 秘書室
        - 歐洲地區處長
          - 荷蘭分公司
          - 德國分公司
          - 義大利分公司
          - 奧地利分公司
          - 歐洲貨運中心
          - 法國營業處
          - 英國營業處
        - 日本地區處長
          - 東京分公司
          - 名古屋分公司
          - 福岡分公司
          - 廣島分公司
          - 琉球分公司
          - 大阪分公司
          - 札幌分公司
        - 美洲地區處長
          - 舊金山分公司
          - 紐約分公司
          - 安格拉治分公司
          - 美洲貨運公司
          - 洛杉磯分公司
          - 檀香山分公司
          - 西雅圖分公司
          - 加拿大分公司
        - 大陸地區處長
          - 北京辦事處
        - 菲律賓分公司
        - 關島分公司
        - 印度分公司
        - 越南分公司
          - 河內分公司
        - 印尼分公司
          - 峇里分公司
        - 柬埔寨分公司
        - 韓國分公司
        - 可倫坡站
        - 香港分公司
        - 泰國分公司
          - 清邁分公司
          - 普吉分公司
        - 馬來西亞公司
          - 檳城分公司
        - 新加坡分公司
        - 阿布達比分公司
        - 澳洲分公司
          - 布里斯本分公司
        - 台灣地區處長
          - 台北分公司
          - 高雄分公司
          - 台灣貨運中心

圖6-2　中華航空公司組織圖

資料來源：中華航空公司年報。

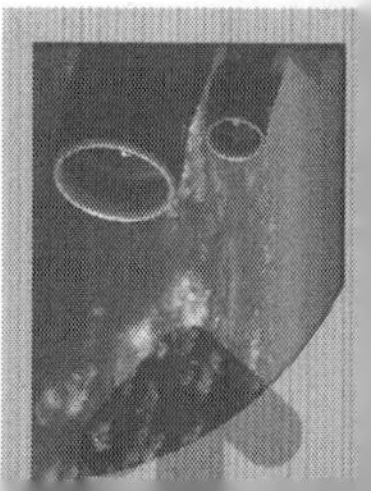

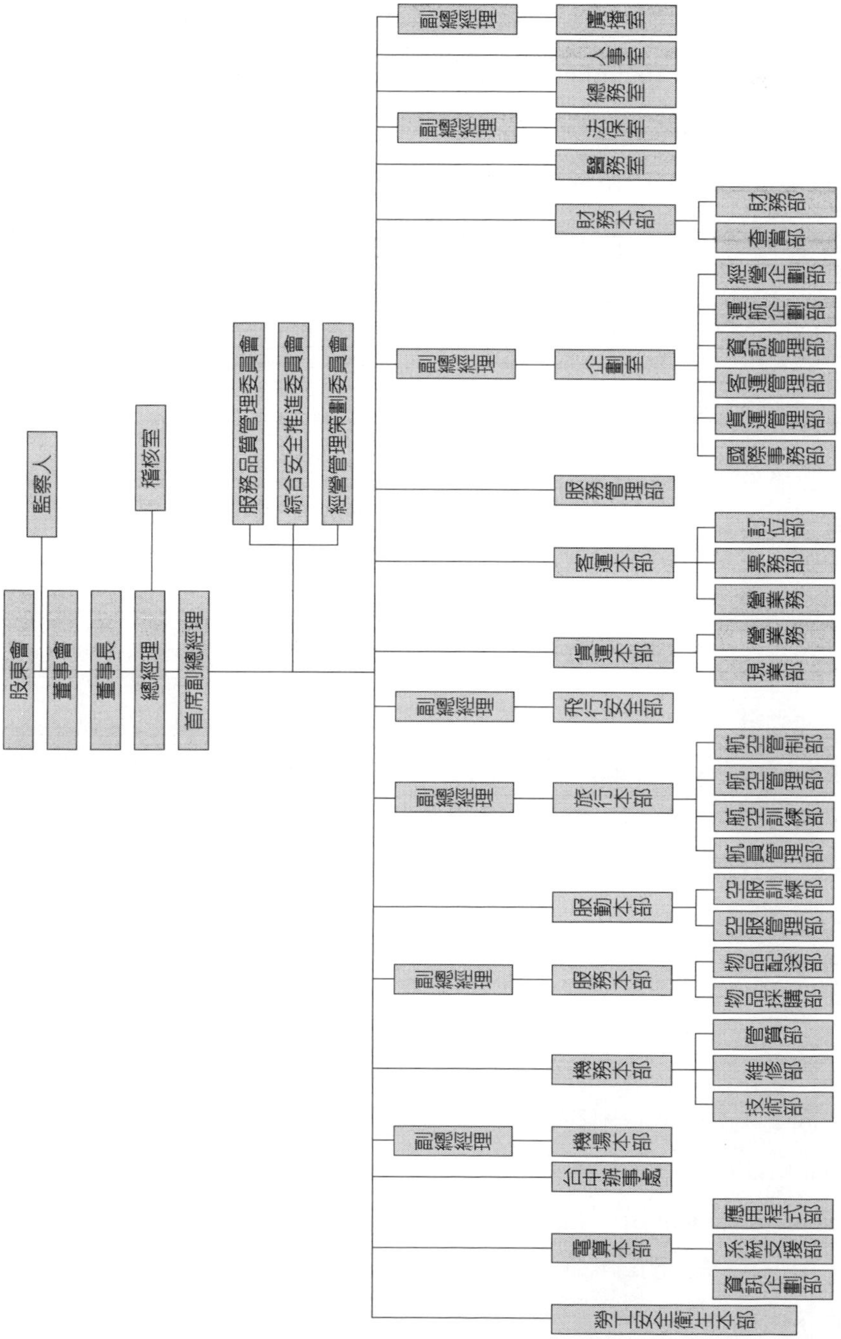

- 股東會
  - 監察人
- 董事會
- 董事長
- 總經理
  - 稽核室
- 首席副總經理
  - 服務品質管理委員會
  - 綜合安全推進委員會
  - 經營管理策劃委員會
  - 副總經理
    - 廣播室
  - 人事室
  - 總務室
  - 副總經理
    - 法保室
  - 醫務室
  - 財務本部
    - 財務部
    - 查核部
  - 副總經理
    - 企劃室
      - 經營企劃部
      - 運航企劃部
      - 資訊管理部
      - 客運管理部
      - 貨運管理部
      - 國際事務部
  - 服務管理部
  - 客運本部
    - 訂位部
    - 票務部
    - 營業務
  - 貨運本部
    - 營業務
    - 現業部
  - 副總經理
    - 飛行安全部
  - 副總經理
    - 旅行本部
      - 航空管制部
      - 航空管理部
      - 航空訓練部
      - 航員管理部
  - 服勤本部
    - 空服訓練部
    - 空服管理部
  - 副總經理
    - 服務本部
      - 物品配送部
      - 物品採購部
  - 機務本部
    - 管質部
    - 維修部
    - 技術部
  - 副總經理
    - 機場本部
  - 台中辦事處
  - 電算本部
    - 應用程式部
    - 系統支援部
    - 資訊企劃部
  - 勞工安全衛生本部

圖6-3　長榮航空公司組織圖

資料來源：長榮航空公司年報。

效進行探討，例如麻省理工學院全球航空業研究計劃（MIT Global Airline Industry Programme）針對美國十大航空公司於一九八七至二〇〇〇年間的研究指出（Gittell et al., 2003），正向的工作場合文化與服務品質、生產力以及財務績效有正向關聯性，但衝突式的工會管理對於所有的公司績效具有負向影響。而西南航空的研究結果對於這些發現具有相當大的影響力。

西南航空有其本身特有的企業文化，其常常鼓勵自身員工用輕鬆的心情來看待本身的工作與競爭，也希望員工用充滿愛心的態度來做事，「員工第一，顧客第二，只有快樂的員工才有滿意的顧客」，這是西南航空的企業文化核心價值。西南航空甚至希望員工能發揮本性來增加公司的獨特性，也因此西南航空創造出歡樂輕鬆的氣氛，將幽默與笑臉帶給每一位乘客，這是西南航空在僱用員工方面堅持必須具備幽默感的原因，因爲帶給乘客歡樂成了西南航空本身特有的文化。

而亞洲一般的航空公司多半仍較爲傳統，且希望員工依照公司規則行事。以長榮航空爲例，長榮訴求的企業文化爲「挑戰、創新、團隊」，其堅持「飛航安全快捷、服務親切周到、經營有效創新」的經營理念，有別於西南航空的輕鬆、熱情式企業文化，長榮的企業文化比較偏向員工絕對服從命令（機械式組織特性），可說是較注重規則化及統一化，從其對待公司工會組織的方式與風格亦可見一斑。另外長榮航空招考員工比較傾向僱用剛畢業的新鮮人，因爲新鮮人就像一張白紙，比較容易接受與塑造公司文化。

因此低成本航空比傳統航空具有的競爭力即是企業文化，Richard Bartrem——加拿大最大低成本航空公司WestJet的文化副總裁（vice president of culture）曾說，文化乃是低成本航空的心臟樞紐，企業文化是低成本航空不可或缺的要素。他指出，要讓低成本概念深植在員工心裡，盡量降低成本人人有責。如此一來，從執行長做起，大家都會關心機坪上飛機的清掃與清潔工作，從這些事著手，即可以減少飛機的地停時間、加快飛機的周轉率與提高飛機的使用率。更重要的是，透過全體工作人員來傳遞這樣實際的信念。

不管身處何種組織文化，員工正向的態度與行爲均會影響航空公司績效，而人力資源政策與規章則會塑造員工正向態度、加深員工的激勵因子與有效率的工作能力，這些都與提高組織績效息息相關。

第三節　低成本航空公司之人資政策與勞資關係

如第二章所述，低成本航空公司傾力追求降低各項成本，在人事成本上以美國爲例，聯合航空單位人事成本爲8.05美分ASK（可售座位公里），美國航空單位人事成本爲7.37美分／ASK，而西南航空僅有4.88美分／ASK，約是聯合航空的六成（吳文國，2004）。因此一般大眾很自然地會假設低成本公司的薪水福利較差、基本工資較低、工作時間較長、假期較少、年假安排的彈性較少等。另外，大眾可能也會假設工會的存在和運作亦不若傳統大型航空公司般具談判的空間：一方面由於低成本航空的臨時僱員數目多，另一方面是低成本航空大量將非核心地勤業務外包。

不過根據ITF survey（2002）與Hunter（2006）的研究指出，低成本航空公司的人力資源策略有以下特性：

- 跟傳統航空公司比較起來，大部分的低成本航空公司提供較差的薪資報酬與工作環境，差異程度約在5%至40%之間。少數待遇與傳統航空公司一致的低成本航空，通常是那些由傳統航空公司所設立的低成本子公司。舉例來說，美國航空飛行員平均年薪是206,000美元，西南航空為139,000美元，只有美國航空的三分之二（吳文國，2004）。

- 低成本航空飛航組員每月的飛行時數（block hour）比傳統航空公司多約10%至35%，地勤人員的工作時數則比傳統航空公司多約10%至20%。低成本航空的飛航組員與地勤人員休息天數與年休時間則比傳統航空公司少約5%至20%。以聯合航空為例，其前艙組員平均每月飛時僅三十五．六小時，西南航空為六十五．八小時（吳文國，2004）。
- 大部分低成本航空公司招募的成員皆來自航空產業，亦即有相關航空工作背景經驗。
- 大部分低成本航空公司採用正式員工與聘請臨時僱員的混合人資策略，而且這兩種族群的數目差不多一致。
- 約70%以上的低成本公司有工會組織。若是由傳統公司成立的低成本子公司之勞資關係與工會組織，則要視子公司是否完全獨立於母公司而定。例如Virgin Blue（母公司為Virgin Atlantic）對工會成立的態度開放，但Jetstar（母公司為Qantas）則採避免工會的策略。
- 低成本航空公司似乎藉由強調「共同對抗敵人」（we against others）的心態來創造一種特殊的公司氛圍，以建立員工對公司的忠誠度。同時並利用家長式的作風（paternalistic methods）來支持員工忠誠度，與「受害者（underdog）共同體」風氣，如西南航空、JetBlue與easyJet都是實例。

綜合上述，較低的工資與福利使低成本航空可能被視為是在剝削員工，而導致員工有較低的薪資滿意度與工作士氣。不過，低成本航空公司的家長式作風，使得員工具高忠誠度以及高工作承諾。換言之，這種在工作上有相當複雜影響力的心理契約（psychological contract），加上高度的工會化，員工溝通管道順暢等因素，可以使員工對於低工資有較平衡的心理；也因此其勞僱關係不像傳統大型航空公司般，常發生罷工等緊張衝突場面。

第四節　低成本航空公司之員工招募

一、招募管道

在組織型態與策略確立之後，人力資源管理部門須進行人力規劃與人才之招募甄選。人才招募活動對於公司的人力資源來說，是一種必需的、經常的、例行性的工作，人力資源招募人員必須應用各種招募管道，來引起大衆對於公司職位空缺的注意並吸引應徵者前來應徵，以進行人員招募的工作，完成公司或組織所交付的目標。

Kleiman（1997）指出，一套有效的招募方法，能夠幫助公司以有限的資源來與其他公司競爭。根據統計，每聘用一位員工所花費的招募成本，相當於一位新進員工年收入的三分之一，包括廣告費用、主持招募活動者與應徵者的交通費、可能獲得之推薦獎金或就職獎金、人力仲介公司或協助搜尋員工公司的費用、招募者的酬勞與紅利，以及經理所花費的時間。因此，招募管道需要多元化，才能使招募活動具有效性，爲公司節省不必要浪費的成本。

航空公司和一般企業一樣，招募的來源除了內部員工的晉升、輪調外，就是透過外部招募來吸引應徵者。如上一節所述，大部分低成本航空公司，尤其是剛成立的低成本航空，所招募的成員通常具有航空業工作背景，目的在借重其過去經驗與經歷，甚至是人脈，使公司運作更容易上軌道。以國內航空公司爲例，其招募地勤員工或空勤職缺之管道不外乎有以下幾項：

- 在公司網頁上登載人才招募之啓事。
- 透過平面媒體；如雜誌、報紙、車身等刊登人才招募廣告。
- 經由網際網路；如104人力銀行等網站刊登人才招募廣告及招募活動。
- 學校就業輔導中心或校園徵才說明會。
- 政府就業輔導機構。
- 公司內部員工轉任或介紹親友報名參加。

二、easyJet 招募方式

不過，對於大部分低成本航空公司而言，在成本的考量下，依賴網際網路的宣傳與運用比傳統公司高許多。其大部分的地勤職缺與空勤需求在公司網站上均有詳細說明。另外，業界的口耳相傳、航空相關網站廣告，以及航空專業雜誌廣告也是其宣傳的方式。以easyJet爲例， 在該公司的網站上可以利用搜尋引擎來尋找十一大類地勤工作的現有職缺，包括：管理階層（airline management board）、客艙服務（cabin service）、商務（commercial）、公司傳訊（corporate communications）、維修工程（engineering & maintenances）、財務（finance）、資管（IT）、營運（operations）、人事（people）、採購（procurement）與安全（safety）。意者可以上傳履歷到公司網站，等候進一步通知。例如在營運（operations）類中，於二〇〇九年二至三月間，easyJet徵求營運規劃分析師（operations planning analyst）與空勤訓練之班表維護專員（Training Delivery Officer），其應徵條件與工作內容皆詳細列在網頁上（如**圖6-4**）。特別的是easyJet在工作目的上指出，應徵者需要對於easyJet成為世界最好的低成本公司充滿熱誠，而且要在言行間謹慎維護公司品牌。另外，空服員與機師招募亦是透過網路宣傳與報名。

傳統航空公司機師招募之來源，約略可區分成以下四種族群：培訓飛行員（abinitio / cadet pilot）、自學飛行員（CPL飛行員）、空軍退役飛行員與他航轉任者。簡述如下：

1. **培訓飛行員**：航空公司招收大專畢業以上之社會青年（通常要三十歲以下），自行培訓養成之飛行員。以台灣為例，因現今國內並無航空訓練學校之設置，航空公司都將培訓飛行

圖6-4　easyJet徵求營運職缺

資料來源：easyJet (http://www.easyjet.com/).

員送往國外（澳洲或美國等）之航空訓練機構代訓。

2.**自學飛行員**：航空業界統稱CPL飛行員，有志青年自行前往國外航空訓練機構學習飛行，累積實機飛行時數至二百五十小時以上，並取得該國民航局「商用駕駛員」（Commercial Pilot License, CPL）學科考試及格及符合Class 1（甲種）航空人員體格檢查標準，而報考航空公司飛行員稱之。

3.**空軍退役飛行員**：空軍飛行官在服役期滿後，若想轉往民航業服務，自然成爲各家航空公司爭相網羅的對象。

4.**他航轉任**：任職其他航空公司的飛行員，在服務期限期滿之後或個人生涯規劃之因素，轉換至其他航空公司繼續在民航業服務者。

在各國民航法規的框架與經濟環境的限制下，航空公司據以制訂人力資源策略，並調整人力需求與招募來源。由於培訓飛行員的訓練成本昂貴，約需一年八個月至二年才能成爲上線正式的飛行員。在經濟與成本考量下，現今世界上大部分的航空公司均以自學飛行員、空軍退役飛行員與他航轉任爲主要機師來源。而低成本航空公司爲了節省成本，在機師招募上通常以他航轉任或自學飛行員爲主，少有自訓機師。不過，easyJet是少數有招募培訓飛行員的低成本航空公司。

在創新願景下，爲了給想爲easyJet工作但幾乎沒有飛行經驗的人提供工作機會，因此easyJet與訓練機構CTC合作「CTC Wings 專案」，提供兩種管道：

- CTC Wings Cadet： 提供給完全沒有飛行經驗，但深具動機，熱誠又有心接受訓練，成爲航空公司機師的年輕人。
- CTC Wings ATP：提供給已經取得商用駕駛員（CPL）／儀器飛航檢定（Instrument Rating, IR）以及民航運輸駕駛員

（Airline Transport Pilot, ATP）資格，目前正在尋找民航駕駛工作者。

雖然名額不多，但在傳統航空紛紛停止自己培訓機師時，easyJet在公司人力資源策略下，的確創造了自己本身的競爭優勢。也無怪乎Skytrax顧客對低成本航空公司之滿意度調查，easyJet 於二〇〇七年獲選爲全世界第三名，更於二〇〇八年勇奪最佳低本航空公司的殊榮。

第五節　低成本航空公司之員工甄選

一、甄選方式與工具

招募主要在宣傳組織之職缺訊息，提供相關工作與公司資訊與管道給有心應徵者。但更重要的是，人力資源管理人員必須瞭解要把工作做好需要哪些才能知識及態度，以及透過一些甄選方法來瞭解應徵者的知識技能與人格特質是否適合該職位工作，才能錄取到最佳人選。因此，甄選的工作乃爲人力資源管理中重要工作的一環。Kleiman（1997）的人力資源管理模式將人力資源管理實務以甄選爲區分點，分爲甄選前的實務、甄選的實務以及甄選後的實務等三類，分別說明如下：

- 甄選前：甄選工作包括人力資源的規劃及工作分析，組織首先必須規劃工作的類型及界定此份工作所需要的條件爲何。
- 甄選：招募員工，並且選擇適合此份職位的員工。

·甄選後：爲使員工績效極大化、使員工得到工作滿足感、改進員工工作表現，或者創造讓員工能夠達到組織所要求目標的工作環境。這類工作包括訓練、績效評估、獎勵計劃，或組織的改善計劃等。

傳統航空與低成本航空公司的甄選流程視企業規模大小、組織文化與工作職位項目而有所不同。不過通常不脫以下幾種甄選方式：

·初步篩選與資格審查：過濾不合格的應試者。
·小組討論：將合格應試者分成六至八人爲一組，針對特定題目進行討論與結果簡報，人資部門員工則從旁觀察記錄每一位應試者在團體裡的表現與貢獻度。這是歐美航空公司時常採用來瞭解應試者是否具有團隊合作精神，與領袖特質的方式。
·面試：觀察應試者言談舉止與談吐，以瞭解其適職性，甚至有時會請應試者進行簡短的專題簡報。
·筆試：包括工作所需之技能測驗，或心理、性向測驗。
·背景查核：針對應試者所提供之過去工作資料進行瞭解，以確認資料之眞實性與工作能力。
·健康檢查：由於空勤人員牽涉到體能需求，因此應試最後一關通常是特殊的空勤體檢。

二、職能

甄選可說是在預測應試者的未來績效表現，爲了降低偏誤，通常採取數種甄試工具的交叉運用。在「事得其人」的概念下，一九八二年Richard Boyatzis首次提出職能（competence）的概念，意指個人能運用有效率的方式在工作上產生卓越績效的基本特質，包含動機、技能、自我信念、社會角色及知識，而這些基本特質就是導致及影響個人在工作領域上，表現更好、更有效率的工作績效及成果的基本關鍵特性（Boyatzis, 1982）。Spencer和Spencer（1993）指出，職能是指一個人所具有之基本特質（underlying characteristic），這些基本特質不僅與其工作職務有關，更可預期或反應其行爲與績效的表現。雖然學界對於職能的定義仍不甚一致，但均認爲職能乃足以完成主要工作結果的一連串知識、態度、技術與能力之總和。

雖然不同型態以及營運性質之航空公司，對於職位／工作設計、工作說明書與職能（核心能力）的要求均不相同，不過，不管是傳統航空公司或低成本航空，工作職位最吸引人注意，也被研究最多的，非空勤人員莫屬。由於機師以及空服員主要在提供機上乘客的安全服務（safety service），爲了達成此目標所需受的基本訓練與安全績效的展現，不論各航空公司皆然，因此空勤人員有其一定的基本特質需求。在基本能力之外，各航空公司會依據其組織文化再加入該公司需求人員的特質，如西南航空要求的幽默感，新加坡航空公司要求的"Singapore Girl"等，來成爲該公司招募空勤人員的要件。

以機師爲例，不論其服務公司的性質與型態爲何，飛行員的基礎養成教育都是一致的，最後階段才是飛行機種的訓練。民航機師主要的職責就是在飛機離地起飛到降落目的地的過程中，負責飛機操控、機組員管理並確保人機平安。表現優異的機師也可能會兼任飛航教師機師，在飛行／訓練過程中指導副駕駛；或擔任考核機師，甚至管理階層。根據學者與業界的機師甄選標準，機師須具備以下要件，包括：

· 學習能力佳，具備足夠的飛航知識和技術。
· 駕駛操作與同步作業能力。
· 善於溝通且願意與人合作。
· 高抗壓性。
· 危機處理能力、高度警覺性 。
· 良好體能、心智成熟。
· 問題解決的能力決策力 。
· 具備領導能力。
· 精通英語。
· 對飛行充滿熱誠、主動積極。

至於空服人員須具備之能力包括有：

· 團隊合作能力。
· 問題解決能力。
· 對服務充滿熱誠。
· 情緒管理能力。
· 專業知識技術。
· 危機處理能力。

第六節　個案研討——bmi & Go

本節將比較 bmibaby與Go兩家低成本航空公司之人資策略與勞資關係，由於兩家均是傳統航空公司的低成本子公司，因此其受母公司影響的因素與結果亦在討論之列。

一、bmibaby

bmibaby的母公司爲British Midland（bmi），旗下共有三種類型的航空公司：bmimainline, bmi regional 以及bmibaby。bmibaby在二〇〇二年成立，其營運策略與easyJet、Ryanair 不同，bmibaby 接受顧客更改訂位與在網路上預選座位。在三年內，bmibaby即得到英國《每日電訊報》（*Daily Telegraph*）所主辦的年度最佳低成本航空公司獎項。二〇〇四年與Germanwings（德國漢莎航空低成本子公司）合作，加深了BMI集團與德國國營航空公司的合作關係。

BMI集團的人資策略採集中管理，由單一人力資源管理部門來管理旗下三個航空公司的全部員工。根據一項二〇〇二年對BMI集團的飛航駕駛員（九十五人）所做的問卷顯示，飛行員普遍對管理階層不滿意，也顯示飛行員對管理階層的不信任。問卷結果如**表6-2**所示。

表6-2　BMI集團飛行員滿意度

項目	不滿意度百分比	滿意度百分比
薪資	22	78
津貼	10	90
可休年假	6	94
病假福利	4	96
跟飛行主管的溝通管道	32	68
訓練程序	32	62
職級	42	58
工作保障安定性	73	27
飛行員與管理階層的關係	88	12
人力資源問題的管理	71	27
勞資關係問題的管理	94	5
班表	84	16

資料來源：Harvey & Turnbull (2006).

bmibaby之工會曾反應過此嚴重問題，但管理階層的人資策略依舊採集中管理方式。二〇〇四年英國民航駕駛員協會（British Air Line Pilots' Association, BALPA）曾再度進行類似調查，65%的飛行員表示未來離開公司的機會很大。

二、Go

Go在一九九八年開始營運，並在四年內即成爲高獲利的低成本航空公司。不過二〇〇〇年時英國航空因競爭問題將Go出售。二〇〇一年Go的資深管理階層籌資一億一千萬英鎊將其買下，並於二〇〇二年以三倍高的價錢轉售給easyJet。

Go的前執行長Babara Cassini將Go的品牌定調爲「活力、熱情與堅韌」，並以3X＋Y來展現公司便宜、簡單又具品質之策略，藉以創造公司差異化。例如，除了低票價外，航機上提供現煮咖啡、機票規則彈性、機上劃位以及目的地免費旅遊手冊等，跳脫無服務（No frills）的模式。這樣的策略成功的吸引了商務旅行客源，也提供了較高的顧客價值，因此於二〇〇一年獲《商務旅客》（*Business Traveller*）雜誌票選爲最佳低成本航空公司。

特別的是，在Go成立時，高階主管即意識到勞資關係的重要性，尤其是和機師之間的關係，因此特別著力在根據互惠與合作而建立的管理風格，並一開始就認可數個工會的談判目的。當開始招募機師時，管理階層著重之機師職能在其技術之外的能力，評估要項是機師是否自在地接受公司價值與管理方式，以及對組織文化不會產生負面影響之人格特質。公司甚至成立顧問群（Consultative Group），由管理階層、工會代表與勞工代表所組成，使各階層的員工都可以參與公司的重要決策，以充分瞭解公司運作的方式與目的。因此，由上到下包括飛行員都十分清楚Go的公司政策與人力資源管理政策。根據二〇〇二年的問卷調查，曾在Go工作的機師（二十七人）均展現了高度的滿意度（如**表6-3**）。

表6-3　Go航空公司飛行員滿意度

項目	不滿意度百分比	滿意度百分比
薪資	4	96
津貼	56	33
可休年假	26	74
病假福利	22	74
跟飛行主管的溝通管道	0	100
訓練程序	4	92
職級	7	93
工作保障安定性	22	78
飛行員與管理階層的關係	19	81
人力資源問題的管理	7	89
勞資關係問題的管理	11	85
班表	11	85

資料來源：Harvey & Turnbull (2006).

Go的機師尤其對於飛行員與管理人員的溝通管道十分讚賞與懷念，也相當滿意自己的班表。相較之下，Go的母公司英國航空的勞資關係向來緊張，英航的空勤人員人數是Go的十倍，飛行管理階層比較保守，也較不願意與員工個人直接接觸，因此在同樣的問卷調查下，飛行員（三百九十五人）的滿意度較差（如**表6-4**）。

三、小結

雖然低成本航空公司的營運成本平均只有傳統航空公司的43%（Harvey & Turnbull, 2006），但不見得具有低成本的人力資源勞資關係。以上兩家低成本子公司在致力創造公司更多的附加價值後，都獲得了成功的回響；不過比較起Go，bmibaby建立在「較高

表6-4　英國航空公司飛行員滿意度

項目	不滿意度百分比	滿意度百分比
薪資	66	34
津貼	28	72
可休年假	9	91
病假福利	18	81
跟飛行主管的溝通管道	23	76
訓練程序	61	35
職級	72	28
工作保障安定性	33	66
飛行員與管理階層的關係	74	26
人力資源問題的管理	51	47
勞資關係問題的管理	85	15
班表	27	73

資料來源：Harvey & Turnbull (2006).

成本」的飛行組員承諾與工作滿意度上，也顯示出，權力下放到子公司的管理方式應比集中管理的人資策略來得更具成效。

第七章　低成本航空之飛行安全

- 飛航事故與意外定義
- 航空器失事率與飛航安全
- 低成本＝低安全？低成本航空失事案例探討
- 低成本航空飛安績效
- 安全管理系統
- 作業安全查核

第一節　飛航事故與意外定義

在探討飛航安全前，須先瞭解「什麼是不安全」，亦即飛航事故與意外的定義。國際民用航空組織（International Civil Aviation Organization, ICAO）爲促進安全、便利航空器事故調查與統一意外事件統計的基礎，對於飛航事故與意外依其嚴重程度、引起的死傷，均在國際民航公約第十三號附約（Annex 13 to the Convention on International Civil Aviation）「航空器事故調查」（Aircraft Accident and Incident Investigation）中訂有詳細的定義。

第十三號附約（Annex 13）中對於「航空器事故」分成三種層級：“Accident”、“Serious Incident”與“Incident”（參見**表7-1**）。對照我國相關民航法規，Annex 13 中關於Accident 等相關定義則分散在我國「民航法」（參見**表7-2**）、「飛航事故調查法」（參見**表7-3**）與「民用航空器及公務航空器飛航事故調查作業處理規則」（參見**表7-4**）中。由於世界各國民航法規均參照ICAO標準訂立，同時爲了便於分析國外案例，因此本書在意外事件分類上，採用ICAO Annex 13對於“Accident”、“Serious Incident”與“Incident”的定義，但中文名詞翻譯參用民航法的「航空器失事」、「航空器重大意外事件」與「航空器意外事件」。「飛航事故」則引用「飛航事故調查法」中第一章第二條的定義。

表7-1　國際民航公約第十三號附約（ICAO Annex 13 Aircraft Accident and Incident Investigation, 9th ed., revised in July 2001）

Annex 13	名詞 Term	定義 Definition
Chapter 1	Accident	An occurrence associated with the operation of an aircraft which takes place between the time any person boards the aircraft with the intention of flight until such time as all such persons have disembarked, in which: (a) a person is fatally or seriously injured as a result of: - being in the aircraft, or - direct contact with any part of the aircraft , including parts which have become detached from the aircraft, or - direct exposure to jet blast; *EXCEPT when the injuries are from natural causes, self inflicted or inflicted by other persons, or when the injures are to stowaways hiding outside the areas normally available to the passengers and crew; or* (b) the aircraft sustains damage or structural failure which: - adversely affects the structural strength, performance or flight characteristics of the aircraft and - would normally require major or replacement of the affected component. *EXCEPT for engine failure or damage, when the damage is limited to the engine, its cowlings or accessories; or for damage limited to propellers, wing tips, antenna, tires, brakes, fairings, small dents or puncture holes in the aircraft skin; or* (c) the aircraft is missing or is completely inaccessible. Note 1. For statistical uniformity only, an injury resulting in death within thirty days of the date of the accident is classified as a fatal injury by ICAO. Note 2. An aircraft is considered to be missing when the official search has been terminated and the wreckage has not been located.
Chapter 1	Serious Incident	An incident involving circumstances indicating that an accident nearly occurred. Note 1. The difference between an accident and a serious incident lies only in the result.
Chapter 1	Incident	An occurrence, other than an accident, associated with the operation of an aircraft which affects or could affect the safety of operation.

（續）表7-1　國際民航公約第十三號附約（ICAO Annex 13 Aircraft Accident and Incident Investigation, 9th ed., revised in July 2001）

Annex 13	名詞 Term	定義 Definition
Chapter 1	Serious Injuries	An injury which is sustained by a person in an accident and which: a)requires hospitalisation for more than 48 hours, commencing within seven days from the date the injury was received; or b)results in a fracture of any bone （expect simple fractures of fingers, toes, or nose）; or c)involves lacerations which cause sever haemorrhage, nerve, muscle or tendon damage; or d)involves injury to any internal organ; or e)involves second or third degree burns, or any burns affecting more than 5 percent of the body surface; or f)involves verified exposure to infectious substances or injurious radiation.
Chapter 1	Aircraft	Any machine that can derive support in the atmosphere from the reactions of the air other than the reactions of the air against the earth's surface.

資料來源：ICAO (http://www.icao.int/).

表7-2　「民用航空法」中航空器失事相關條文（2004年6月2日修訂）

第二條之	專有名詞	定義
一	航空器	指飛機、飛艇、氣球及其他任何藉空氣之反作用力，得以飛航於大氣中之器物。
十七	航空器失事	指自任何人為飛航目的登上航空器時起，至所有人離開該航空器時止，於航空器運作中所發生之事故，直接對他人或航空器上之人，造成死亡或傷害，或使航空器遭受實質上損害或失蹤。
十八	航空器重大意外事件	指自任何人為飛航目的登上航空器時起，至所有人離開該航空器時止，發生於航空器運作中之事故，有造成航空器失事之虞者。
十九	航空器意外事件	指自任何人為飛航目的登上航空器時起，至所有人離開該航空器時止，於航空器運作中所發生除前二款以外之事故。
二十一	飛航安全相關事件	指航空器因運作中所發生之航空器失事、航空器重大意外事件、航空器意外事件及非在運作中所發生之地面安全事件。

資料來源：民航局（http://www.caa.gov.tw/big5/index.asp）。

表7-3　「飛航事故調查法」中飛航事故相關條文（2004年6月2日公布）

第一章	專有名詞	定義
第二條	飛航事故	指自任何人為飛航目的登上航空器時起，至所有人員離開該航空器時止，於航空器運作中所發生之事故，而有下列情況之一者： (一)造成人員死亡或傷害。 (二)使航空器遭受實質損害或失蹤。 (三)有造成人員死亡、傷害或航空器實質損害之虞者。

資料來源：民航局（http://www.caa.gov.tw/big5/index.asp）。

表7-4　「民用航空器及公務航空器飛航事故調查作業處理規則」中死亡或傷害相關條文（2004年12月21日發布）

第一章	專有名詞	定義
第二條	死亡或傷害	指非因自然因素、自身行為、他人入侵，或因偷渡藏匿於非乘客及組員乘坐區域所致，且因下列情形之一所致者： (一)該人處於航空器之內。 (二)該人直接觸及航空器之任何部位，包括已自航空器機體分離之部分。 (三)該人直接暴露於航空器所造成或引發之氣流中。
第二條	傷害	指下列情形之一： (一)受傷後七日之內須住院治療四十八小時以上者。 (二)骨折。但不包括手指、足趾及鼻等之骨折。 (三)撕裂傷導致嚴重之出血或神經、肌肉或筋腱之損害者。 (四)任何內臟器官之傷害者。 (五)二級或三級之灼傷，或全身皮膚有5%以上之灼傷者。 (六)證實曾暴露於感染物質或具傷害力之輻射下者。

資料來源：民航局（http://www.caa.gov.tw/big5/index.asp）。

綜上所述，本書對Accident等名詞之中文譯名與定義如下：

1.航空器失事（Accident）：自任何人爲飛航目的登上航空器時起，至所有人離開該航空器時止，航空器運作中所發生之事故，包含：直接對他人或航空器上之人，造成死亡（含因

航空器失事受傷而三十日內死亡者）或嚴重傷害（波音公司統稱爲fatal accident）；或航空器遭受實質上損害或失蹤（官方搜尋正式終止但殘骸尚未尋獲）。

2.**航空器重大意外事件**（Serious Incident）：發生於航空器運作中，幾乎產生航空器失事之事件（失事與重大意外事件的差異在「結果」）。

3.**航空器意外事件**（Incident）：除失事外，發生於航空器運作中，影響或可能會影響安全操作之事件。

4.**飛航事故**（Accident + Serious Incident）：指自任何人爲飛航目的登上航空器時起，至所有人員離開該航空器時止，於航空器運作中所發生之事故，而有下列情況之一者：

(1)造成人員死亡或傷害。

(2)使航空器遭受實質損害或失蹤。

(3)有造成人員死亡、傷害或航空器實質損害之虞者。

另外値得一提的是，在死亡（fatality）定義上，ICAO Annex 13 之“Accident”定義中所謂“fatally or seriously injured”的敘述，雖然與「民用航空器及公務航空器飛航事故調查作業處理規則」中第一章第二條對「死亡或傷害」的定義大致相同，但ICAO另外強調，爲了統計上的一致性，「致命傷害亦包括於意外發生三十日內因事故受傷死亡者」，此定義提供了計算事故死傷（生還率）的重要依據。

第二節　航空器失事率與飛航安全

雖然航空運量的成長具有區域性的差異，整體而言全球航運的需求成長強勁（IATA, 2001; Boeing, 2005, 2006）；同時，預測在未來十至二十年內，航空運量依然會呈現持續上揚的局面（Doganis, 2001; Boeing, 2006），愈來愈多的旅客可以負擔不論是短航程或越洋長航線的飛行（Shorrock & Kirwan, 2002）。不過航空市場需求增加的同時，更大的挑戰亦隨之而來。根據波音公司最新統計（Boeing, 2008），從一九五九年到二〇〇七年全球商用噴射機失事率呈現近三十年的平坦趨勢，顯見在運量成長的情形下，航空器失事發生次數也隨之增加，失事死亡數目則呈現變動走勢（見**圖7-1**）。雖然從二〇〇一年後，失事率有略微下降的傾向（二〇〇五年除外），自從一九七〇年代起，全球航空公司航空器

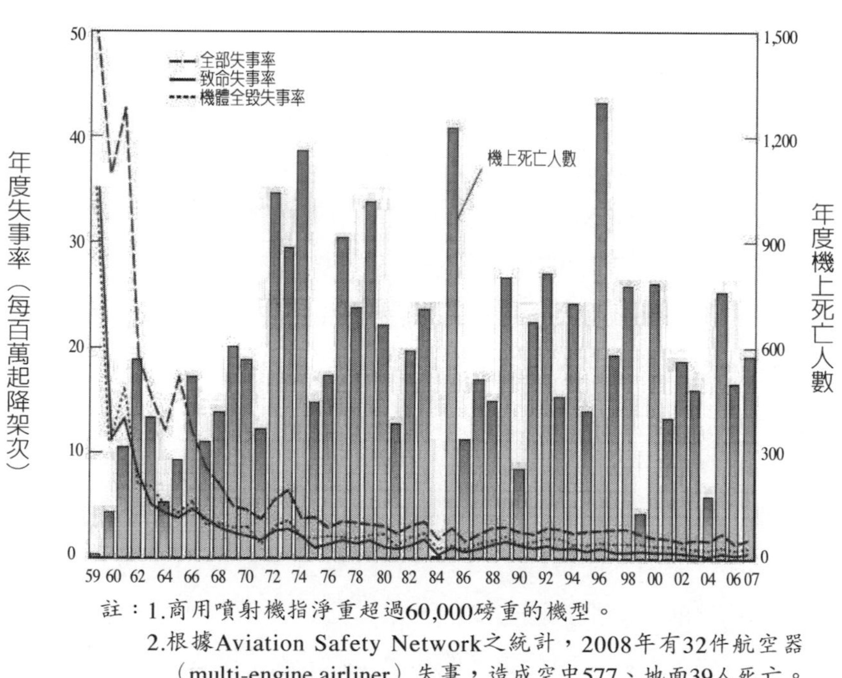

註：1.商用噴射機指淨重超過60,000磅重的機型。
2.根據Aviation Safety Network之統計，2008年有32件航空器（multi-engine airliner）失事，造成空中577、地面39人死亡。

圖7-1　1959至2007年全球商用噴射機失事率與死亡人數

資料來源：Boeing (2008).

失事率維持在每百萬起降架次有○・六六次（Toyama, 2006），國際航空運輸協會則指出，二○○七年由於發生在非洲、印尼與巴西的空難，導致二○○七年全球的航空器（Western-built jet aircraft）失事率增加至每百萬起降架次有○・七五次（IATA, 2008a）。

儘管如此，航空產業在紀錄上仍是現代最安全的大衆交通工具，但每一次空難事故發生時，傳媒的大幅報導，每每加深大衆對於飛航運輸安全的恐懼與疑慮。由於傳媒偏愛大幅報導傷亡慘重的空難，如TWA flight 800 與 ValuJet flight 592 等，導致大衆普遍認爲航空意外事件是無生還機率的（NTSB, 2001）。一九九二年英國民航局委託克蘭菲爾大學所調查的結果發現，飛機被認爲是事故發生時生還機率最低的運具，有32.7%的民衆同時認爲無法從航空意外事故中生還（Fennell & Muir, 1992）。台灣一項研究則發現，受訪者主觀認知交通工具中，以火車爲最安全，其次爲民航客機、輪船、大客車、小客車。而失事生還率，則以民航機爲最低（方斌，2002）。然而，根據歐洲運輸安全委員會（European Transport Safety Council, ETSC）在一九九六年做的研究顯示，將近九成的飛航事故爲可生還失事或技術上可生還失事。NTSB（2001）的研究則指出過去十八年內，美國境內近96%的生還者在適用Part 121的民航公司（經營定期航線的商用民航業者）航空器失事中（Part 121 aviation accident）存活下來；在最嚴重的46%空難中，生還率是80%。

因此，改善飛航安全具體措施可歸納爲兩種：一是降低飛航意外事件發生率，從飛機／引擎的性能提升、環境因素的調查到人爲因素的發展，強調飛機失事的預防；另一是改進遭遇意外事件時的生還機率，目的在降低意外的傷害與提高生還的機會。這兩者以互補的方式，使得飛航安全從「失事後的改善」（reactive）提升到「預防失事產生」（proactive），期能有效提升整體飛航安全。

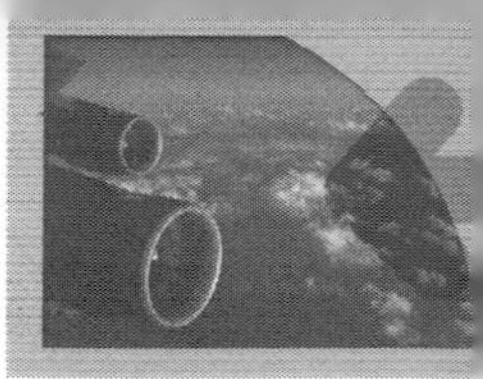

第三節　低成本＝低安全？低成本航空失事案例探討

在西南航空營運模式獲得大成功，市場其他業者紛紛起而效尤的同時，社會大衆卻開始漸生疑慮：是否低成本航空爲了節省成本，飛機可能比較老舊，一定比較危險？是否低成本航空等同於低飛行安全？尤其在一九九六年，美國低成本航空ValuJet 592班次失事後，致使低成本航空整體的載客量下滑，當年營業獲利率也跟著下滑（參見第二章**圖2-2**）。其他低成本航空曾發生過的空難事件如Helios 522航班、Adam Air、One-Two-GO 等，亦都爲該公司帶來無法彌補的財務與聲譽上的損失，甚至面臨改名或倒閉的窘境。以下爲幾個著名低成本航空失事的案例。

一、ValuJet 592航班

ValuJet是美國低成本航空，成立於一九九三年。公司名爲：“ValuJet”意譯爲「超值的航空公司」。機隊以DC-9爲主，亦有少數的MD-80飛機。ValuJet初期發展迅速，一九九五年六月八日，該公司一架二十六年機齡的DC-9型客機在亞特蘭大國際機場發生火警。ValuJet有感於手上的二手DC-9型飛機機齡不少，於是在同年向麥道公司購買五十部MD-95型客機（麥道後來被波音收購，MD-95於一九九七年更正爲波音717）取代其老舊機隊。

一九九六年五月十一日下午兩點零四分，ValuJet 航空公司592號班機從邁阿密國際機場起飛到亞特蘭大，此航班由一架機齡二十七年的飛機DC-9執行任務。當飛機起飛後，駕駛員和乘客都沒發現前貨艙失火，火愈燒愈大，後來連整個地板下都失火了。駕駛艙內因而煙霧瀰漫，飛航組員要求返航落地，空難後尋獲的駕駛艙通話紀錄器（Cockpit Voice Recorder, CVR）記錄了當時來自駕駛艙的急速呼叫："Five ninety-two needs immediate return to Miami. We're on fire! We're on fire!（失火了！失火了！）" 當飛機爬升至10,628呎、速度232浬時，忽然在三秒鐘內飛機失去高度815呎，速度減少了34浬，飛航資料紀錄器（Flight Data Recorder, FDR）於高度7,207呎速度260浬時停止記錄。由於濃煙把全機上的人都燻昏了，五十秒後這架失控的DC-9以約80度向下姿態墜地。飛機最後墜毀在佛羅里達州的大沼澤中，機上旅客一百零五人與組員五人，共計一百一十人全部罹難。

美國國家運輸安全委員會（National Transportation Safety Board, NTSB）調查發現，是貨艙放了一批過期但未妥善處理的氧氣瓶，釋放氧氣的同時產生高溫點燃，並燒到一旁的輪胎，才引發一連串的事件。NTSB 指出，ValuJet事故之人爲誤失有兩點：(1)危險物品承攬裝載問題；(2)美國聯邦航空總署（FAA）CLASSD當時疏於要求貨艙裝置煙霧偵測系統。

至於事故肇因的人爲誤失爲：(1)該班機在前貨艙裝載一百四十四個化學氧氣瓶以及兩個MD-80輪胎；(2)貨物未經適當的監督、歸類及包裝；(3)ValuJet未適當的訓練機務關於危險物品的裝載及監管貨物承攬。

因此，對於事故人爲誤失的改善建議如下：

- 加強案例宣導；
- 加強貨物承攬公司、機務及組員的危險物品裝載觀念；
- 業者應加強地面危險物品裝載之紀律及安全標準程序遵守

之要求。

ValuJet公司成長過快，而忽視飛安工作。自從發生592班次失事後，ValuJet虧損了5500萬美元，導致公司財務一蹶不振。一九九七年ValuJet與一家小型航空公司進行合併，改名爲AirTran。AirTran記取教訓，迄今未有重大飛安事故，二〇〇七年AirTran 是全世界載客量第五名的低成本航空公司。

二、Helios Airways 522航班

Helios Airways 成立於一九九八年，是賽普勒斯第一家私營的低成本航空公司，二〇〇〇年首航從賽普勒斯到倫敦的包機航班，機隊以737客機爲主，主要業務在經營從賽普勒斯到歐洲其他城市的定期與包機航班。Helios 在二〇〇四年賣給賽普勒斯的旅遊集團Libra Holidays Group。

二〇〇五年八月十三日Helios Airways 522航班之飛機在出勤的前一天，機務人員進行了737客機的客艙壓力系統故障的維修，將加壓電門放在「手動模式」位置，而沒有回復到「自動模式」位置。八月十四日，Helios 522航班從賽普勒斯拉納卡機場起飛，原定經雅典飛往捷克的布拉格。但正副機師在做飛行前檢查時，沒有發現到加壓電門的位置不對，所以飛機在週日上午九點起飛後，它的加壓閥一直保持在開的位置，因此飛機處於在沒有加壓的狀態下一直向上爬升。調查指出，機員聽到客艙壓力失效之警告聲誤以爲是操縱系統失效，而不予理會；當飛機冷卻系統隨即失效又響起第二次失效警告聲響，機長離開駕駛座試圖將警告音響關掉時，由於缺氧緣故，導致機長很快昏迷倒地並失去知覺，令飛機變成無人駕駛的幽靈客機。

這架737客機在進入希臘領空時發生失控（renegade）狀況，並且在十點三十分失去無線電聯絡，希臘當局因而出動兩架F-16戰機升空以便就近調查。客機在沒有機師駕駛下，依然按原定的飛行計劃爬升，直至耗盡所有燃料之後，在希臘的雅典以北40公里處馬拉松的山區墜毀，全機一百一十五名乘客及六名組員無一生還。

據調查，飛機機身的密封艙出了漏洞，導致機艙內氣溫和氣壓驟降，也令機師缺氧。此空難事件不僅是希臘歷年來最嚴重的空難，也是賽普勒斯的航班最慘重的事故。二〇〇六年Helios Airways更名爲α jet，但由於財務狀況不佳加上債權人的壓力，二〇〇六年十一月停止營運。

三、Adam Air 574航班

Adam Air是印尼知名商人兼政客拉克索諾於二〇〇二年成立之私營航空公司，並於二〇〇三年投入營運，機隊以波音737客機爲主。主要提供印尼國內，包括由首都雅加達飛往棉蘭、梭羅、三寶壟及日惹等地區航線，亦有從棉蘭飛馬來西亞檳城，以及雅加達往新加坡的國際航班。其定位在低成本航空與傳統航空公司之間。

Adam Air以提供低票價而聞名，可說是印尼成長最快速的「低成本航空」。該公司二〇〇六年預定在未來五年中租賃和購買三十架空中巴士A320飛機，以替代其日益老化的波音737飛機。不過Adam Air在飛航安全方面卻紀錄不佳。二〇〇六年二月，該公司一架從雅加達飛往蘇拉威西島城市錫江的飛機曾從航管監控雷達上消失了四小時，原因是飛機上的導航系統出現了故障。飛行員不得不在一處小型機場緊急降落，所幸所有乘客無恙，後來印尼政府向Adam Air公司發出了正式警告。

但Adam Air仍無起色， 在二〇〇七年一月一日，一架從泗水出發往萬鴉老的574號班機與航管失去聯絡，宣告失蹤。該飛機是一架B737-400，機上搭載有九十六名乘客和六名組員。一月十日，飛機的水平尾翼在海面找到。此事件使Adam Air遭到很大的衝擊，空難的主因爲飛機維修問題，以及不當的管理方式，例如航空公司要求飛行員在飛機不宜飛行的情況下繼續飛行等。

雖然574號班機空難使人們關注Adam Air出現的安全和腐敗問題，但Adam Air在管理上依舊令人詬病，與員工關係益加緊張。緊接而來的是，二〇〇七年二月二十一日從雅加達出發往泗水的172號班機，機尾觸地使飛機出現裂縫及機身變形，六架Adam Air飛機於是被勒令停飛，等待民航局檢驗，當局對航空公司亦祭出重罰。二〇〇八年三月十日，Adam Air 292號班機從雅加達出發往巴淡島，降落時衝出跑道75米，機翼受損，所幸事件中無人受傷。毀損的聲譽加上不佳的財務狀況，最後Adam Air在二〇〇八年六月九日正式宣布破產，並停止營運。

四、One-Two-GO 269航班

One-Two-GO航空公司是泰國低成本航空，爲泰國東方航空的子公司，主要經營泰國國內航線，以曼谷廊曼機場爲基地。二〇〇三年十二月開航，首航飛曼谷至清邁，是亞洲唯一一家無論任何航線全都採用統一票價政策的航空業者。

二〇〇七年九月十六日，One-Two-GO航空269號班機由曼谷廊曼機場起飛前往泰國普吉島國際機場，途中疑遇上惡劣天氣風切，降落普吉島機場時滑出跑道撞向大樹，機身斷成兩截，爆炸著火，造成八十九人死亡，其中有多名外國遊客傷亡。自從269號班機失事後，One-Two-GO載客率一直無法提升。二〇〇八年One-Two-GO航空推出許多促銷活動，像是搭乘十次免費送一張機票；

印尼其他低成本航空事故

- 二○○四年十一月三十日，印尼低成本航空公司Lion Air一架載有一百四十六名乘客與七名機組成員的麥道MD-82客機，因天雨路滑，衝出中爪哇省梭羅市濕滑的飛機跑道，導致發生撞機事故，造成三十一人死亡十人受傷的悲劇。二○○六年與二○○七年Lion Air亦曾發生飛機重落地與引擎脱落的意外事件。
- 二○○五年九月五日，印尼另一家低成本航空公司Mandala Airlines一架波音737-200型客機，由於發動機故障，在起飛後不久墜毀在印尼第三大城棉蘭市的居民區，造成機上一百零二人喪生，同時還有四十七名當地居民不幸遇難。由於二○○六年與二○○七年陸續又發生意外事件，目前Mandala Airlines被歐盟的航空公司列為黑名單，二○○七年九月十一日起禁止飛入歐盟範圍領土。

還有可以搭乘六段不限航點的泰國國內線班機之I PASS等。

不過二○○八年七月二十二日起，One-Two-GO航空及泰國東方航空被泰國民航局勒令停飛三十天，原因是安全紀錄不佳。同時One-Two-GO航空因無法承受高油價及營運虧損，於二十二日無預警宣布全部航線停飛四十五天，造成已訂票的消費者權益上的損失。不過，One-Two-GO航空於九月十二日通過泰國民航局的安全查核，於二○○八年十二月恢復營運。

五、小結

由於航空市場需求的不斷擴大，促進了航空業的迅速發展，特別是催生了很多低成本航空公司。亞洲接二連三發生的飛機墜毀和失事事件，除了特定公司本身的組織文化問題外，也顯示部分政府對低成本航空公司的監管制度明顯沒有跟上。除此之外，也可能是每個國家對於安全績效的查驗（safety inspection）能力不一，如美國聯邦航空總署會定期評估各國對於國際標準的順從性，土耳其與多明尼加共和國在一九九〇年代中期即位於黑名單之列。

第四節　低成本航空飛安績效

雖然上節羅列出數個低成本航空的嚴重失事案例，但並不代表低成本航空公司的飛安紀錄比傳統航空公司來得差。事實上，正因爲飛機失事的後果對低成本公司來講太過高昂，聲譽受損後客運量銳減，導致財務狀況一蹶不振，不是必須改名，就是最後倒閉，因此低成本航空公司對於安全的關注並不亞於傳統航空。若從低成本航空公司的失事率數據來看，低成本航空的龍頭老大美國西南航空，與歐洲的兩大業者Ryanair與easyJet，自開航以來未曾遭遇過失事或嚴重意外事件，甚至到二〇〇八年爲止，美國或歐洲現存的低成本航空未曾遭遇過因自身原因導致有人死亡的飛機失事（fatal accident）紀錄。

美國加州聖荷西大學曾進行過一項關於航空公司安全績效表現（失事率與意外事件率）之研究，以二〇〇〇年一月到二〇〇四年十二月爲基期（不含九一一時期），比較這段期間內美國「傳統主流航空公司」、「低成本航空公司」與「區域航線業者」的四項績效指標：「失事率」（accident rate）、「意外事件率」（incident rate）、「準時率」（on-time performance）與「時刻表符合率」（schedule compliance）。由於航空業者家數眾多與資料取得問題，因此選擇傳統主流航空五家（前五高起降次數），低成本航空四家（前四大），以及區域航線業者四家（前四大）來進行族群比較之研究。

研究結果顯示，在「失事率」統計上，傳統主流航空公司每百萬次起降有4.98次，低成本航空有2.38次，區域航線業者有3.91次。在「意外事件率」統計上，傳統主流航空公司每百萬次起降有31.29次，低成本航空有13.91次，區域航線業者有22.88次。總體而言，美國低成本航空公司在安全績效（safety performance）上，均

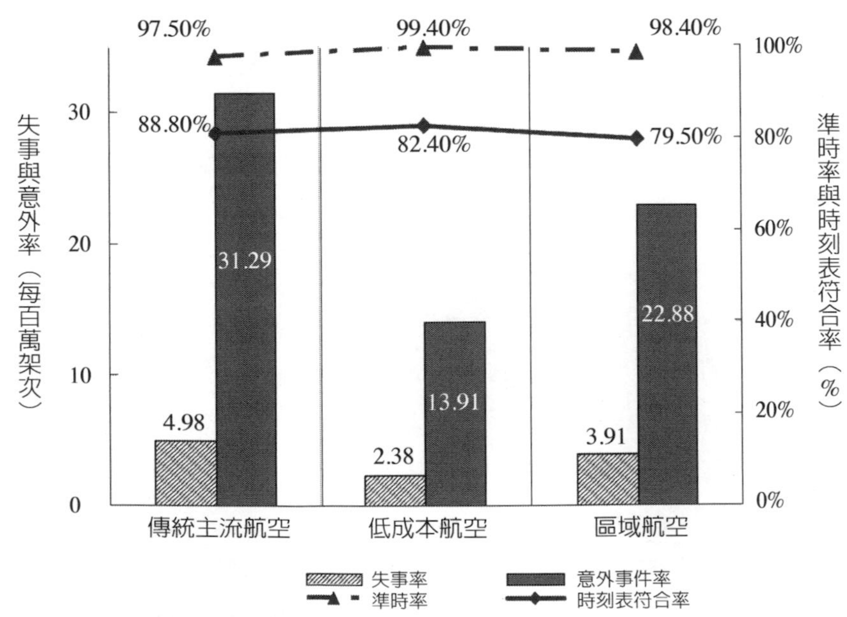

圖7-2　2000至2004年美國各航空族群績效指標比較

資料來源：改編自 Flight International（2006）。

優於其他兩個族群。在準時率與時刻表符合率上亦比其他兩個族群表現爲佳（參見**圖7-2**）。

低成本航空較佳的飛行安全績效表現與其公司策略有關。以西南航空爲例，由於其運量龐大，飛機的使用率高，地停時間短，所以西南航空機師駕駛飛機的起降次數很高。雖說飛機在起飛與降落階段的風險最高，但因西南航空使用的機型爲單一機種波音737，執行點對點的短程航段（沒有越洋航線），因此駕駛員對於飛機的性能表現、航路熟悉度與危機狀況處理的知識與技能高了許多。另外，使用次級機場對低成本航空亦有優勢；據研究，大型、繁忙的機場若有許多小飛機，相對會具有較高風險（Calder, 2002）。例如二○○七年十二月十四日一架JetBlue 航空EMB 190機型的空機，在紐約機場停放時，遭另一架滑行中的波音747飛機撞擊到方向舵（rudder）與垂直安定面（vertical stabilizer），所幸無人傷亡，但JetBlue的飛機遭受了實質上損害，也影響了其後續的排班與派遣。所以由於次級機場交通不繁忙，也不容易被其他航空公司的航機混淆，較不會有因他航機師的操作錯誤所致的撞機風險，因此西南航空沒有飛到紐約甘迺迪機場與亞特蘭大機場的航班。再加上美國飛行員有工會支持，因此飛行員在航機操作上的壓力可減少許多，一旦駕駛的壓力源減輕，人爲因素所導致的錯誤就會隨著降低，飛行風險自然降低。

另外，從旅客層面來看飛安績效的話，旅客在客艙中的異常事件近年來日趨嚴重。各國對於旅客異常或違規行爲也許用字名詞不同，如失控的（disruptive）、不守規矩的（unruly）、缺乏文明的（incivility）、干擾組員執勤的（interference with crew duty）、辱罵的（abusive），或拒絕合作（in-cooperative）等等（巴南星等人，2003），在台灣則使用「滋擾旅客」稱之。這類滋擾旅客行爲包括：航空公司或機場的服務不順旅客心意，使旅客出現負面情緒、旅客飲酒過度或破壞機上設施等，嚴重者甚至會干擾或威脅飛航安全。

以英國地區的航空公司爲例，平均三至四個航班會受滋擾旅客輕微程度的影響，如對航空公司吵鬧式的抱怨或爭執；每約五天會有嚴重的旅客滋擾行爲，如在機上點火抽煙、對機上乘客／組員出現暴力行爲或破壞機上公物等。不過據統計，低成本航空公司的旅客滋擾程度較傳統公司爲低。原因有二：

- 低成本航空的酒精性飲料並不是免費贈送，而是要旅客花錢另外購買；
- 低成本航空的航程短，降低了旅客在旅程中因無法抽煙、無聊或沮喪導致的滋擾行爲機率。

因此，低成本航空的營運模式使滋擾行爲的刺激源——壓力、吸煙與酒精性飲料——降到了最低（Calder, 2002）。

第五節　安全管理系統

一、安全管理系統意涵

由於飛安績效與紀錄對航空公司的經營攸關成敗，所以飛航安全的維護與改進一直是民航界的首要目標。從法規與標準層面而言，不論航空公司對旅客的收費如何低廉、提供的服務如何簡約、使用的機型如何、機齡多高、維修工作是自有能量或是外包，低成本航空公司被要求的安全標準與傳統航空公司一樣。換言之，不論是定期航空、包機航空或低成本航空，各國民航局對於轄下民航業者要求的標準都是一致的，並不會隨著公司的型態不同而有較嚴格或鬆散的法規要求。

近年來，各國民航管理機關極力推廣與發展「安全管理系統」（Safety Management System, SMS）的建構。因爲雖然國際間對於航空安全方面之努力還算成功，然在航空市場營運量及種類快速增加之趨勢下，現有之安全策略及作爲仍有必要繼續提升。國際民航組織（ICAO）對於消弭危險因子，降低航空器失事率一向不遺餘力，所以要求ICAO所屬會員國於二〇〇六年十一月二十三日起，須有一套安全計劃（safety program）以監督該國航空服務提供者。同時自二〇〇九年一月一日起，要求會員國之航空公司業者須完成安全管理系統的架構。因此對傳統航空或低成本航空公司而言，運用系統性的方式導入與建置安全管理系統，將安全管理融入飛航作業之正常管理架構中乃當務之急。以我國爲例，雖然台灣不是ICAO的會員國，但依然極力遵循ICAO要求的國際規範。根據我國航空器飛航作業管理規則第八條：「航空器使用人應建立安全管理系統並經報請民航局備查後，於中華民國九十八年一月一日起實施」。

ICAO對安全管理系統的定義是：「利用系統性的方法包括必要的組織架構、責任、政策與程序，來持續地管理及辨認風險，使安全達到可以接受的水準」。對傳統航空公司來說，由於公司已有建構完整的組織架構、作業程序與安全管理，因此在現今航空活動增加但資源卻未必相對增加的情況下，最佳的方法是將「安全管理系統」融入現行飛航作業之正常管理架構中，再造現有的業務流程，而不必重建新的組織管理架構及相關手冊，以達到應有之安全管理系統成效。而對於新成立的低成本航空公司而言，尤其是那些公司已成立，但還在申請營業證照尚未首航之前的業者，雖然其與傳統航空所執行的作業類似，包含編製／修訂／維護安全相關手冊、進行各級查核、異常／意外事件調查、飛航資料分析等，不過其等同是一張白紙，這正是管理者塑造公司安全文化與健全安全管理系統的最好契機。

二、安全管理系統關鍵成功因素

雖然在ICAO的建議標準下，世界主要國家之民航局已針對安全管理系統提供導入建議與指導手冊，但各國對於建構安全管理系統的要素實際上存在不甚一致的描述與要求。根據許悅玲、陳廣偉（2009）蒐集與彙整世界主要國家（包含英、美、加拿大以及澳洲等）關於其安全管理系統標準的各式手冊文獻，加以評析後歸納出安全管理系統的建立組成有六大構面、二十五項準則。之後利用多準則評估模式分析的結果顯示，在「組織」、「文件」、「風險管理」、「安全提升」、「品質保證」與「緊急應變能力」六大構面中，「組織」是影響安全管理系統建構最大的關鍵構面。另外在安全管理系統準則重要性排序上，有十三項關鍵成功準則，分別是「安全政策」、「安全目標」、「組織結構、責任與職責」、「管理階層的承諾」、「績效評量／基準」、「合適法規的應用與維護」、「危險的辨識」、「安全分析的能力」、「風險評估」、「矯正預防措施之建議」、「訓練─認知以及職能」與「安全文化之推動」（如**表7-5**）。

因此整體管理意涵爲：安全管理系統之關鍵成功因素在提供一個有「組織」之管理系統，以控制作業中之「風險」。而且有效之安全管理必須以影響民航業者安全之作業流程爲基礎，加上安全管理系統其他要素如「安全提升」、「品質保證」等融合系統安全概念變成執行程序。

換言之，安全管理架構及流程，始於組織設計（關鍵因素爲

表7-5　安全管理系統構面與準則

構面	準則	關鍵要素
組織（Organization）	安全政策（Safety Policy）	✓
	安全目標（Safety Objective and Goals）	✓
	組織結構、責任與職責（Organizational Structure, Accountability and Responsibility）	✓
	管理階層的承諾（Management Commitment）	✓
	績效評量／基準（Performance Measurement / Baseline）	✓
文件（Documentation）	合適法規的應用與維護（Identification and Maintenance of Applicable Regulations）	✓
	安全管理系統要素之敘述文件（Documentation Describing System Component）	
	紀錄管理（Records Management）	
	資訊管理（Information Management）	
風險管理（Risk Management）	事件調查之能力（Investigation Capability）	
	危險的辨識（Hazard Identification）	✓
	安全分析的能力（Safety Analysis Capability）	✓
	風險評估（Risk Assessment）	✓
	矯正預防措施之建議（Recommending Actions Based on Safety Evaluation）	✓
品質保證（Quality Assurance）	績效指標監控（Performance Monitoring）	
	內外部稽核（Audits）	
	變革管理（Change Management）	
安全提升（Safety Promotion）	訓練—認知以及職能（Training- Awareness and Competence）	✓
	安全文化之推動（Safety Culture）	✓
	經驗學習（Safety Lessons Learned）	
	溝通—安全資訊之傳遞（Communication- Dissemination Safety Information）	✓
	預防性計劃之引進——如LOSA（Proactive Program）	
緊急應變能力（Emergency Response）	緊急事件的應變計劃（Emergency Response Plan）	
	危機處理能力（Risk Management Capability）	
	緊急事件預防能力（Emergency Proactive Action）	

資料來源：許悅玲、陳廣偉（2009）。

：「安全政策」、「安全目標」、「組織結構」、「責任與職責」、「管理階層的承諾」與「績效評量／基準」）及實施與航空作業風險之控管程序（關鍵因素為：「危險的辨識」、「安全分析

的能力」、「風險評估」與「矯正預防措施之建議」），政策必須轉換成程序以便執行。一旦這些控管機制建立之後，可使用品質管理與安全提升之技巧方式（關鍵因素爲：「訓練」、「安全文化」及「溝通—安全資訊之傳遞」），以保證達到既定之目標。由於所有管理系統必須明訂政策、程序及其組織架構，並控制風險於可接受程度，因此公司之程序必須「文件」化來執行記錄與檢核依據，與適當維護以執行其安全政策（關鍵因素爲：「合適法規的應用與維護」），達到安全管理系統之目標。在任何航空公司建構及實施安全管理系統均須符合法規要求的前提下，政府及業者必須對安全管理系統做有效之建構與管理，以達成產業永續經營之目的。

三、低成本航空安全管理系統之建立——Viva Macau個案研討

(一)公司簡介

Viva Macau是澳門一家私營低成本航空公司，二○○三年開始準備成立公司，當時公司成員有五人。二○○五年十二月九日宣告正式成立時，公司正式成員已逐漸增加到二十名，並於當年年底招募了一名安全主管，掌管安全與保安業務（Head of Safety & Security）。二○○六年公司成員主要在招募與訓練新人、營運手冊的起草以及與民航主管機關緊密合作準備開航事宜。在二○○六年十二月Viva Macau取得飛航作業許可證（AOC）後，於十二月十六日啓航，公司開始進行實際的營運。Viva Macau機隊以波音767爲主，目前有定期航線飛往雅加達、雪梨與胡志明市，並提供包機航班至東京以及沖繩。較特別的是，Viva Macau航機內提供兩種客艙等級，分別爲豪華艙與經濟艙。目前，Viva Macau聘請了來自二十一個國家的機組員及地勤人員，和一支具有不同國際航空公

司經驗的管理團隊。

(二)安全暨保安主管職能與職責

根據Innes（2008），Viva Macau的安全暨保安主管在公司組織設計上所被要求的核心職能是：

- ．要展現公司在安全政策與實務執行上的承諾；
- ．直屬長官爲公司的執行長，直接對其報告；
- ．策劃管理並督導有效且有保密機制的飛航資料分析系統。

在二〇〇六年二月——開航前十個月新招募的安全暨保安主管開始加入經營管理團隊，其主要的職責有：

- ．發展公司的安全政策與安全文化；
- ．擬訂飛安管理手冊、保安手冊、緊急應變手冊以及品質保證手冊。

(三)安全計劃

雖然安全與保安的業務範圍不同，但本質上差異不遠。對於剛開業的低／小航空公司，由於有時間與財務上的壓力，把這兩種職務整合在一起有其必要性。因此Viva Macau在公司的安全計劃上，有幾個重點包括：

1.建立健康的安全文化，以人爲本並把安全視爲公司的核心價值；
2.確保安全與保安徹底融入公司業務範圍；
3.釐清公司成員業務執掌，而且主管充分授權。

(四)風險評估

由於安全的定義是「可接受程度的風險」（acceptable level

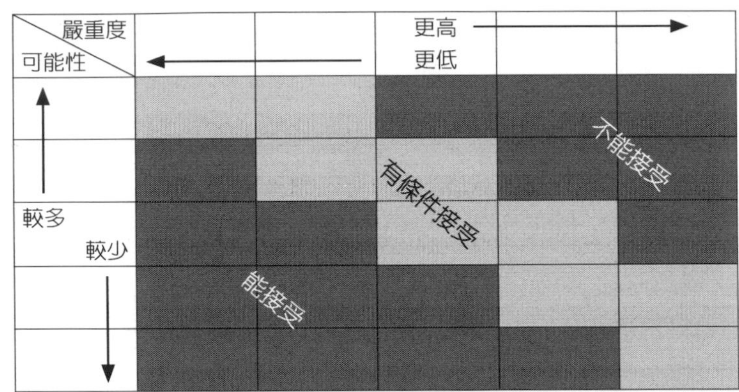

圖7-3　風險接受度評估矩陣

資料來源：民航通告 AC 120-32B（2007）。

of risk），故評估公司運行安全風險亦是安管單位的重要業務之一。Viva Macau採用風險評估矩陣以評估風險接受程度，評估矩陣使用類似**圖7-3**中之風險對照表評估，橫軸是事件嚴重度，縱軸是事件發生機率（反之亦可），範例對照表中顯示三個接受度區域，風險對照表可以區分爲不能接受（unacceptable）、可接受（acceptable）及有條件接受（acceptable with mitigation）。

1. **不能接受**（unacceptable）：嚴重性高及發生可能性高綜合後，風險爲不能接受並需要後續改進措施，以消除相關危險，管控導致更高風險發生可能性或嚴重性之因子。
2. **可接受**（acceptable）：嚴重性低及發生可能性低之相關風險落於此區時，爲可接受之結果且無需後續改善措施。風險管理之目標爲無論其評估結果可接受與否，須將風險盡可能降至最低。
3. **有條件接受**（acceptable with mitigation）：嚴重性中等及發生可能性中等之風險評估落於此區時，風險可在特定改善情況下接受。例如評估一個在最低裝備需求手冊（MEL）中失效之飛機零組件之影響，在最低裝備需求手冊中訂定出操作（operational）或維護（maintenance）程序，即構成降低風險措施，只要做好所訂定之程序，便可使一個不能接受之風險成爲可以接受（民航通告AC 120-32B，2007）。

4.另外Viva Macau還針對發生可能性低但嚴重性高之事件，增加了一項特殊的風險評估。

(五)飛航資料分析

每架飛機都有兩具黑盒子，一是駕駛艙通話紀錄器（CVR），另一是飛航數據紀錄器（Digital Flight Data Recorder, DFDR）。CVR的功能是記錄駕駛艙中組員的對話，但不是全程飛行中的對話錄音，而是斷電前（也就是出事前，或者飛機停煞車前）三十分鐘的對話；而DFDR則是記錄飛行中關於飛機的各種數據，像升降舵、方向舵、起落架、襟翼操作情形、飛機的速度、爬升及下降率、高度和方向的變化、發動機運轉功能和推力大小等，都會清楚地記錄下來，事故調查就是根據這些數據找出事故發生的原因。爲了將DFDR中的資訊很快地讀取，同時轉錄到磁碟片中，比較新的機種已經使用快速截取數據紀錄器（Quick Access Recorder, QAR）。QAR是一具快速讀取機，這樣主管飛行安全的工作人員，可以很快得知飛行中的各種有關人員操作、機件運作、引擎動力、航管引導等飛航資料。

爲了執行飛航操作品保作業，以利統計分析組員飛行技術和操作情況，澳門民航當局規定航機必須配備快速截取數據紀錄器。Viva Macau爲執行低成本策略，因此採用外包方式，委外向英國飛航數據服務公司（Flight Data Service Limited, FDSL）租用QAR設備。

(六)反應式與預防性安全管理

安全管理系統傾向於著重系統性之流程控制，超越對失事結果之檢查及採取補救措施，此系統包含了反應式（reactive）安全管理以及預防性（proactive）安全管理。

如同**圖7-4**所示，所有的失事是由個人和工作場合結合產生的特定情形。導致失事的途徑（原因）如圖中所示有兩種：第一是「現有失誤」（active failures, AF），由組織經工作場所到工作小組／個人；另一條則是「潛在失誤的途徑」（latent failure pathway），透過組織流程直接到達安全防護網（defences），例如安全裝置、標準流程（SOPs）等。

反應式（reactive）安全管理在失事與意外事件發生後，運用失事／意外調查的技巧，透過資料蒐集與分析企圖找出人為、機械或環境導致失事的成因，再輔以矯正預防措施，希望下次不會再發生類似的事件，因此屬於被動式管理。而預防性（proactive）安全管理則是在事件發生之前，先行瞭解潛在失誤，並即時阻止事件的產生，屬於主動式的管理。

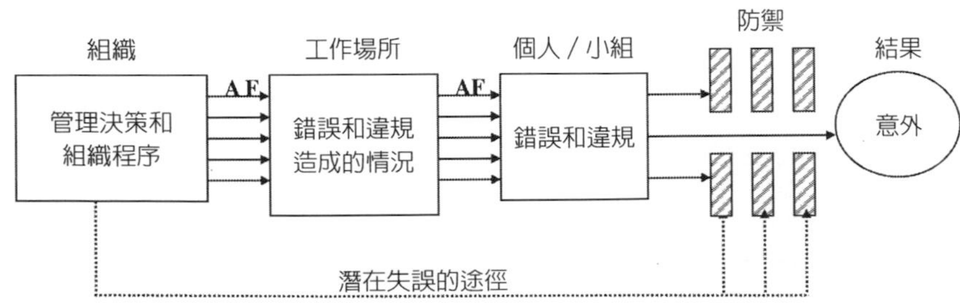

圖7-4 組織性失事肇因模式

資料來源：改編自Reason（1995）。

通常「潛在失誤」是源於管理階層的決策或作爲，這些行爲以及決策雖然會招致損害的後果，但可能先在組織內潛伏一段時間；等到遇上第一線工作人員的無意失誤，或有意觸犯法規的行爲時，兩者結合下，安全防護網即可能產生裂痕，最後導致失事。而這些潛在的失誤與成因，就是調查中須找出的組織性因素和問題。這其實牽涉到管理階層對塑造組織文化的影響力，因此若能在事件發生之前找到潛在可能性的失誤，即會阻斷失事產生的根源，這就是預防性（proactive）安全管理的精神。

Viva Macau 在反應式（reactive）安全管理的例子是：開航一個月後，曾發生駕駛艙內飛行航圖遺失的意外事件，經調查後發覺是飛航組員與維修工程師之間的溝通失誤，以及對於分發飛行手冊有程序上的瑕疵。因此公司重新檢討飛行手冊發放系統以及手冊增修時的正式通知，另外重新檢討坐Jump Seat員工的角色與職責。

在預防性（proactive）安全管理上，Viva Macau在開航新航線前，展開風險評估作業，並學習其他低成本公司開航同航線的經驗。另外對組員介紹在開航機場其他航空公司曾發生過的飛機失事案例，希望透過個案研討瞭解前人的疏失，避免重蹈覆轍。

第六節　作業安全查核

國際航空運輸協會作業安全查核（IATA Operational Safety Audit, IOSA），係由國際航空運輸協會主導，近年來積極在國際航空業推動的統一安全標準，也是目前國際航空界最高的安全查核標準。

由於全球之航空業因策略聯盟及共掛班號等合作關係密切，各國民航主管機關爲確保與其所屬航空公司聯營之外籍航空公司安

全水準亦能達到其要求標準，皆要求其簽訂策略聯盟或共掛班號協定（Code Share Agreement）。國際航空運輸協會為減少航空公司間之相互重複的查核作業及其龐大費用，特自二〇〇一年起研擬一套標準化，而且能夠符合全球認同的安全認證。自二〇〇三年七月，國際航空運輸協會開始推動IOSA認證制度，一方面是希望航空業界能建立安全管理的標準模式，從而利用這套標準模式成為航空業界統一的查核標準，凡是通過IOSA認證的航空公司，未來在航空公司之間的聯航合作，例如班號共用，即不須再進行安全查核（如**圖7-5**）。另一方面，國際航空運輸協會也希望藉由IOSA認證制度提升全球飛安標準。

IOSA包括航空公司所有與安全相關之八大領域，分別為：

1.公司組織及管理（Organization & Management System, ORG）。
2.航務（Flight Operations, FLT）。
3.簽派（Flight Dispatch, DSP）。

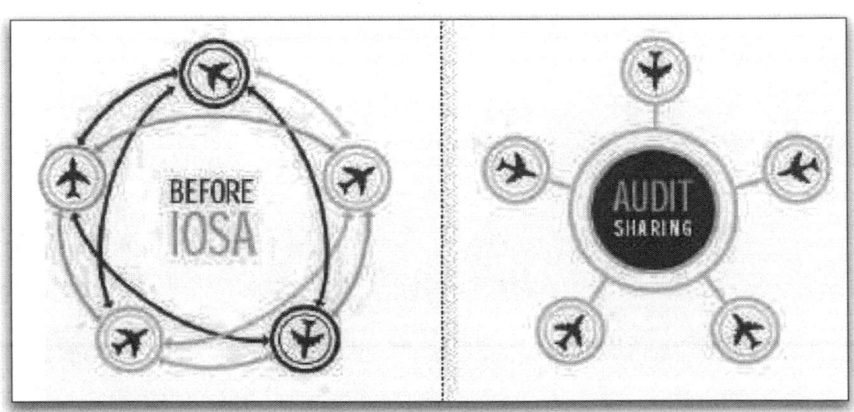

圖7-5　IOSA模式

資料來源：IATA (2008b).

4.航機維修（A / C Engineering & Maintenance, MNT）。
5.空服（Cabin Operations, CAB）。
6.地勤作業（Ground / Handling, GRH）。
7.貨運（Cargo Operations, CGO）。
8.保安（Operational Security, SEC）。

八大領域下共包含有七百三十九項檢查項目，認證的過程，是由國際航空運輸協會核可的IOSA安全公司派員至航空公司實施廣泛的系統性查核。該標準已取得美國聯邦航空總署及全球主要民航主管機關認可，美國聯邦航空總署並已宣布美籍航空公司可以用IOSA取代現行共掛班號之飛安查核作業。通過國際航空運輸協會之飛安查核後，每兩年要重新查核。

另外，IOSA 最有價值的地方在其應用了ISO9000 系統到每一項IOSA 標準與建議事項上（IOSA Standard and Recommended Practices, ISARPs）。因此IOSA的內容實質上反映了品管系統的本質，包含了以下：

1.管理與控制（Management and Control）。
2.職權與職責（Authorities and Responsibilities）。
3.資源的提供（Provision of Resources）。
4.文件系統（Documentation System）。
5.外包控制（Outsourcing Control）。
6.產品控制（Product Control）。
7.品質保證（Quality Assurance）。

換言之，IOSA 整合了安全與現代品質保證的作法，提供給航空公司一套更完備的安全系統計劃。由於 IOSA 的實施和國際接受度，航空業已因查核的顯著減少而獲得了成本效率的好處。舉例而

言，一位業界的查核員（auditor）每天的成本約1000美元，一個共掛班號的查核（code-share audit）通常需要六個查核員費時五天來完成查核，所以總共要花費3萬美元。對於一個擁有十家以上共掛班號航空公司夥伴之業者來說，可以節省30萬美元，遑論許多業者的合作夥伴公司遠超過十家以上。對於整個業界而言，有二百八十家國際航空運輸協會會員已加入IOSA認證計劃，因此業界每年至少約可節省600萬美元（Chou et al., 2007）。

大部分的國際航空公司都是國際航空運輸協會的成員，以便和其他航空公司共享聯程中轉的票價、機票發行等標準。但是有許多地區性的航空公司或者低成本航空公司並非該協會的成員。不過，不管是不是會員，航空公司都可以向該協會申請IOSA認證。透過IOSA，可以讓航空公司定期檢視其飛航操作系統是否有所謂的隱藏失誤與危安因子，而且還可以彙整這些因素，分享給其他會員。

據本研究統計，到二〇〇八年十二月底爲止，全世界已申請IOSA認證的航空公司約有二百七十四家，其中低成本航空公司具有IOSA認證者約有十四家，包含Aer Lingus、Air Berlin、Air One、Atlas Blue、Blue Wings、Flybe、Interjet、JetLite（India）Ltd.、LAN Express、Onur Air、Pegasus Airlines、Sky Express、Transavia Airlines與Virgin Blue Airlines。

第八章 低成本航空之維修管理策略

- 航空器維修計劃
- 低成本航空公司航空器維修
- 外包維修策略
- 個案研究——**AirAsia**
- 小結

第一節　航空器維修計劃

航空器維修是航空運輸產業發展相當重要的一環。根據美國波音公司統計，全世界在一九九八至二〇〇七年間，因飛機系統故障或失效，所造成飛機致命失事（fatal accident）的死亡人數約有六百六十一人（Boeing, 2008）；而12%的飛安意外事件是源自維修相關因素（Pham, 2006）。因此，爲了達到安全又可靠的飛行，每個國家之民航單位對於該國之航空公司（無論公司規模大小與型態），均會要求航空器使用人應對航空器負起妥善維護之責任，以保持航空器適航標準。

以我國爲例，根據交通部民用航空局在民用航空法第四十條規定：「領有航空器適航證書之航空器，其所有人或使用人，應對航空器爲妥善之維護，並應於飛航前依規定施行檢查，保持其適航安全條件，如不適航，應停止飛航」。航空器飛航作業管理規則第一百二十九條（適用民用航線運輸業）或第二百四十一條（適用普通航空業）規定：「航空器使用人對其航空器，包括航空器機體、發動機、螺旋槳、航空器各項裝備及其零組件負妥善維護之主要責任，並保持其後續適航標準」。

因此，初次使用該型別航空器之使用人必須編訂該型別航空器之維護計劃，並向民用航空局標準組提出申請營運規範Part D「該型機維護計劃核准與授權（維護時間限制及其維護標準）」，經過民用航空局審查核准該型別航空器之維護計劃後，發予營運規範Part D之維護計劃部分授權，此時航空器使用人必須按民用航空局核准該型機之維護計劃時限，完成規定之維護工作，確保該型機之適航性與飛航安全。

一般而言，航空器使用人編訂之航空器維護計劃係按民航主管機關之維修審查委員會（Maintenance Review Board, MRB）與航空器製造廠家之維護計劃爲藍本（起始點）。

一、飛機製造商之維修規劃設計

當飛機製造廠之新機完成後，廠商會舉行航空產業指導委員會（Industry Steering Committee, ISC），討論維修計劃相關事宜；在航空器維修的細節方面，通常會依據飛機系統不同成立數個工作小組，工作小組再依據飛機製造廠訂定的維修重要項目（Maintenance Significant Items, MSI），逐一分析找出未來可能失效的原因及解決辦法，同時決定應採取哪些適當的維修措施。民航主管機關在適當的時機召開維修審查委員會，審查完畢後，會發出MRB報告給飛機製造廠，若民航主管機關未予以同意核准，則該維修計劃退回ISC與工作小組重新討論（張有恆，2003），如**圖8-1**。

二、航空公司之維修計劃

另外，在後續適航規定上，航空器飛航作業管理規則第一百三十七條規定：「航空器使用人應遵守後續適航規定：一、大型航空器使用人應訂定可靠性管制計劃，以監控及評鑑其航空器後續適航維護與操作經驗，報請民航局核准後實施。並於實施後依民航局之規定提報資料。二、大型航空器使用人應按該型航空器型別檢定持有人獲取後續適航資料與建議，並依各航空器使用人經民航局備查之程序，採取必要之措施」。故航空器使用人必須針對後續適航維護計劃執行結果，建立持續分析與監視系統，此強制性所建

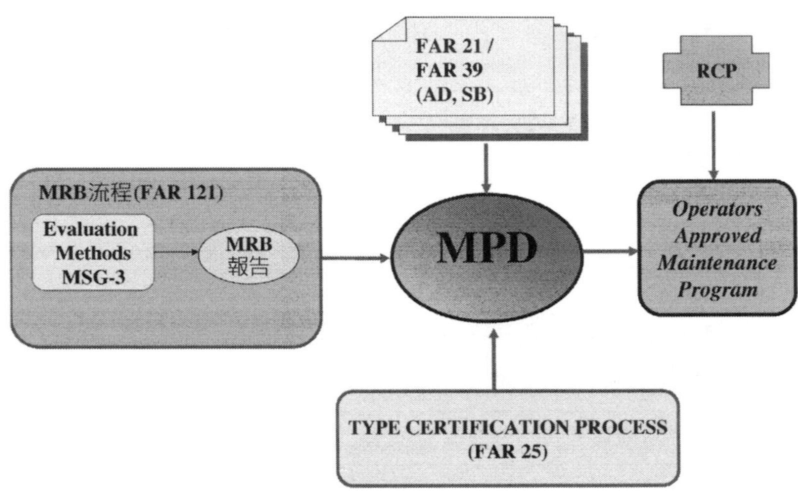

AD: Airworthiness Directives
AMP: Approved Maintenance Program
FAR: Federal Aviation Regulations
MPD: Maintenance Planning Document
MRB: 維修審查委員會（Maintenance Review Board）
RCP: Reliability Control Program
SB: Service Bulletin

圖8-1　維修計劃設計的產生流程

資料來源：李志偉（2007）。

立的品質管制或內部督察功能分析之結果（包含分析引擎拆檢報告），供調整使用人的後續適航維護計劃。

因此，航空公司有經驗的維修計劃排程工程師，會利用自己的管理經驗，在法規的限制與要求下，將航空器的使用率最佳化，並將物料、人力安排、機棚使用做最佳的規劃，以有效降低維修成本。

一般而言，航空公司之飛機維修種類可以區分爲以下數種：

1.**修改性工作**（Modification）：爲增加飛機之可靠性，當原廠發出適航指令（Airworthiness Directives, AD）、技術通報

（Service Bulletin, SB）、技術信函（Service Letters, SL）等技術文件至航空公司時，航空公司工程師據以評估或根據法令再決定是否予以實施。

2.**經常性工作**（Routine）：爲維持航機固有之可靠性，例如：每日檢查（Daily Check）、過境檢查（Transit Check）、A級檢查（A Check）、C級檢查（C Check）、D級檢查（D Check）等定期維修計劃指定之工作。

3.**預期非經常性工作**（Standard Non-Routine）：爲維持航機固有之可靠性，由定期維修工作中所產生之缺點（Defect），透過此工作之負責工程師評估定期維修項目是否有效。

4.**非經常性工作**（Non-Routine）：爲維持航機固有之可靠性，一般爲營運中產生之缺點（Defect），由飛行組組員或地面維修組員填寫飛航日誌簿（Technical Log Book）等型態呈現，若情況嚴重則須檢討定期維修計劃。

5.**特別檢查工作**（Special Inspection）：爲維持航機固有之可靠性，當缺點重複出現時，表示可能定期維修計劃有漏洞，需要執行特別檢查。

由於飛機、發動機、機體、附件等設備在經過一段時間飛行週期後，可能有磨損、鬆動、腐蝕、性能退化、故障等現象發生；飛機各系統使用之液壓油、發動機／輔助發動機用滑油等可能變質或消耗，須進行更換或添加，故飛機經過一段時間飛行後，必須進行相關檢查與修理，並對飛機各系統進行檢查與測試，使飛機恢復到符合適航的標準，以利下一個航班派遣。目前波音、空中巴士飛機之定期檢查時間按日曆天、飛行小時或起降次數來計算，分爲線上維修（Line Maintenance）、A級、C級、D級或五年檢查，各檢查飛行間隔時距則因機型不同而相異。以波音機型爲例，航空公司依據原廠的維修計劃資料（Maintenance Planning Data, MPD）作為最基本的維護需求（Maintenance Requirements, MR），加上民航主管機關發出之適航指令、廠家發出之技術通報或技術信函等文件，再編定適合自己的飛機修護計劃（Aircraft Maintenance Program, AMP），然後再經由航空器註冊國籍之民航主管機關核可後，令航空器所有人或使用人據以實施，各項工作性質區分如下：

1.**飛行前檢查**（Pre Flight Check）：不管在前一天飛機是否剛做完不同等級之維修，如過夜檢查、C級檢查或D級檢查，在每天的第一個航班派遣前所做的檢查稱之。其主要的工作在於確保航機在該航班的適航性與否，包括對飛機外部做365度目視檢查，檢查各系統運作不影響適航派遣及適當的油料裝載等定型化工作，通常在飛行組員就位前完成。

2.**過境檢查**：指航機完成一個航班後，續接下一個航班派遣間之檢查，其工作內容與飛行前檢查同樣是確認各系統是否滿足下一個航班的適航性，各種油料的檢查與補充也是必要的。

3.**每日檢查**：航機完成一天的派遣任務後所做的檢查，其工作內容包括一般性的目視檢查、潤滑、保養及添加油料等，當發現異常時，在物料、時間的允許下，予以改正妥善，保持下一個航班派遣的適航性。

4.**每週檢查**（Weekly Check）：此名稱只有出現在空中巴士的維護計劃，顧名思義為每週針對每日檢查所沒有涵蓋的項目做定期檢查，按照核准的工作單做維護，所需要的工時也相對增加。

5.**A級檢查**：其檢查的時距依每一種機型的原廠廠家要求有所不同，以飛行小時或日曆天為計算標準，視哪一個先屆期。以波音發布的最新747-400維修計劃爲例，其檢查時距爲三十天或四百個飛行小時。工作內容依事先排定的工作項目，按工作卡敘述執行檢查或更換零附件，工作的內容則涵蓋了潤滑（Lubrication）、保養（Service）、操作性檢查（Operation）、功能性檢查（Function）、檢驗（Inspection）、回復可用（Restoration）、報廢（Discard）等七種基本工作。

6.**C級檢查**：其檢查的深度高於A級檢查，其檢查的時距依每一種機型的原廠廠家要求有所不同，以波音發布的最新747-400維修計劃爲例，其檢查時距爲十八個月。

7.**D級檢查**：其檢查的深度爲最高級類別，以波音發布的747-400舊型維修計劃爲例，其檢查時距爲五年或二萬五千飛行小時。多數飛機會安排在D級檢查時，與其他重大修理或大型附件更換一同進行，例如：更換起落架、機體結構防腐防鏽處理、客艙整新等大型工作包；理論上經過D級檢查之飛機將回到其原有的設計標準與適航性，該架飛機之飛行小時及起降次數將重新從零鐘點開始累計，用以作爲之後相關各級檢查之時距管控。

8.**結構檢查**（Structure Check）：主要爲針對航機結構方面之檢修工作，特別是在一般性的低階維護無法接近（Access）的地方，必須拆卸或移開大部分的附件、客艙裝備及拆除蓋板或管線等，才能執行之結構檢修工作。一般在飛機修護計劃的分類上，會同時將結構檢查計劃（Structure Maintenance Program）、區域檢查計劃（Zonal Inspection Program）及防腐防鏽計劃（Corrosion Prevention Control Program）結合在同一個維修排程中完成。

9.**起落架重置**（Landing Gear Restoration）：起落架的更換與

翻修是航機結構中需要定期更換的最大項目，整架飛機必須頂起後才可以進行更換。起落架翻修工作在絕大部分的航空公司是無法、也沒有必要建立維修能量的，因此起落架翻修通常外包給合格之維修廠（Maintenance Repair Station, MRO），航空公司只執行更換後的維護。

根據波音和空中巴士之修護計劃資料及航空公司之飛機修護計劃，**表8-1**簡述各項維護工作的時距（intervals）。但必須強調的是，飛機製造商與航空公司都可能會依使用經驗，取得民航主管機關同意後，調整修改其維修時距。

表8-1　飛機修護計劃檢查時距

機型	A級檢查（RE）	A級檢查（AV）	五年檢驗	D級檢查或十年檢驗	起落架重置
747-400（舊）	500飛行小時	5000飛行小時或15個月	無	5年或25000飛行小時	5年或25000飛行小時
747-400（新）	600飛行小時	7500飛行小時或18個月	無	6年	6年
737-800	500飛行小時	1年	無	無	10年或18000飛行次數
A330-300	400飛行小時	15個月	5年	10年	10年或20000飛行次數
A340-300	600飛行小時	15個月	5年	10年	10年或20000飛行次數

註：1.RE: Routine Event（經常性事項）
　　2.AV: Annual Event（年度事項）
資料來源：波音和空中巴士之維修計劃資料及航空公司之飛機修護計劃。

三、航空公司維修能量建構

根據張永生（1998）研究，航空器維修從維修資源構成的角度來看，它既不是勞動密集的行業，也不是技術密集的行業，而是一個資金密集的行業；它使用的主要資源，在其生產費用中，維修廠設施、設備和器材的價值的比重較高，這一點決定航空公司對航空器維修的決策與發展。

航空公司成立時幾乎須同時考慮自己的維修廠房與維修能量，其維修服務的項目必須是明確的，包括所選的機型在國內外航空公司中所占的比例、該機型的使用壽命或公司預計使用之期限、區域性同機型的比例等，例如新加坡航空公司對機型的選擇與汰換就以到達D級檢查爲基準，避免因高階維護所帶來的維修成本。因此，航空公司在維修能量建構時，就要考慮不同的維修等級其維修能力與水平是不同的，所需要的維修資源，包括維修人員的授權、維修設備和設施、維修所需的航材種類與數量等，都因特定的維修任務而有所不同。

航空公司或航空器所有人，應根據機型與機隊的大小、航空市場可以提供的維修服務等，來決定航空公司所應建立的維修等級，再建立經濟有效的維修系統。在一九七八年美國開放天空時，先後成立一百七十多家航空公司，多數因經營不善而關閉，或被併購，其中最大之原因即爲航機的購買成本高加上營運成本高，造成航空公司經營上巨大壓力，航空公司不得不重新檢討投入之經濟效益，故控制維修成本是一個重要的方向，其中牽涉到的重要因素即爲維修能量的建構考量。

圖8-2爲航空公司維修能量建構流程。航空公司成立後，決定機型與機隊大小、使用年限，並擬訂維修計劃，決定自己建立維修能量與否。由於維修廠建立包括人員的訓練至廠房設施與裝備，經由航空公司維修計劃的核准，再建立修護的能量，方能取得各民航主管機關之認證、核發修理廠證照，進而對核准的機型進行維修，此過程須投入大量的資金與長時間的規劃，因此並不是所有航空公

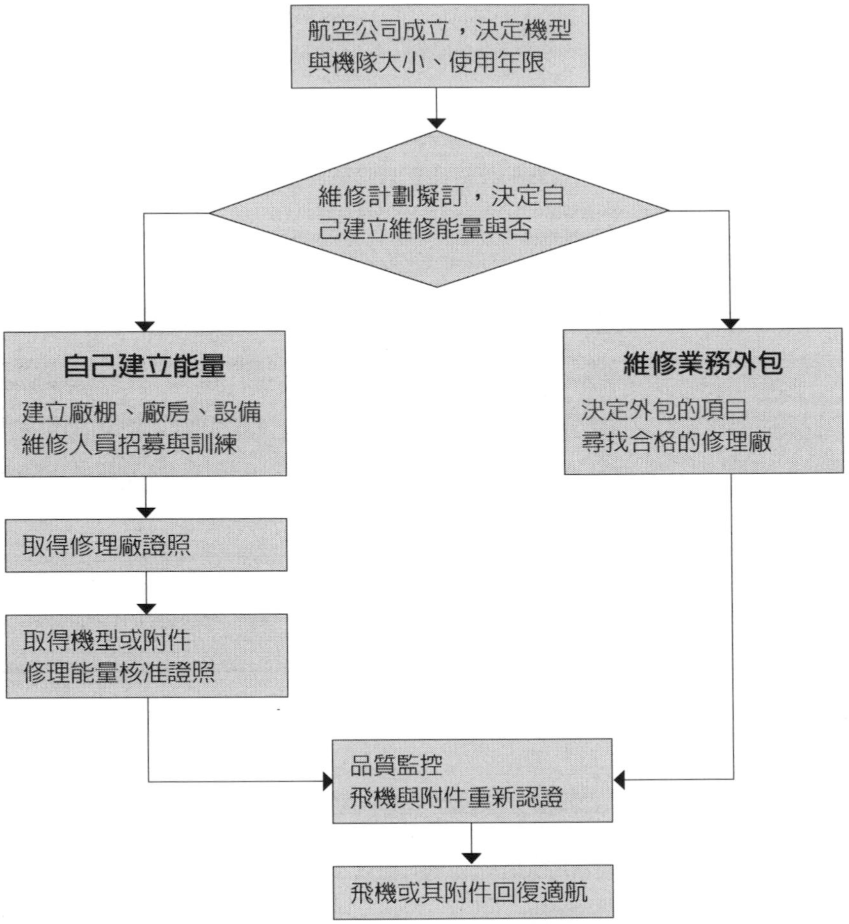

圖8-2　維修能量建構流程

司都要有自己的維修廠。加上現今航空器的設計先進與高科技的複雜，規模經濟的受限，沒有一家航空公司可以完全獨自完成一架飛機所有的維修要求。每一個航空公司必須面臨抉擇，決定哪些工作或多少工作由航空公司自己的維修工程部門來完成？哪些工作或多少工作應委託合格的維修廠來完成？

傳統航空公司或新成立之航空公司根據他航以往的經驗，以

及經營管理模式的改變，意識到爲有效降低維修成本，航空公司希望除了一些核心的航空器維修能量，例如線上維修保留自己執行外，其餘的高成本維修相關工作如發動機翻修（Engine Overhaul）等，盡量委外尋求其他合格之維修廠（MRO）代勞，除了節省投入維修設施與裝備的資金外，同時可以走向眞正的「核心航空公司」（Core Airlines）。

第二節　低成本航空公司航空器維修

一、低成本航空機型選擇與維修成本

爲了維持利潤與永續經營，如何降低營運成本已成爲各家航空公司持續且長期的策略（Doganis, 2001）。在此壓力下，異於傳統經營模式的低成本航空陸續成立。由於低成本航空公司營運模式與傳統航空公司不同，例如：機隊規模的大小、飛機的機齡、本身是否有足夠的維修能量以及爲了節省維修成本等，其維修管理模式勢必與傳統航空公司不同。

本書第三章曾提及，低成本航空在機型選擇上的主要特徵是單一機隊或限制機型，優點爲：(1)維修人員、空服員、駕駛員、地勤人員的訓練簡化，都只要集中訓練熟悉同一型飛機系列的運作；(2)減少零件庫存；(3)大量採買同一機型使飛機價格更便宜。另一維修特徵是飛機維修業務的外包，優點爲：(1)節省維修支出；(2)維修廠選擇多樣性；(3)機型轉換時具彈性。根據Doganis（2001）的分析指出，若以波音737型客機用於區域性航線營運爲例[1]，低成本航空的整個營業成本只需傳統航空公司的41%，其中

使用單一機種與將維修工作以外包方式委由合格之MRO來執行，預估可省下總營業成本之2%；若能在降低機隊平均機齡及維修工作的排程上做最佳化管理，所能節省的成本還可以往下調降，低成本航空的競爭優勢由此可見（見**表3-4**）。

低成本航空偏愛使用的機種，其中又以波音737與空中巴士A320的選用率最高，因爲機型的選擇直接影響到後續的維修管理與維修成本支出。根據國際航空運輸協會（IATA, 2007）對加入維修成本工作隊（Maintenance Cost Task Force, MCTF）[2]會員之三十一家航空公司、三十七種機型及二千一百二十六架飛機做分析調查，若以人工、器材與外包的花費成本計算，可以看得出來，調整後之直接維修成本[3]以波音747-200／300型，每飛行小時花費近1,900美元最高；最低者爲空中巴士A318及波音737NG[4]機型；空中巴士A320與波音737CL[5]調整後之直接維修成本，皆約每飛行小時430美元。此數據顯示並證明低成本航空在機型的選擇上，傾向選用單走道之波音737或空中巴士A320系列機型，最重要的因素，除了購入成本低於其他中長程機型外（波音737-800價格在7050至7900萬美元之間，空中巴士A320價格在5500至6500萬美元之間），對日後的維修支出是一項相當重要的考慮因素（如**圖8-3**）。

此外據國際航空運輸協會（IATA, 2007）統計報告，維修成本工作隊（MCTE）會員在直接維修成本[6]上之花費，共約75億美元，隨著機型、機齡、機況與其他經營的變數而有所不同，每個飛行小時的花費介於120至1,900美元之間，平均每個飛行小時的花費約896美元。細分則爲機身部分花費340美元，發動機部分花費369美元，附件部分花費187美元。值得注意的是，發動機部分的花費占直接維修成本47%左右（如**圖8-4**），相對於其他維修成本，凸顯出發動機維修成本控制與維修後的可靠度的重要性。

國際航空運輸協會（IATA, 2007）進一步分析指出，若以調整

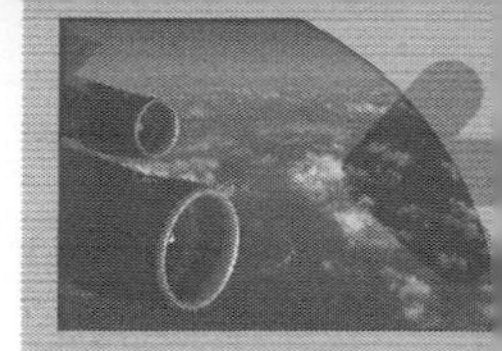

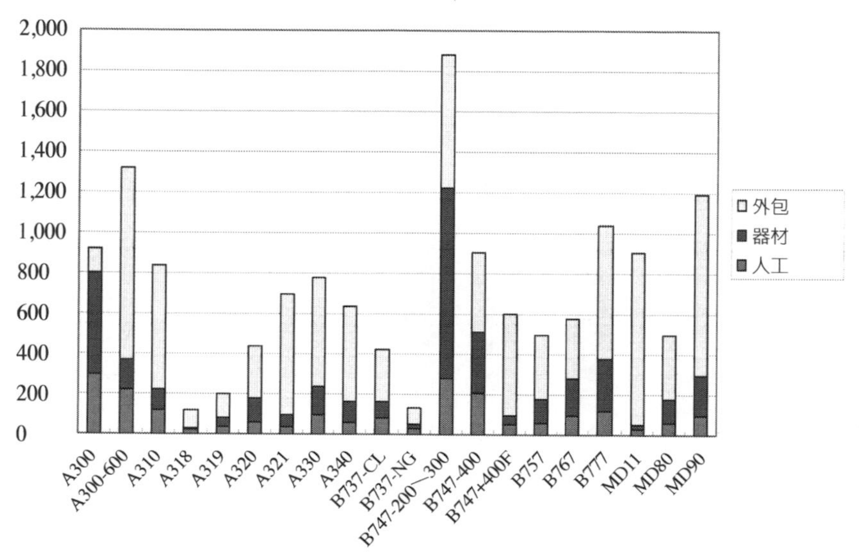

圖8-3　調整後之直接維修成本分析圖

資料來源：IATA (2007).

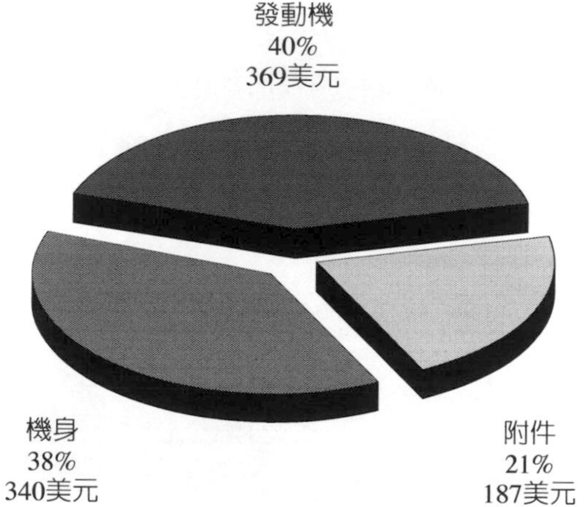

圖8-4　每飛行小時平均直接維修成本分析圖

資料來源：IATA (2007).

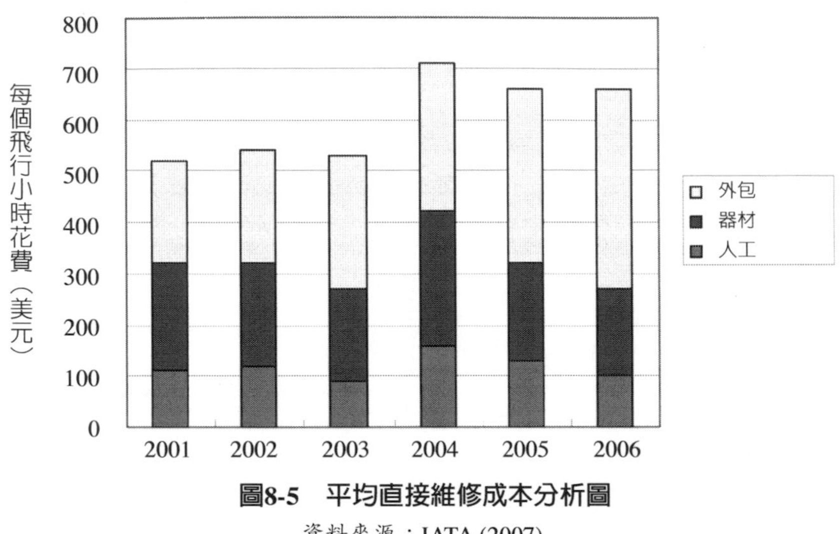

圖8-5　平均直接維修成本分析圖

資料來源：IATA (2007).

後之外包、器材與人工等三項直接維修成本來計算，二〇〇五年較二〇〇四年減少8%，二〇〇五年與二〇〇六年相當，但二〇〇六年之人力成本與器材成本均減少，但以合約外包維修的成本卻增加15%；也就是說，外包維修的成本增加但減少了人力與器材支出成本，總體上證明外包維修可以有效降低直接維修成本支出，且外包維修比重增加已成爲航空公司維修管理之重要策略（如**圖8-5**）。

二、低成本公司之航空器維修管理

低成本航空公司之成立方式有兩大主流，一種是主要股東爲母公司，成立的主要目的是取得一定市場的占有率；另一種是純粹資本家踏入航空界所成立的公司。不論是哪一類的低成本航空公司在成立之初，均以取得二手機爲主，若對之前的維修紀錄不瞭解，或接收後的維修狀況未投入更多的心力，將會有一定程度的潛在飛安風險存在；尤其低成本航空公司的營運模式以低成本爲主要考量，若只追求降低成本而忽略了有關影響飛航安全的要求，則風險必然升高。

(一)老舊飛機之維修

爲節省營運成本，低成本航空公司多以波音737機型或是空中巴士A319／320系列來飛航，來源除了購入新機量身改造外，就是接收機齡五至十年甚至更老舊的二手機改裝。理論上，航空器經由妥善的維護，可以達到與原出廠相近的品質與適航性，但是由於機齡的老舊，所必須投入的人力與成本相較之下更多，因此高齡飛機較新機維修來得複雜，這也是飛安問題中，讓人較感疑慮的部分（賴建舟，2005）。

美國聯邦航空總署（FAA, 2004）及賴建舟（2005）亦均指出，老舊飛機維護計劃的工作項目中，必須包含附加結構檢查計劃（Supplemental Structural Inspection Program, SSIP）、腐蝕預防及控制計劃（Supplemental Structural Inspection Program, CPCP）、結構修理評估計劃（Repair Assessment Program, RAP）、預防蔓延性疲勞損傷計劃（Widespread Fatigue Damage, WFD）、改進的飛機系統適航性計劃（Enhanced Airworthiness Program for Airplane Systems, EAPAS）、老舊飛機飛航安全法則（Aging Aircraft Safety Rule, AASR）等六項維護工作計劃。飛機維修人員認爲腐蝕預防及控制計劃爲其中最爲重要的工作項目，且能有效地提升老舊飛機的飛航維修安全，其次爲結構修理評估計劃及預防蔓延性疲勞損傷計劃。以泰國低成本航空公司Thai AirAsia爲例，其波音737-300型機隊機齡達21.5年，其機身結構之相關維修正是飛航維修中最重要的一部分。

(二)維修管理人才與作業

在維修人才方面，培養一個合格成熟的航空維修人員約需五至八年，如果主要股東為母公司，並能夠在維修管理上提供完整計劃及人才，到轉投資的低成本航空公司，那麼該低成本航空會被認為是保障較高，乘客也會對飛安較具信心。

若以各方集資成立的低成本航空公司，各領域之航空管理人才則由其他航空公司挖角聘請，雖然省去高額之培訓費用與長時間養成教育，但容易因來自不同的工作部門，而對維修老舊飛機困難的來源產生不盡相同之看法（賴建舟，2005）。直接參與維修部門的飛機維修人員認為，最主要的困難是材料獲取不易、器材不足及時間的壓力（由於現階段航空公司都希望用最少的時間、人工及物力來完成飛機的維修工作，加上老舊飛機維修所需之材料非一般耗材，往往不易購得，造成維修工作會出現沒有材料、時間緊迫及器材不足的情形）。而間接參與維修的部門最主要的問題是——缺乏相關知識、歷史資料不足及材料獲取不易（此與其工作以維修規劃、管理、備料及工程技術服務為主有關，總希望減少維修成本的支出，提供更完善的服務，並以最少的成本達到最大的效益）。

因此，備份器材等後勤支援、組織成員的文化背景與專業素養，是航空公司維修管理能否成功之主要因素。低成本航空公司成立初期，維修管理人才來自同業但背景不同，若無法有效整合維修資源，將種下影響飛安的潛在因子。

此外，在維修作業上，部分低成本航空成立之初原本就依賴母公司，或受限於機隊的大小與資金的問題，沒有多餘的能力也沒有必要成立維修廠，所以其機隊維修管理多半交由母公司或委外處理。不過要持續維護飛機的適航性，除非其母公司重視機組維修並能提供上軌道的維護計劃，飛安問題就不至於太緊張。另一種集資成立的低成本航空公司，則勢必沒有自己的維修體系，包括低階維修、高階維修到發動機修理與翻修，這種情況下唯一的辦法，就是將維修管理計劃以合約方式委由合格的維修廠承接，低成本航空公司則以監督者的立場，督導合約中之維修廠，確實安全無虞地將飛機適航性達到原廠家及民航局認定的標準。

第三節　外包維修策略

一、外包維修趨勢

傳統的航空公司，通常會擁有自己的航空器維修廠[7]，用以建置與機隊相關的維修能量，除了讓整個航空器的維修供應鏈完整外，方便航機的維修時程安排與適航派遣，尤其是能夠監控維修品質。然而，隨著機身材質、附件可靠度之改良進步，其維修技術也將勢必隨之改變；或者，當新機隊引進成立時，以現有的維修基礎架構，航空器或其附件的維修能量建置成本可能不符合航空公司的投資經營效益，因此航空公司會考慮成立獨立的維修單位，或將航空器的維修以外包方式處理，俾使航空公司能專注於核心業務的經營，提升服務品質（張有恆，2003）。

根據國際航空運輸協會（IATA, 2007）之維修成本工作隊（MCTF）對三十一家會員航空公司及三十七種機型之調查分析調整後維修成本報告指出，在二〇〇六年外包維修上之花費若以每一個飛行小時計算，約有393美元是被外包出去的；同時自二〇〇一年起的資料顯示，航空公司將維修外包的比例呈直線上升，至二〇〇六年止，維修外包比例已高達60%（**圖8-6**）。此報告顯示出，

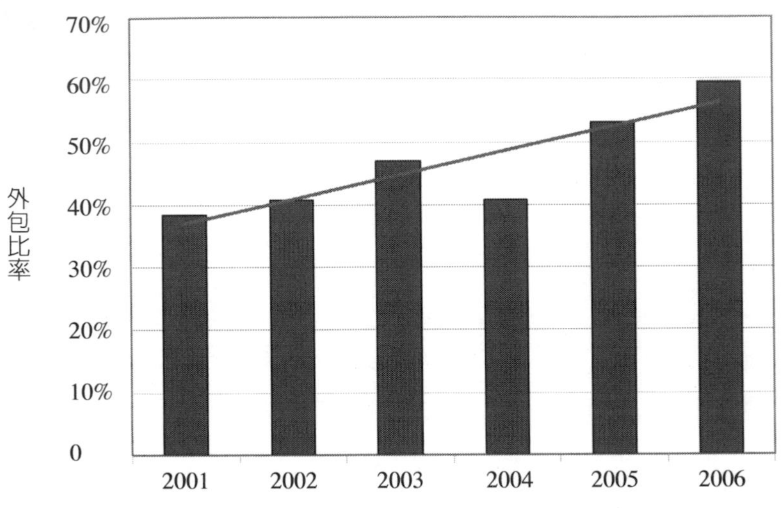

圖8-6　外包維修之成本支出（以每飛行小時計）

資料來源：IATA (2007).

在不危及飛航安全與營運表現的前提下，維修外包已逐漸成爲航空公司節省維修成本的重要方式，尤其對低成本航空公司而言更是不可或缺的方式。

二、外包維修種類

一般而言，低成本航空公司外包的工作內容（維修廠承包的工作），可區分爲以下五個部分：

(一)低階維修

低階維修（Light Maintenance）基本上包括過場檢查、每日檢查、每週檢查等維上維修及A級檢查等工作，低階維修在航空公司本站基地及所有飛行的航點都必須依法規、站上之維修能量與公司政策執行。在本站所執行之低階維修通常會由航空公司自己的維修人員負責，但低成本航空公司或有些傳統航空公司則將這些維修工作交由維修廠做全代理，例如：過去港龍航空公司雖以香港為基地，機隊之低階維修仍然交由香港飛機維修工程有限公司（Hong Kong Aircraft Engineering Company Limited, HAECO）全代理。不論傳統或低成本航空公司，當航空器離開基地後，除了少數航空公司在當地自行建立能量外，所有維修作業皆須仰賴當地維修廠或其他航空公司做全代理。

(二)機隊管理

當一個新成立的航空公司（尤其是低成本航空公司），在沒有足夠的航空經營人才投入對航空器做整體的維護計劃時，通常會將整個機隊的維修管理以合約的方式包給合格的航空公司或維修廠代勞，航空公司僅以最少的人力做合約的談判及監督成效。例如港龍航空在一九八五年成立時就交由國泰航空公司做機隊管理（Fleet Management），二〇〇〇年港龍航空成立貨機機隊，委託新加坡國際航空工程公司（Singapore International Airlines Engineering Co., SIAEC）機隊管理，二〇〇三年港龍航空將A320機隊從國泰航空公司手中轉交由SR Technics做機隊管理。

機隊管理的項目包括維護計劃的擬定、可靠度與派遣率的監控與提升計劃、AD／SB的審理評估與發布執行、與當地民航主管機關的定期呈報與異常事件報告、異常事件調查與報告、定期稽核等，代理之航空公司或維修廠必須提出完整的管理計劃並落實執行。

(三)高階維修

高階維修（Heavy Maintenance）包括C級檢查、D級檢查、結構性修理與改裝等，所執行的工作遠比低階維修複雜，不僅需要固定的棚廠、固定的設備、充足的備料與龐大密集的人力，停機的時

間也得相對加長。因此，傳統航空公司爲了縮短停機天數，通常把高階維修的工作交由自己的維修廠執行，以有效掌控整個機隊的維修排程，以提高飛機的使用率。一般而言，低成本航空公司將高階維修悉數外包，但當機隊數量增加時，此策略則會調整。國際航空運輸協會目前正研擬推廣分階檢查（Phased Checks）觀念，例如一架二十年機齡單走道飛機須執行三種高階維修，原修護計劃排程爲十、二十、三十五天，若能將其修護計劃排程改成低階維修之五、十、二十天，則可讓飛機多出時間投入航班營運。據國際航空運輸協會估計，若分階檢查能成功的運作在機隊中的10%架飛機，將可省下二億六千萬美元，一些美國航空公司已嘗試執行，美國聯邦航空總署也同意此項改變。

(四)發動機修理與翻修（Engine Repair and Overhaul）

以一架飛機可拆換之附件相較而言，發動機的造價是最高的，其所占的維修成本在整體直接維修成本上之比例也是最高的。根據國際航空運輸協會（IATA, 2007）指出，若以調整後之直接維修成本分機體、發動機與附件等三項來做分析，發動機占41%，機體占38%，附件占21%，由此可見發動機維修的重要性。

建立發動機的維修能量，包括發動機翻修工廠與發動機試車台，絕非一個低成本航空公司願意投入的資本。發動機的修理與翻修爲航空公司最不願投入資金建立能量的維修項目，甚至其他規模較大之航空公司亦不願輕易建立發動機的能量，除非在經濟規模達到效益，或與發動機廠家合資的方式成立發動機翻修工廠，否則航空公司不會將資本投注在建立發動機工廠上面（Al-kaabi et al., 2005）。再者，發動機製造商通常爲將技術保留在手上，不輕易釋出維修能量予航空公司，以保持技術領先或產品之穩定度。因此，將發動機修理與翻修的工作外包便成爲最佳的解決方式。

另一個讓發動機修理與翻修廠家能繼續擴展業務的服務項目是發動機的租賃市場。如前述，發動機是造價最高的可拆換式附件，機隊小之航空公司沒有必要挹注太多的資金在備份發動機上面。因此，爲讓發動機之定期翻修排程順利進行，及防止發動機因臨時的故障造成飛機的適航派遣困難，航空公司通常會與能提供相同型號之航空公司、發動機製造廠或維修廠簽訂備份發動機支援合約，通常此支援合約會將發動機修理與翻修一同簽署，以獲得更佳之保障。

(五)器材補給（Supplies）

航空器的器材因使用上有使用期限的限制，或有可靠度不佳的情況發生，因此器材可能在定期或不定期情況下被更換，換下之待修件將送回工廠做修理、改裝、測試、調校，以恢復可用性。

由於飛機的器材維修須取得原製造廠家、美國聯邦航空總署與歐洲航空安全局（European Aviation Safety Agency, EASA）的核准，方可建立維修能量、核發修理完成之附件適航證明，整個籌補、建構、報准之程序極爲複雜及冗長，因此不論是低成本航空公司還是傳統航空公司，都不會將所有附件都由自己來籌備修理能量，最大之關鍵因素就是不符合經濟效益及原始設備生產商（Original Equipment Manufacturer, OEM）不願授權給航空公司建立修理能量，以保有技術領先與市場占有率。

飛機上使用之器材造價極爲昂貴，其單價甚至可達數十萬美元；加上飛行的航點可能遠離母基地，備份器材的後勤補給支援極爲困難，各個航空公司經營者無不努力將庫存備份器材降至最低，或當飛機不能飛（Aircraft On Ground, AOG）時，力求以最快的速度取得補給支援，以減少備份器材成本的支出及待料造成的營運損失。

因此，國際航空運輸協會主導成立了全球性Pool支援模式，各家航空公司得視自身需要參加此一支援模式。對支援航空公司基本備份器材來說，以器材使用時數（Flight Hours）來計價的PBTH（Power By The Hour）模式，是現今最被廣泛使用的補給合約承包計價方式，如港龍航空、華航、澳門航空不約而同找上SR Tech作爲空中巴士系列器材供應的來源，其所採用的計價方式即是PBTH〔另一種類似之說法爲MBH（Maintenance-By-the-Hour）〕。

PBTH 與MBH 之基本計價方式是以航空器的飛行小時（Flight Hour, FH）或飛行次數（Flight Cycle, FC）爲計算基礎，再對於各種機隊管理、航空器各級維修、附件維修、附件租借、發動機翻修等做不同議價談判。近年來，由PBTH之經營觀念啓發了飛機製造商、發動機製造商、維修廠等承包維修合約不同的作法，例如：波音對航空公司新成立之機隊推廣機隊管理的承包合約，奇異發動機製造廠承諾對航空公司量身訂做的發動機修理與翻修合約。

三、外包維修的優缺點

雖然外包維修的方式已成爲低成本公司航空器維修的一環，但是外包維修仍存在著優缺點，茲將優缺點羅列於後：

(一)外包維修的優點

1.外包維修可以爲航空公司在維修方面節省大量的固定成本與人力成本，包括土地、廠房與設備的投入人員的訓練等。
2.透過外包合約上的議價，航空公司可以清楚的估算出維修成本的支出，不至於造成實際維修支出與預算大幅度的差異。
3.可以自由挑選在維修市場中較優良之維修廠，提升維修績效。

4.當航空公司要增加／減少機隊數量，甚至更換機型，不會因爲已建立之修護能量面臨無用武之地，可以用修改合約方式快速的調整合作之維修廠。

(二)外包維修的缺點

1.對於附件維修之外包，常因爲地理環境因素無法隨時指派專人監控，只能夠在簽訂合約時註明航空公司的要求，例如：收費的標準、維修的質量、可靠度保證、交貨的時效性等。

2.維修能量受制於他人，在進行機隊可靠度改善計劃時，資料取得困難，不利後續分析評估。

3.若航空公司本身未建立強大工程維修部門，專責掌控研究分析，將無法在成本與品質上獲得最大利益。

4.維修排程受制於維修廠，對航空公司的航班調度與最佳使用率上不易控制。發動機翻修方面，排程上若未將壽限器材（Life Limited Parts, LLP）使用鐘點最大化而損失其剩餘壽限（Remaining Life），將增加營運成本。

5.若航空公司無法有效監督維修品質及管控作業程序，則潛在飛安風險永遠存在。

第四節　個案研究——AirAsia

本節主要以在亞太地區目前最成功的低成本航空公司——AirAsia以及其子公司Thai AirAsia進行維修管理上之個案研究，同時再以AirAsia的資料做比較，以瞭解各家航空公司在維修管理策略上的異同。

一、AirAsia和Thai AirAsia的發展與現況

AirAsia在一九九三年成立，一九九六年十一月十八日正式開始營運，以吉隆坡爲基地，原屬政府企業集團DRB-Hicom所有，二〇〇一年十二月二日因爲經營績效不佳，在高負債的情況下，由Tony Fernandes旗下公司Tune Air Sdn Bhd購買，Fernandes經營成效顯著，因此自二〇〇二年起獲利，並開始發展以吉隆坡爲營運中心之其他航線，用極低於市場競爭者價格的票價，快速的打破由馬來西亞航空長期霸占的馬來西亞航空市場。AirAsia已是亞洲地區最大之低成本航空公司，服務旅客達5500萬人次，服務的航點超過六十一個，包括國內線及國際線，國際線有馬來西亞、泰國、印尼、澳門、廈門、新加坡、仰光、越南、棉蘭、菲律賓等。

在二〇〇三年，AirAsia開始使用靠近新加坡之Senai機場，並開拓第一條國際航線到泰國，同時在泰國成立子公司Thai AirAsia，其他開拓的國際航線還有飛往新加坡、印尼；在二〇〇四年開拓的航線有飛往澳門、廈門；陸續還開拓飛往馬尼拉、棉蘭、仰光。目前AirAsia集團共有六個轉運中心，分別爲：吉隆坡、柔佛巴魯、哥打基納巴魯、曼谷（泰國）及雅加達（印尼）。

二〇〇三年三月二十三日，首座爲低成本航空而設立之航站在吉隆坡國際機場開幕，成爲AirAsia集團拓展低成本航空事業版圖的新基地，二〇〇六年AirAsia在此地即提供了900萬人次的服務。二〇〇六年三月二十七日，馬來西亞政府重新將所有航線合理化分配後，核准AirAsia增闢航線，包括十九條國內線，至二〇〇九年一月止，已達六十一航點、一百零八條航線。

AirAsia集團自二〇〇五年開始進行機隊轉換計劃，陸續跟空中巴士簽下共一百五十架A320確定購買合約，第一架已在二

○○五年十二月交AirAsia正式加入營運，截至二○○八年底已有五十六架A320將投入營運，Thai AirAsia則將在二○○七年十月接收使用第一架A320。除此之外，AirAsia另加五十架保留之選購權，在二○一二年前，AirAsia將成爲世界上第二大A320機隊之航空公司。Thai AirAsia 自二○○四年二月開始營運，機隊共計十六架，波音737-300型九架， 空中巴士A320型七架，飛行十二個泰國國內線航點。

二、維修管理與策略

AirAsia是亞洲首先推出的低成本航空公司，AirAsia強調他們並不會因而疏忽保養飛機，該公司認爲適當的飛機維修就是品質與可靠度的最佳呈現。雖然AirAsia在二○○四年十二月以前沒有自己的維修廠，目前亦尙有許多維修工作以外包的方式完成，然而AirAsia高層人士指出，該公司一向以最嚴謹的態度選擇最佳的維修外包，深信將飛機維修交給最佳的維修廠，將有助於維修品質的保證。透過訪談與資料蒐集，以下爲AirAsia以及Thai AirAsia所採行的維修管理策略（李志偉，2007）：

(一)機隊管理（Fleet Technical Management）

AirAsia擁有自己的維修工程技術部門，負責波音737機隊與空中巴士320機隊之管理工作，包括審查與發布相關機隊之AD、SB、SL及相關EO（Engineering Order, 工程指令），同時對機隊狀況做監督，做出可靠度改善計劃，建立一個持續性資料收集、分析、改正及改正後監督之系統，以確保整個機隊可靠度改善計劃與維護計劃相配合，並依照民航主管機關與航空公司的要求執行妥善維修。

另一個部門在維修體系中扮演極爲重要的角色，即是維護計劃部門，主掌AirAsia機隊的整個維護計劃。該部門之工作爲確保AirAsia之航空器在高使用率下仍能保持適航狀態投入營運。AirAsia維護計劃配合營運部門的營運時程需求，及工程技術部門的可靠度改進計劃，令每一架飛機經妥善安排維修排程後均爲適航狀況。在外包的監督上，該部門與品管部門共同監督，以確保委託他人執行之修理或改裝工作都仍依照AirAsia維護計劃執行。

在維修人員培育上，AirAsia瞭解擁有自己的維修人員的重要性，因此AirAsia設有訓練中心，對相關領域之維修人員做訓練後，安排在各個相關部門，包括低階維修之停機線、高階維修或發動機修理廠之駐廠代表。

Thai AirAsia現有之波音737機隊來源爲母公司AirAsia汰換下來之高齡飛機，在機隊管理上由AirAsia統一做規劃與支援，包括技術方面支援與修護計劃擬定支援等。在未來之機隊汰換，同樣由AirAsia統一做規劃。據AirAsia資料顯示，Thai AirAsia二○○七年起接收全新A320客機以汰換波音737，目前已有七架加入營運。航空公司選用A320機型的主客觀因素有許多，整體的營運成本降低與可靠度高是兩個最重要的因素。AirAsia 在二○○七年年報中指出，引進新A320機型後，燃油消耗降低4%，維修成本降低17%，若去除油價高漲之因素等支出，改用A320系列機型之整體營運成本還是降低4%。

(二)低階維修（Light Maintenance）

AirAsia在馬來西亞本站有自己的維修部門，掌理線上維修事宜，與一般傳統航空公司相同。爲顧慮到過境時間較短，及確實掌握飛機動態，AirAsia在停機線上均配有經合格訓練的員工自行執行簽放工作，同時在過夜檢查時執行計劃性與非計劃性的維修工作。

Thai AirAsia主要經營泰國國內航線及東南亞與大陸沿海地區的國際區域航線，以曼谷新機場Suvarnabhumi爲基地，飛行國內線十個航點，每天來回超過五十個航班。在曼谷站，Thai AirAsia擁有自己的維修人員，負責機坪一般性工作，例如：過境檢查、過夜檢查及A級檢查等低階檢查與維修。在其他泰國境內之航點，Thai AirAsia則交由Thai Airways代理。

(三)高階維修（**Heavy Maintenance**）

二○○二至二○○四年共分別與Singapore Technologies Aerospace（以下簡稱ST Aero）簽下四個有關波音737機隊合約，總值超過1億3300萬美元。Thai AirAsia與AirAsia的飛機每年會被安排進行一次十至二十一天之C級和D級檢查，此高階維修工作交由ST Aero負責執行，AirAsia自行派駐工程師參與修護，會同ST Aero進行精密的檢查與保養維修。

在預估未來營運與機隊的成長以及新機逐年引進後陸續到來的高階維修需求下，AirAsia於二○○四年十二月建立了自己之維修棚廠。該維修棚廠由馬來西亞人設計與建造，對馬來西亞及其國人來說深具意義。AirAsia表示，成立自己的維修棚廠最大的貢獻，是維修排程上的完全自主化，以進行效率化的維修工作，AirAsia不用再仰賴第三者（Third Party）維修。

(四)發動機修理與翻修（**Engine Repair and Overhaul**）

GE Engine Services（GEES）爲發動機製造商奇異公司與馬航合資之亞洲最大CFM56發動機修理／翻修廠。在二○○二年七月，AirAsia和GEES達成了一項價值2000萬美元發動機維修的協議，在接下來五年裡，GEES將負責保養維修AirAsia 所有飛機的引擎，使AirAsia飛機在安全和可靠度上獲得保障。

二○○四年三月，AirAsia延長與GEES的合約，並多加上十六

具CFM56-3發動機維修九年合約，總價值約5000萬美元。二〇〇四年七月十三日，ST Aerospace Engines與AirAsia 簽下總值6350萬美元合約，ST Aerospace Engines將提供十年Maintenance-By-the-Hour（MBH）有關CFM56-3發動機服務。ST Aerospace Engines提供發動機的監控、修理、翻修、備份發動機支援與其他On-wing支援等服務，同時ST Aerospace 也提供其他低成本航空整體之B737飛機支援計劃（Aviation Support Program）。

(五)器材補給（Supplies）

二〇〇二年十一月，AirAsia與ST Aerospace子公司Airline Rotables Limited（ARL）簽下附件支援合約，ARL可以隨時提供附件需求支援至任何AirAsia合約中要求的地點，這項交易總值750萬美元，足以支援二十架同型機的需求；ARL提供高品質、高可靠度與準時，以滿足AirAsia對飛安第一之要求。

二〇〇四年三月，漢威（Honeywell）與AirAsia 簽訂737-300型飛機煞車與輪胎翻修合約，有效期至二〇一二年。二〇〇七年二月，奇異商用飛機服務公司（GE Commercial Aviation Services, GECAS）與AirAsia簽下737-300型飛機備用器材支援之合約，由GECAS負責AirAsia 737-300型機隊三十四架（九架向GECAS承租）之備用器材支援，以降低整體備用器材之庫存成本，同時減少因器材短缺造成之航班延誤。二〇〇七年一月，ST Aero旗下子公司ST Aerospace Supplies取得AirAsia A320機隊一百三十架十年，有關器材之Maintenance-By-the-Hour合約，總價值爲1億3000萬美元。至此，AirAsia已跟ST Aero簽下機身、發動機、附件之合約，對ST Aero的依賴程度逐漸加深，AirAsia認爲此舉將強化機隊整體的維修品質以服務顧客。

Thai AirAsia有關後勤器材補給的支援，同樣是由GECAS負責，因在曼谷機場僅執行低階之維修工作，故未儲備大量的備份器材，若發生臨時性需求時，仍透過在馬來西亞之總部AirAsia向GECAS尋求支援。

(六)維修品質的保證（Quality Assurance）

自我督察是航空公司及維修廠體系上很重要的一環，經由自我督察系統，公司持續不斷的自我檢視、自我評鑑與改善，以維持其安全。而自我督察之重點在於系統與制度面之自我評鑑與改善，並非僅止於自我檢視或抽查。AirAsia集團下的品質監控與督察系統可以分為兩個部分來說明：

1. **工程技術部門**：對於一個機隊成長已超過五十架的航空公司來說，擁有專職的工程技術部門團隊是絕對必要的。AirAsia工程技術部門功能除前述有關機隊管理基本職責外，對所有航空器之機況品質惡化趨勢，如：派遣率降低、GTB（Ground Turn Back，地面滑回）、ATB（Air Turn Back，空中回航）、IFSD（In Flight Shut Down，發動機空中關車）、重複或重大缺點或其他意外事件增加等，都會主動介入做調查、分析與改善。馬來西亞民航局（Department of Civil Aviation, DCA）在工程部成立九個月後，即頒發JAR OPS1（M1）資格，一般需要兩年才能獲得此資格，表示民航局對AirAsia高水準的維修品質予以肯定。
2. **品質稽核部門**：AirAsia集團下的品質稽核部門功能與傳統航空公司一致。一般而言，公司內各部門至少半年執行一次自我督察稽核，外站則兩年執行一次，公司得隨實際運作情況或稽核結果做合理適度的調整。主要的稽核對象，對內包括公司各單位及其員工，對外包括維修外包之維修廠，目的為確認維修組織內各單位或受委託維修之維修廠均按規定確實

運作。

三、對個案公司維修管理之評析

個案中之低成本航空公司應加強維修人員訓練及培育自有的維修人員，以利於維修成本與維修績效的監控，進而提升飛航安全。尤其當引進新機型後，若在缺乏新機型專業知識的情況下去面對維修廠，維修管理上將面臨更大的挑戰。

再者，該公司應加強外包項目索賠管理能力。外包項目索賠管理是航空公司保證飛航安全與避免擴大維修成本的一種重要方法。個案之低成本航空公司與維修廠的維修合約中須更仔細明訂某些保修承諾，低成本航空公司應充分利用這些權利，對於一些在合約範圍內的重複故障、系統失效等問題以及所造成的不良影響，加強理賠工作，降低公司的損失，藉以督促維修廠維修品質，進一步強化飛航安全之要求。

第五節　小結

綜上分析整理，本章結論共六點，分述如下：

1.低成本航空公司成立之初所選用的機型以舊的二手機型爲主，因機隊管理與低階維修與每日營運有密切的關係，且建立低階維修能量不致太過複雜，故「機隊管理」與「低階維修」會被保留，自行建立維修能量。同時，因這些機型爲成熟之機型，在維修市場上可提供高階維修服務的維修廠很多，故會將「高階維修」外包。此維修管理策略模式在低成本航空公司成立之初選用機型即已確定，但若機隊數量成長後，則會建立部分的高階維修能量，以主控維護計劃排程。

2.低成本航空公司遴選外包維修廠的主要考慮條件爲：外包的價格、航機維修後的可靠度、發動機維修後的可靠度與TAT（Turn Around Time）、備份器材可靠度與支援速度、高階維修時的TAT。

3.各種維修項目分別外包給不同的維修廠，在維修效率上彼此牽制，易生不良影響；若低成本航空能找到一個One Stop Service（所有項目全包）的維修廠，對維修流程效率化會有所助益。

4.外包的價格與計算方式仍是一個最爲直接、敏感的問題。低成本航空公司對發動機修理／翻修、附件修理／修改等計價方式，皆認爲以飛行時數計價較合理；對高階維修則認爲以固定的工作包總價較爲適當，但前提是要在雙方同意之工作項目與範圍，包括總工時數與缺點改正之計價方式。

5.低成本航空公司因外包大部分的維修工作，省卻了有關自行建立維修能量的成本支出，但同時也喪失了獲取或累積維修經驗上應有的專業知識，進而會影響到維修管理最佳化的表現。

6.在外包維修品質的監控上，當面對高階維修時，低成本航空公司會根據實際維修任務指派工程師和品質稽核人員參加維修工作，督導維修廠能按公司既定的維護計劃執行與及時發現維修中的各種潛在問題，確保維修工作能符合法規上之規範及公司的要求；但在發動機翻修、附件維修上，低成本航空公司只在年度固定的排程中，前往稽核。低成本航空公司在此方面爲了能達到飛航安全的標準，及配合航空公司營運的時程，必須投注更多的人力在外包合約的規範與維修品質上的稽核。

註釋

❶假設機位百分之百銷售及不經由旅行社代售。

❷MCTF：Maintenance Cost Task Force，爲國際航空運輸協會機構，專爲加入之會員統計分析維修成本。

❸調整後直接維修成本（Adjusted Direct Maintenance Cost）：指直接維修成本用已經固定之人工費率、不含企業經費與型別修改費用、成熟的機型、一般性的飛時及已扣除企業經費與利潤之轉包成本等方式計算。

❹737NG：737-600/700/800/900等機型。

❺737CL：737-200/300/400等機型。

❻直接維修成本（Direct Maintenance Cost）：包括所有花費在廠房、人事、機體、發動機與附件上之相關維修成本。

❼維修廠在學術文獻中並無清楚定義，一般航空業界以功能特性對維修廠（維修廠）所下之定義爲「一個被合法授權之組織，其具有合格訓練人員與裝備，提供並從事航空器或相關之附件維護、修理及翻修等工作，讓航空器或相關之附件能回復其適航性」。

第九章　低成本航空帶來的影響

- 前言
- 對目的地機場與城市的影響
- 對旅行業的影響
- 包機航空公司的對策
- 中小型傳統航空公司的對策
- 長程低成本航空的可行性
- 長程低成本航空：**AirAsia X**

第一節　前言

低成本航空在過去這些年飛快發展，並且出現在世界各地市場之中，當然也帶來了重大的影響。而且這些影響對象不僅限於傳統航空業者而已，更擴及機場、旅行社等相關業者。

對於空運產業而言，低成本航空帶來的最重要影響之一，就是「降低成本」成爲整個業界的最重要課題。因此近年來無論是何種營運模式的航空公司，都對成本問題斤斤計較，並且引進低成本航空觀念的可取之處，例如強化網路售票、強調組織瘦身、增加生產力等等。這也許是低成本航空對空運產業的最大貢獻。

此外，低成本航空還爲其他業者帶來嚴肅的課題。假如低成本航空能以更低成本與票價，把乘客從甲地送到乙地，那麼傳統航空公司的存在「價值」爲何？爲何乘客要花更高票價來搭乘傳統航空公司班機呢？面對低成本航空時代的來臨，每家航空公司都必須對這些問題找出適當答案，否則將難以面對新興低成本航空帶來的嚴厲競爭。

本書在前面章節已概述過傳統航空公司如何因應低成本航空的衝擊。本章即將跨出傳統業者的領域，檢討低成本航空對其他領域業者和其他類型航空公司帶來的衝擊，以及它們採取的應對之道。這些仍在發展之中的變化，將會決定未來空運產業和旅遊業的面貌。

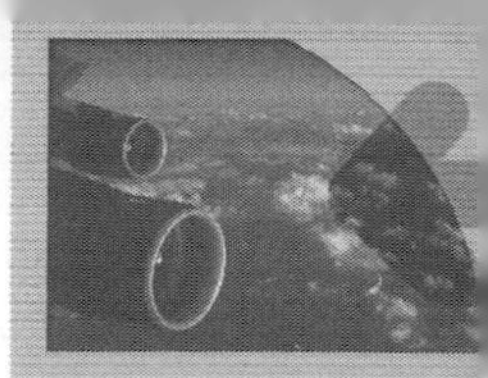

第二節　對目的地機場與城市的影響

除了對於航空公司之外，低成本航空對機場與目的地同樣會帶來重大影響——而且大都是正面影響。低成本航空的最大效應之一，就是將更低的票價帶入市場之中，創造更多的搭機人數。對於目的地的機場和城市，這些來往乘客代表的就是商機，可以爲當地觀光業帶來更多收入，繁榮的機場更會帶來就業機會。低成本航空產業近年來的飛快成長，不但讓許多機場與城市雨露均霑，甚至讓一些從前名不見經傳的機場或城市躍上空運業舞台。因此無論是在歐美或東南亞，向新興航空公司「行銷」、甚至提供優惠方案吸引業者飛航，已經成爲許多城市政府與機場的重要任務。

就機場而論，目前有兩類機場正在將自己打造爲低成本航空機場。一類是較爲偏遠的中小機場，以較低的降落費、優惠方案等措施吸引低成本航空進駐，建立與主要機場不同的定位，本書之前提過歐洲有不少這樣的例子。另一類是大城市的主要機場，但是提供爲低成本航空設計的簡單航站，或者在地勤服務方面配合低成本航空的簡化需求，東南亞的新加坡和吉隆坡都是著名的例子。這兩類機場雖然市場定位不同，但是出發點都是一樣——著眼於低成本航空帶來的潛在商機。

提供優惠方案是吸引低成本航空的重要手段之一，這樣的例子在歐美國家已行之有年。這些優惠方案內容涵括成本補貼、降落費與乘客使用費優惠、廣告資助等。以最有名的例子而言，比利時首都布魯塞爾南方的沙勒羅瓦機場爲了吸引Ryanair，在二〇〇一年提出的優惠方案包括（Airline Business, 2004）：

- 分擔未來十五年的宣傳費用，以每位上機乘客4歐元計算，上限爲每天二十六班。
- 開航前十二條航線每條獎勵16萬歐元。
- 支付75萬歐元的飛行員訓練費用與25萬歐元的旅館住宿費用。
- 每位乘客地勤費比其他航空公司減少1歐元。

這項協議日後受到布魯塞爾國際機場的抗議，於二○○四年被歐盟執委會宣布無效，主要理由是獨厚一家業者。歐盟更在次年年底做出決定，機場優惠方案爲期不許超過三年，輔助上限是開航成本的三成，更不可對航空公司有差別待遇，終結機場與地方政府競相「砸錢」的現象。但是這段故事足以顯示，低成本航空帶來的商機是多麼受到重視。

在偏遠機場方面，以原爲英國皇家空軍基地的荷蘭威茲機場爲例，隨著基地在一九九九年關閉，這座機場被荷蘭投資者買下，於二○○三年開始營運。位於荷蘭東部鄉間的威茲機場雖然地處偏僻，但是距離德國工商重鎮杜塞道夫車程僅有78公里，因此被定位爲杜塞道夫與荷蘭東部的次級機場。這座機場在二○○三年開始營運時，只有Ryanair的每天三班飛機。但是Ryanair選定威茲爲基地之後，該公司班機總載客數在二○○八年四月已達250萬人次。至二○○九年一月，威茲機場每週起飛班次已達一百五十六班，其中一百四十九班來自Ryanair（根據威茲機場時刻表）。對一座位於鄉間的次要機場，這的確是了不起的成就。

至於將傳統機場轉型爲低成本航空機場，最佳範例之一是英國倫敦東北邊的Stansted機場（**圖9-1**）。以載客量而論，這座機場是大倫敦區第三繁忙的機場。過去十年，Stansted被英國機場管理公司（BAA）定位爲倫敦的低成本航空機場，目前已成爲Ryanair

與easyJet的重要基地，以及全球最大的低成本航空機場。和倫敦Heathrow與Gatwick機場相比，Stansted的收費較低，而且營運作業配合低成本航空需求，加上擁有來往倫敦市的便捷交通，使其成爲低成本航空的首選。以二〇〇八年十一月而言，根據Stansted機場網站顯示，Stansted每天平均有三百七十九班飛機起降，大部分都是低成本班機，足見其成功的程度（Stansted Airport, 2008）。

至於想要成爲低成本航空喜愛的機場，必須具備某些吸引低成本航空的條件。根據Horbert（2007）對法蘭克福哈恩機場所做的研究，這座偏遠機場之所以能夠成爲德國最成功的低成本機場，主因爲：

- 效率至上：機場設施和營運流程完全以效率導向；
- 將成本降到最低：機場航站大樓設計簡樸，因此以興建成本除以每年營運人數，每位乘客分攤的機場建設費只有3.5歐元，相較之下，慕尼黑機場高達60歐元。

圖9-1　Stansted機場

資料來源：王鼎鈞提供。

不過這類次級機場到底對觀光業貢獻有多大，會依各地情況有所不同。根據Widmann（2007）對法蘭克福哈恩機場旅客所做的研究，這座同樣由廢棄空軍基地改造、以低成本航空爲目標的偏遠機場，在二〇〇六年間旅客數達到三百五十萬人次。但在二〇〇五年間，這座機場爲當地的萊茵蘭巴拉丁邦區只帶來四十萬七千名訪客，度假旅客更只有十二萬九千人，其他旅客大部分是外出旅行的本地居民。然而，這座機場的最大意義是帶來許多就業機會，包括二千三百一十五個直接工作與九百七十四個間接工作。任何地方政府都不能忽視這樣大量的就業機會，以及隨之而來對地方經濟的貢獻。

以上是以歐洲的偏遠機場爲例，如果是以觀光景點爲主的目的地，低成本航空的乘客結構又會不同，帶來的觀光效益也會更爲顯著。第十章將介紹低成本航空在亞太地區的發展，該章將會舉出澳門如何成功以低成本航空帶來大量東南亞訪客。受限於各地條件不同，低成本航空航線對於觀光發展的貢獻也不見得相同。但是它們創造的旅客人數，將會爲機場帶來更多營收，並且爲當地創造更多就業機會。這是低成本航空革命如此受到重視的主要原因之一。

第三節　對旅行業的影響

低成本航空的出現，對航空業帶來深遠的影響。但是其影響並不只限於航空業而已，低成本航空同樣對旅行業帶來重大改變，並且對旅行社業者帶來諸多新的挑戰和課題。以西歐爲例，低成本航空的興起徹底改變民眾旅行習慣，使得當地旅行社產業必須致力轉型因應新局。

傳統上而言，旅客多由旅行社安排機票與住宿，參加旅行團

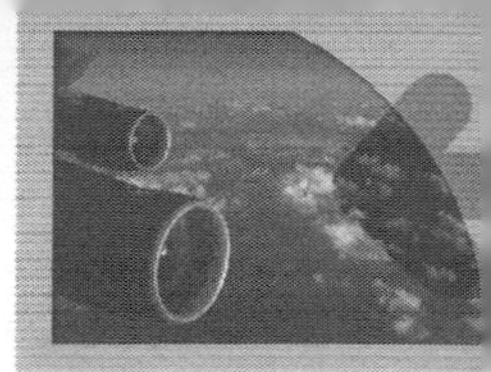

或購買套裝行程。換言之，旅行社與民衆旅行有著密不可分的關係。但是低成本航空開創全新旅行模式，跳過旅行社和消費者直接交易；消費者則受到低票價吸引，開始利用低成本航空旅行。在這樣的關係下，許多原本交給旅行社安排行程的消費者開始「學會」自行規劃行程。隨著低成本航空在歐美等地大舉擴張，愈來愈多民衆利用網路購買機票，還有在網路上安排住宿、租車、交通等，促成自助旅客大量出現。當然，這些也和電子商務在過去十年間的發達緊密相關。

因此在這個低成本航空和電子商務快速發展的年代，民衆完全可以跳脫旅行社安排完整行程，因爲消費者可以在網路上查詢機票票價、預訂住宿與車票、搜索旅行資訊、甚至找到其他旅行者的心得分享。而且拜低成本航空之賜，這些自行安排行程的結果不見得會比參加旅行團昂貴，同時可以享受旅行團沒有的自由。

關於低成本航空對消費者旅行方式的影響，Schröder（2007）曾對八百名Ryanair乘客進行調查，發現20%乘客要不是有Ryanair的低票價，根本不會出門旅行，另外10%會前往別的目的地。此外，有54%的乘客利用低成本航空進行爲期一至四天的旅行，一成是進行一日旅行。在旅行決定方面，63%的乘客表示，低成本航空影響了他們的旅行行爲，48%的乘客因爲低成本航空更經常旅行。這些數字充分顯示，低成本航空對旅遊業帶來了重大的改變。

對旅行業者而言，更壞的消息是無論在世界各地，低成本航空都以旅遊市場爲首要目標，因此不管是在美國的佛羅里達、歐洲的西班牙，或者東南亞的泰國，低成本航空都已成爲市場中的重要角色。在這些市場中，低成本航空不但從傳統航空公司手上搶走客源，還從旅行社手上搶走生意。

因此，對於旅行業者而言，當消費者不需要旅行社就可以安排一切行程，那麼旅行社的存在價值就得重新考量，而且必須思考

轉型以因應新局。

以西歐而論，近年來旅行業者的趨勢是橫向併購與垂直整合，跳脫傳統上販賣機票與經營旅行團的層次，因此當地旅行社已出現「大者恆大」的現象。以歐洲兩大旅遊集團——英國的Thomas Cook與德國的TUI——而言，它們近年來在歐洲四處併購相關產業公司，將自己擴大成擁有航空公司、旅館、度假村、遊輪的整合旅遊集團，旗下提供多種品牌的旅遊商品。除開這兩大集團之外，目前西歐已經少有其他獨立旅行業者存在，反映出旅行業者必須整合發展的新趨勢。

進行如此大規模整合的目的，是爲了擴大集團實力與帶來更低成本，以更低售價提供更多樣化的旅遊產品，以求在對價格敏感的旅遊市場中留住消費者。例如TUI剛在二〇〇七年九月合併英國First Choice集團，鞏固歐洲兩大旅遊品牌之一的地位，估計這場合併在二〇〇九年間可以省下1億英鎊營運成本，其中近一千五百萬英鎊是來自雙方航空公司的航線整合（TUI Travel, 2008）。如今TUI旅遊集團經營五大業務領域，包括傳統的主流旅遊市場、特別項目與新興市場旅遊、網路旅行服務、運動旅遊（如滑雪和自行車），以及遊輪事業。換言之，這樣的巨型旅遊集團可以自力提供完整旅遊商品，滿足消費者的各種需求。

至於這種旅遊集團規模有多大呢？以英國Thomas Cook集團爲例，該集團剛於二〇〇七年六月合併英國MyTravel集團，成爲全球最大的旅遊集團之一，事業版圖涵蓋歐洲各國和北美。其旗下事業包括（至二〇〇八年底數字）：

- 三萬一千名員工。
- 八十六家旅館與度假村。
- 九十三架客機（包括Thomas Cook航空與德國Condor航空，見圖**9-2**）。

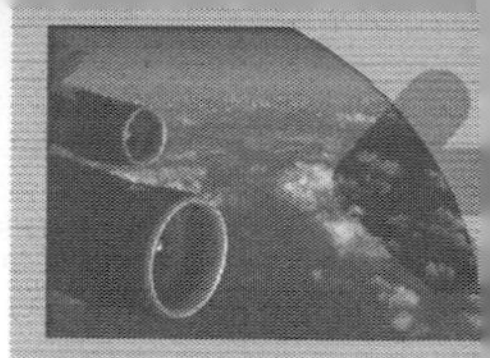

圖9-2　德國Condor航空757-300客機

資料來源：王鼎鈞提供。

·超過三千四百家自有或授權旅行社店面。

台灣的旅行社大都還停留在賣機票和經營旅行團而已，國外如此規模與多角化的旅遊集團簡直難以想像。因此面對這樣龐大的集團，西歐的獨立旅行社業者幾乎沒有生存空間，演變成今日「大者恆大」的局面。這反映出面對低成本航空競爭、消費者旅行習慣改變、經濟情勢嚴峻等挑戰的旅行業者，必須建立龐大實力與成本優勢才能生存的現況。隨著低成本航空持續往更多國家發展，其他地區的旅遊業者恐怕也會逐漸感受類似的壓力。

第四節　包機航空公司的對策

十年前easyJet在我們的門口成立時，我們都在嘲笑那家公司。十年過去，我們還是我們，easyJet卻已是另一番局面。

——英國某包機航空公司主管，二〇〇四年

顧名思義，包機航空公司是以旅行業者的包機爲主要業務，有別於一般經營定期班機的航空業者。過去數十年間，包機航空公司主要是一種北歐、西歐與南歐特有的產物，其他地區少有類似公司出現，包機通常是傳統航空公司的業務之一。包機航空公司在歐洲興盛的原因，是當地國民所得一向較高，促成大量國外旅遊需求（目的地主要是較溫暖的南歐）。但是在歐盟會員國整合爲「單一天空」之前，各國之間的航約無法容納大量南來北往的觀光客，獨占航權的傳統航空公司則對載運這些低價觀光客興趣缺缺。爲了爭取這塊市場，還有克服定期班機受到的航約限制，包機航空公司於是在六〇年代左右開始興起，成爲歐洲航空業的一項特色。

包機航空公司又可概分爲兩種，一是旅遊集團之下自有的航空公司，二是獨立的包機航空公司，業務是向旅行業者承包包機。經過多年的發展，歐洲的主要包機航空公司都擁有不小的規模，例如英國MyTravel集團在併入Thomas Cook集團之前，其包機航空MyTravel Airways在二〇〇一年規模最大時曾操作四十五架客機。另外英國老牌獨立包機航空Monarch Airlines在二〇〇八年底時，機隊擁有三十二架各型客機。而且早在低成本航空風行之前，包機航空公司就已成爲低成本理念的先行者。包機航空公司通常不向乘客售票，也無須面對定期班機的市場競爭，載運的是收益較低的觀光旅客，因此它們一向在客艙內設置最多座位、服務較傳統業者陽春、旺季時飛機幾乎是整天飛行。結果讓它們的單位成本遠低於傳統航空業者。

但是近年來低成本航空的興起，對歐洲包機業者帶來空前的衝擊。尤其低成本航空的目標之一是旅遊市場，因此它們近年以南歐國家爲主要目標之一，「侵入」包機航空公司的傳統地盤。而且如前所述，低成本航空的興起大幅改變消費者旅行模式，使得向旅行社購買套裝行程或參加旅行團的消費者日漸減少，連帶造成包機業務節節衰退。更麻煩的是主要旅遊集團加速整合，「大者恆大」的現象使得分給獨立包機公司的大餅愈來愈小。顯然包機航空公司必須想出對策，否則未來的前景堪虞。就在二○○八年秋天，歐洲兩家主要包機公司——西班牙最大的包機公司Futura與英國第三大包機公司XL Airways——相繼停業，反映出包機航空公司目前面對的艱難挑戰。

對了因應市場的新挑戰，歐洲包機公司已經採取以下策略。如同傳統航空業者的嘗試，包機航空公司這些策略也許不是完美的解決方案，但至少對於突破困境邁出一大步：

一、出售機位

在二○○○年代初期，歐洲的包機公司幾乎仍將全部座位交給旅行業者。但是爲了因應低成本航空開闢愈來愈多旅遊景點航線，包機業者開始在市場上釋出機位，甚至投入定期班機市場。短短數年之內，大部分歐洲包機公司都已採行出售機位策略。以英國Monarch Airlines爲例，該公司至二○○八年底已有六成機位公開出售（Airline Business, 2008f）。

二、成立低成本子公司

由於包機業務陷入衰退，某些歐洲航空公司乾脆成立低成本子公司。例如德國包機公司Hapag-Lloyd公司亦曾在二○○二年成立低成本子公司Hapag-Lloyd Express（HLX，**圖9-3**），兩家公司日後於二○○七年被母公司TUI集團合併爲TUIfly。義大利的包機業者Blue Panorama Airlines則利用旗下的737客機，成立以羅馬爲基地的低成本子公司Blu-Express。

三、退出旅遊包機市場

對於某些中小規模的獨立包機公司而言，與其繼續爭奪日漸縮小的包機生意，不如乾脆退出此一市場。近來最著名的例子是英國的Astraeus Airlines，該公司從二〇〇八年起不再經營包機業務，將業務重點放在濕租市場。

四、與主要航空公司聯盟

對於中小規模的獨立包機公司，另一個可能的策略是與主要航空公司聯盟，成爲集團中的包機供應商。例如瑞士包機航空公司Edelweiss Air已於二〇〇八年初宣布成爲瑞士航空策略夥伴，負責瑞航集團的包機業務。

這些措施說明包機航空公司必須引進新的經營策略，才能克服低成本航空的威脅。至於這些策略能否讓包機航空公司克服挑戰，目前也許還言之過早。但是從包機市場的改變，可以看出低成本航空帶來的影響既深且廣。無論是在任何市場區位的業者，都必須採取對策因應低成本航空的衝擊。

圖9-3　HLX 737-500客機

資料來源：王鼎鈞提供。

第五節　中小型傳統航空公司的對策

除開包機業者之外，受到低成本航空革命最大衝擊的業者是中小型的傳統航空公司。大型航空公司畢竟財力雄厚，而且擁有龐大的長程航線路網，營運範圍還跨入貨運、空廚、地勤代理等領域，中短程航線只是業務的一部分而已，受到低成本航空的衝擊相對較小。但是對中小型的傳統航空公司而言，它們的主要業務通常就是以單走道客機經營中短程航線，只有小規模的長程航線路網，而且財力並不雄厚。低成本航空的出現正中它們的要害，帶來不可忽視的挑戰。

這樣的現象又以歐洲最爲明顯。低成本航空風行的北美洲長期以來就是單一市場，傳統航空公司或區域航空公司都有相當規模，少有中小型的航空業者存在。但是越過大西洋來到歐洲，目前仍有不少中小型的傳統航空公司。原因是儘管歐洲名義上是單一航空市場，但每個國家都有自己的航空公司。出於情感因素，這些中

小型國家——例如葡萄牙、波蘭、愛爾蘭、匈牙利——都希望保有自己的航空公司。但是低成本航空正在迅速跨越國界，甚至在它們的領土上設立基地，以更低成本與票價飛航歐洲各城市航線。在長程航線上，這些中小航空公司的小規模航線網路則要面對大型航空公司的競爭。在這種情況下，中小型傳統航空公司要如何找到生存利基呢？

爲了克服這樣的挑戰，歐洲各中小型航空公司近年來紛紛效法低成本航空，改變它們的票價規則與成本結構。除了加強公司競爭力之外，它們還採取了數種重大對策，包括：

一、定位為服務商務旅客的區域航空公司

爲了和低成本航空做出市場區別，不少中小型傳統航空公司將目標瞄準商務旅客市場，提供商務艙和貴賓室服務，並且以頻繁班次飛航商業中心，爭取高收益的旅客。最好的例子像是盧森堡的Luxair以及比利時的VLM Airline（二〇〇八年由法航集團收購），就是專門飛航商業城市的中小型航空公司。

二、轉型為低成本航空

如同第一章所述之愛爾蘭Aer Lingus的例子，眼見傳統經營模式已經無法和低成本航空競爭，有些中小型傳統航空公司的應對之道是大幅轉型，加入低成本航空的行列。但是這種策略可能需要裁員與減薪，不見得能被所有航空公司採用。

三、加入聯盟尋求客源

對於這些中小型航空公司，光憑單打獨鬥恐怕難以和主要低成本航空對抗，尤其歐洲的三大低成本航空都是擁有上百架飛機的大型航空公司。因此有些中型傳統航空公司已加入主要聯盟，擔任聯盟在區域內的夥伴，憑藉聯盟的力量帶來客源。例如天合聯盟之中的捷克航空（CSA）、寰宇一家之中的匈牙利航空（Malev）；甚至星空聯盟的三家「區域夥伴」全是歐洲航空公司：克羅埃西亞航空、斯洛凡尼亞的Adria Airways，以及北歐航空（SAS）的芬蘭子公司Blue 1。

面對低成本航空帶來的壓力，歐洲的例子是中小型傳統航空公司必須積極採取行動。至於這些措施多有效，還需要更多時間證明。但是隨著低成本航空跨出歐洲，在世界其他市場之中立足，更多中小型傳統航空公司會感受到嚴峻的競爭挑戰。這些業者應該如何因應新局，將是未來空運產業值得觀察的重點之一。

以下是兩個中型歐洲傳統航空公司的因應之道。它們的例子顯示面對低成本航空挑戰，傳統航空業者必須大刀闊斧改變經營方式，才能找到長期發展的利基。

1. **拉脫維亞airBaltic——轉型爲低成本航空**：除開愛爾蘭的Aer Lingus之外，另一個成功轉型低成本航空的例子是拉脫維亞的airBaltic（**圖9-4**）。這家公司原爲拉脫維亞政府（52.6%）與北歐航空（47.2%）共同持有，是拉脫維亞的國家航空公司。自二〇〇四年起，該公司決定採取行動，改變票價結構、進行組織瘦身、重整航線網路，將自己變身成低成本

圖9-4　airBaltic福克50客機

資料來源：王鼎鈞提供。

航空。值得一提的是，airBaltic採取這些行動時，外籍低成本航空尚未進入拉脫維亞。但是考量到波羅的海三小國經濟飛快成長，外籍低成本航空到來只是時間早晚的問題，該公司於是決定未雨綢繆採取行動。根據airBaltic資深副總裁Günther Sollinger表示，受益於拉脫維亞的低人力成本，airBaltic轉型之後的單位成本甚至低於Ryanair。拉國政府一向不插手公司營運，當時亦完全信任管理團隊決定，接受讓國家航空公司變成低成本航空。果不其然，Ryanair和easyJet在二〇〇五年陸續開始飛航拉脫維亞首都里加。在二〇〇九年初，Ryanair已從里加飛航十三個歐洲城市。面對全歐洲最「強悍」的競爭對手，若是當年airBaltic沒有積極轉型，必定會蒙受重傷。

經過轉型之後，airBaltic近年來穩定發展且持續獲利，甚至在鄰國立陶宛首府維爾紐斯成立基地，使得立陶宛國營的flyLAL航空在二〇〇九年一月停業。airBaltic旗下機隊在二〇〇九年初共有十八架單走道客機和六架渦輪螺旋槳客機，成爲波羅的海三小國規模最大的航空公司。該公司管理階層已在二〇〇八年底集資買下北歐航空全部持股，顯示對該公司的前景充滿信心。

2.**捷克航空——爲商務旅客改造航線網路，建立虛擬低成本品牌**：捷克航空是另一個遭到低成本航空重擊的例子。其主要基地布拉格一向是歐洲旅遊勝地，自然難逃低成本航空的入侵。而且捷克在二〇〇四年加入歐盟之後，更多其他國家的低成本航空進入捷克市場，使得捷克航空在二〇〇五年已經處於破產邊緣。

捷克航空自二〇〇六年起開始重整計劃。這些措施包括大幅改造銷售通路與票價結構，以及大力裁減成本。此外，捷克航空調整其航線路網與班機安排，將主要目標放在商務旅客之上，增加前往商業大城的班機頻率，並且推出更多前往東歐與中亞的班機。至於長程航線網路則全部放棄，只留下紐約和多倫多兩地，原本使用在長程航線上的廣體客機則作爲包機業務使用。

除了吸引高收益的商務旅客之外，捷克航空另外以虛擬低成本品牌對抗低成本航空。捷克航空在二〇〇七年推出低成本品牌Click4Sky，在該品牌網站上出售班機多餘座位。這些座位不分日期以固定價格出售，例如英國到布拉格單程機票全爲45英鎊，德國到布拉格單程機票全爲59歐元。這些機票搭乘的是捷克航空班機，因此乘客享有免費行李託運與機上服務，但是捷克航空不負責轉機安排，也不允許累積哩程。這種策略讓捷克航空在不影響核心業務和成本之下，出售多餘座位與增加營收。

經過徹底重整之後，捷克航空已經在競爭激烈的歐洲市場站穩腳步，並且近年來開始獲利。捷克政府則在二〇〇九年初

開始招標，準備出售手上91%的捷克航空股份，爲這家公司找到更有力的策略夥伴。

第六節　長程低成本航空的可行性

長期以來，新興低成本航空的經營模式大都是操作單走道噴射客機，飛航航程三小時以下的航線，因此它們主要是在區域內市場營運，並在歐美和東南亞形成不可忽視的力量。這套營運模式已在中短程航線市場大獲成功，至於低成本航空能否在長程航線上實現，就成了低成本航空產業最受關注的問題之一。

這個問題之所以如此受到注意，一方面是航空業界對於低成本航空模式能不能運用在長程航線上尚有爭論；另一方面，假如低成本航空眞的能在長程航線上出現，並且獲得和中短航線一樣的成功，將對全球空運市場帶來革命性的變化，並且對傳統航空業者帶來重大衝擊。因此長程低成本航空的發展廣受業界注目。

以今日而論，儘管低成本航空已在世界各地大行其道，目前長程低成本航空仍在起步階段而已。在討論長程低成本航空的市場現況之前，必須先說明低成本航空營運模式應用在長程航線上的可行性、機會與限制。

如第三章所述，低成本航空的營運模式在中短程航線上帶來許多優勢，包括每日飛航更多班次、使用次級機場、縮短飛機在地面停留時間等等。這些有的理論上可以「移植」到長程航線上，這也讓許多人對長程低成本航空充滿期待。和傳統航空公司相比，長程低成本航空的優勢包括：

1.**不需與其他業者聯運**：對傳統業者而言，長程航線班機往往

會有一部分旅客的前段或後段搭乘別家公司班機。這樣做的主要目的是吸收來往更多目的地的乘客搭乘。但在低成本航空營運模式下，長程班機不會和其他航空公司聯運，免除處理行李、機票拆帳、班機銜接延誤等問題與成本。

2.**不提供轉機服務**：除開與別家航空公司聯運之外，傳統航空公司的長程航線乘客通常有一部分自己公司的轉機乘客，這也是傳統航線網路業者的特點之一。至於低成本航空只提供點對點服務，即使是在本公司班機之間，也不提供轉機服務，目的同樣是避免轉機相關的問題與成本。

3.**以網站為主要售票通路**：大部分傳統航空公司的主要售票通路仍爲旅行社。但是低成本航空一向以網站售票，而且它們不經營轉機或聯運，簡單的行程規劃便於消費者在網站購票。這項利基同樣可以在長程航線上發揮。

4.**班機時間不需配合轉機需要**：傳統航空公司設有轉機中心，安排班機時間必須考量轉機業務的需要。然而低成本航空業者不經營轉機業務，因此不需考量這項因素，有助於提升飛機的使用率。

5.**有更多非票價收入機會**：如前所述，低成本航空一直在試圖開拓非機票收入商機。但是對短途乘客而言，他們可以憑藉精打細算與「忍耐」避開許多收費項目，例如在一或兩個小時的航程中，許多人不會花錢購買機上餐飲、短途旅客需要託運的行李量較少、行前選位也不見得非常重要。但是對長途班機乘客而言，許多收費項目的必要性將大幅提高。他們會比較願意花費購買餐飲、託運行李，還有希望事先選定喜好的座位。此外，機上娛樂系統或上網服務也會對長程班機乘客擁有更大的吸引力。和現有的低成本航空相比，長程低成本航空在這方面的獲利潛力將會高出一籌。

綜合以上各點，將低成本航空模式應用到長程航線上似乎是個值得考慮的主意。由於低成本航空不處理轉機與聯運，低成本航空的定位就是點對點市場——至少點對點乘客會占相當比例，而且能以更低成本與票價，吸引和開拓市場底層的客源，例如學生、背包客、藍領階級、手頭不寬裕的退休人士與年輕員工等等。這點和中短程低成本航空的策略如出一轍。

不過低成本模式早已問世多年，長程低成本航空直到現在仍處於起步階段，代表這樣的策略應用到長程航線上，可能會面臨一些重大限制。這些長程業者面對的挑戰包括：

1.**飛機地面準備工作難以簡化**：在中短程航線上，低成本航空班機的利基之一是縮短飛機在地面停留時間，延長飛機每日營運時數。但是這樣的優勢在長程航線上較難發揮，因爲低成本航空班機同樣需要清理機艙、送上餐飲、更換組員等步驟。所以長程低成本航空恐怕難以在這方面贏過傳統航空公司。

2.**人員須在外站過夜**：一般而言，低成本航空的組員都不在外站停留，每日飛機都會回到基地過夜，免去組員住宿費用。但是在長程航線上，低成本航空無法避免這項成本，必須和傳統航空公司一樣讓組員在外站過夜。

3.**不易增加飛機每日使用率**：由於長程航線可以跨夜飛行，不像中短程航線受限於夜間無人搭機，傳統業者的長程飛機每日飛航時數都遠高於單走道飛機。長程低成本航空在這方面也不容易取得優勢。

4.**有限的目標市場**：傳統業者擁有多艙等服務與航線網路，可以在一架飛機上容納來自不同城市、前往不同目的地的不同等級乘客。但是低成本航空的長程航線是以點對點市場爲主要目標，較難吸引其他城市旅客幫助填滿座位。而且低成本航空的簡化服務難以吸引高收益的商務旅客，營收主要仰賴經濟艙旅客。這樣有限的目標市場——專營特定點對點經濟艙乘客——會爲長程低成本航空帶來更大風險。

5.**次級機場造成問題**：次級機場一向是低成本航空的重要策略。中短程旅客通常較願意忍受次要機場的不便，但是對長程旅客而言，次級機場會是一個更大的負面考量。考量到長途飛行的疲累，如果上機前或下機後還要花費相當時間在地面交通上，可能會讓不少乘客打退堂鼓。

6.**乘客能否接受長途低成本服務**：對於想要跨入長程市場的低成本航空，這恐怕是它們要面臨的最大考驗之一。低成本航空向以服務簡化出名，中短程旅客也許可以抱著「忍耐一下就好」的態度，接受沒有免費餐飲、次級機場、較窄椅距、沒有機上娛樂系統等不便。但是這樣的陽春服務搬到長程班機上，會不會被長程旅客接受呢？或者他們會寧願繼續花錢搭乘傳統航空班機？對於想要進入此一市場的業者，如何設計出兼顧乘客接受度和創造最大營收的產品，將是一項重大挑戰。

由以上討論可知，要將低成本航空經營模式帶入長程市場，固然不是沒有機會，但是挑戰程度也不低。這也是爲什麼儘管低成本航空已出現多年，眞正的長程低成本航空還在起步階段。

目前在長程市場中，最出名的低成本航空業者包括已於二〇〇八年四月結束營業的香港甘泉航空，以及於同一年開始營業的馬來西亞AirAsia X。澳洲Qantas的子公司Jetstar則已引進A330客機飛航中長程航線。此外，歐洲的Ryanair一直表示有意跨入長程市場，Air Berlin則在入股包機航空公司LTU之後，正式跨入長程市場。下一節將以AirAsia X爲例，說明該公司如何將低成本航空模式應用在長程班機上。

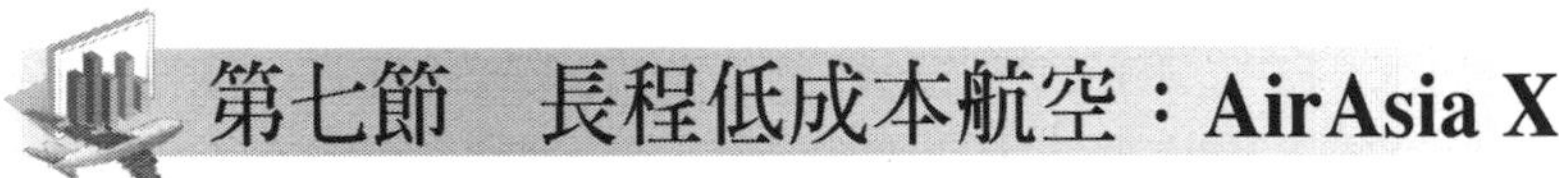

第七節　長程低成本航空：AirAsia X

AirAsia X是馬來西亞AirAsia的關係企業，成立目的是以廣體客機經營中長程航線。該公司是由AirAsia集團執行長Tony Fernandes和其他主管在二○○六年投資成立，起先以FAX（FlyAsianXpress）爲名，經營馬來西亞的螺旋槳客機航線，塡補馬來西亞航空退出後的空缺。不過FAX經營並不順利，於是在二○○七年八月將全部航線與飛機交給新成立的馬航子公司MASWings，接受政府補貼經營這些次要航線。FAX則保留營運執照，自二○○七年起轉型爲AirAsia的長程航線關係企業，並獲得數家大型財團（包括英國維珍集團和日本ORIX）投資，公司名稱則更名爲AirAsia X。這家公司的營運雖然獨立於AirAsia之外，而且操作完全不同的機隊，但仍然使用AirAsia的網站售票平台、企業識別與制服。

AirAsia X在二○○七年十一月開始飛航長程航線，以一架租賃的A330-300客機飛航吉隆坡─澳洲黃金海岸航線，所有班次都使用吉隆坡國際機場的低成本航空航站。在機隊方面，AirAsia X在二○○七年與二○○八年陸續向空中巴士訂購A330-300，確認訂單總數達二十五架。至二○○八年底，空中巴士已交付兩架A330，讓AirAsia X機隊總數達到三架。

除開黃金海岸之外，AirAsia X的第二個目的地是中國杭州。隨著A330開始交機，AirAsia X已在二○○八年陸續開航澳洲墨爾本和柏斯航線，並且宣布自二○○九年三月起飛航倫敦Stansted機場，下一個目的地是中國天津，接著在二○○九年七月開航台北。不過A330航程無法載客從吉隆坡來回倫敦，因此這條航線會使用租賃的空中巴士A340-300飛航。至於選擇倫敦Stansted機場，最重要的原因除了起降費用較便宜之外，還有Stansted是歐洲低成本航空重鎮，便於想要轉機的乘客利用。

在飛機客艙方面，低成本航空的載客人數一向高於傳統航空公司，AirAsia X亦不例外。該公司購買的A330-300設有28個"Premium XL"座位（豪華經濟艙）和355個經濟艙座位，總共可載383名乘客。相較之下，華航的同型客機載客量爲307人或313人。至於座位總數的不同，一般航空公司的A330經濟艙每排是8個座位（2-4-2），但AirAsia X卻是每排9個座位（3-3-3）。這種安排難免會讓座位寬度較爲狹窄，但是對引用低成本航空模式的AirAsia X而言，這是在降低票價的同時維持營收的必要手段。不過AirAsia X並不是首先在A330上使用每排9個座位設計的航空公司，一些歐洲包機航空公司才是這種高運量配置的「始作俑者」。至於該公司租賃的A330與A340仍維持2-4-2的經濟艙配置。

至於AirAsia X在長程航線如何收費，以下以馬來西亞吉隆坡—英國倫敦航班爲例說明：

AirAsia X馬來西亞吉隆坡至英國倫敦Stansted機場單程機票

（二○○九年一月十七日查詢二○○九年四月二十五日D7 2006班機，匯率爲查詢日匯率）

- 機票：馬幣809元（新台幣7,561元）
- 稅金：馬幣67元
- 含稅票價：馬幣876元（新台幣8,187元）
- 一件託運行李（15公斤）：馬幣20元
  （20公斤）：馬幣55元

· 兩份餐點：共計馬幣38元（每份含礦泉水一瓶）
· 座位選擇費：一般座位馬幣25元
機門口座位馬幣100元
· 過夜包：馬幣25元

由以上範例顯示，非機票收入的確可爲長程低成本航空帶來不少營收機會。如前所述，長程班機旅客通常都會攜帶託運行李，不太可能在機上不吃不喝，而且許多人希望能夠坐在自己喜好的座位，這些都是低成本航空的商機。而且以上數字還沒有計入機上販賣，以及使用機場娛樂系統帶來的收入。在AirAsia X的例子中，每位乘客都可能爲航空公司帶來馬幣50元以上的非機票收入。雖然最近在長程航線上，已有傳統航空公司嘗試引進座位選擇費的例子，但它們在這方面開創營收的能力還是遠低於低成本航空。

此外，之前提過低成本航空通常不負責乘客轉機。想要利用低成本航空班機轉機的乘客，必須自行購買前後段機票，在轉機地點還要再次辦理報到，而且必須自負前段班機延誤的風險。但是AirAsia X開始營運之後，發現在來往黃金海岸的乘客中，有八成自行在AirAsia的短程班機上訂位，轉往其他目的地（Air Transport Intelligence, 2008a）。這點似乎指出：對長程低成本航空而言，爲旅客提供前往其他目的地的選擇是營運成功關鍵之一——儘管航空公司可以不碰轉機業務；此外，這些低成本航空乘客的規劃行程能力更是讓人印象深刻。

因此在評論香港甘泉航空的失敗時，AirAsia集團執行長Tony Fernandes指出：「AirAsia和甘泉航空最大的不同是甘泉航空沒有連結航線。我們擁有一座龐大的轉機中心，以及已經建立名聲的品牌。另外和甘泉航空不同的是，我們對自己的營運模式信奉不渝——這家公司是吃了類固醇的AirAsia。」AirAsia X的執行長Aznan

Osman-Rani也指出，該公司的營運優勢是能夠在完全不牽涉複雜的轉機問題下，將機票賣給前往多個目的地的乘客。因此該公司能夠獲得短程班機挹注乘客，卻不須負擔經營轉機中心的成本（Air Transport Intelligence, 2008b）。

和傳統航空業者相比，AirAsia X的低成本模式將許多「責任」交給乘客，讓乘客決定用餐、託運行李、轉機等選項，自己只維持最簡化的營運方式。這似乎是一個兼顧成本、機票營收、非票價收入、客源等面向的策略。尤其AirAsia X已經證明，許多乘客能夠自行安排轉機行程，利用低成本航空前往不同目的地，這對傳統航空公司和旅行業者更是一大警訊。在近年來面臨營運成本上漲和經濟衰退挑戰的空運業中，AirAsia X可謂一個發人省思的新嘗試。至於這樣的策略能否在長程航線市場打出一片天，吸引大量想要以更低代價遠行的旅客，並且突破長程航線營運的既有框架，將是未來數年空運業的焦點之一。如果這樣的模式眞的成功，無疑將對全球空運業發展帶來深遠的影響。

第十章 亞太地區的低成本航空

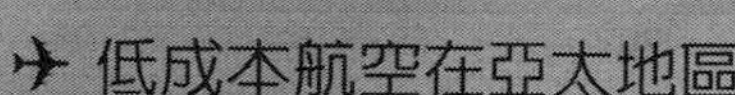

- 低成本航空在亞太地區
- 低成本航空在中國
- 低成本航空在日本
- 低成本航空在印度
- 低成本航空在台灣
- 低成本航空在澳門
- 未來亞洲空運市場展望

第一節　低成本航空在亞太地區

隨著亞太地區許多國家的經濟正在快速成長，新興中產階級帶來強勁的商務與觀光旅行需求，爲低成本航空創造龐大潛在商機。第二章已簡介過低成本航空在亞太地區的發展概況，本章將詳細分析低成本航空在亞太各地市場的發展、遭遇的困難與成功，以及低成本航空在亞太空運市場的展望，探討未來亞太地區空運事業的可能變化。

一、發展限制

就低成本航空而言，亞太地區算是較晚出現的新興市場。第一家引進西方經營模式的低成本航空AirAsia是在二〇〇一年成立，至今尚不滿十年。在這段時間中，業界對低成本航空在亞太地區的前景多所爭論，但低成本航空的立足似乎已成定局。

過去這些年，其實並不乏「唱衰」亞洲低成本航空的聲音。這些論點主要係基於以下幾點：

(一)亞洲地區缺乏次級機場

如第三章所述，歐美國家由於擁有悠久的商務與通用航空事業，因此各地廣設機場，加上冷戰結束後關閉不少空軍基地，提供了許多次級機場選擇。但是在亞太地區各國，各大城市很少有次級機場可供低成本航空使用，少數可以歸類爲次級機場的包括馬來西亞的新山（新加坡）和菲律賓的克拉克（馬尼拉），但這樣的機場終究是少數。這對低成本航空的營運方式是一大阻礙。

(二)市場不自由

市場自由化是低成本航空發展的重要助力，因此低成本航空在「大陸型」單一市場如北美和歐洲最為興盛。但是環顧亞太地區，各國航空市場的開放還有漫漫長路。除了區域市場尚受各國航約限制之外，擁有大型國內市場的國家如日本和中國也是障礙重重。這些使得低成本航空難有發揮空間。

(三)引進新服務模式的挑戰

論者認為亞太地區民眾已習慣傳統航空公司服務，低成本航空的服務陽春，對消費者吸引力有限。我國前民航局長亦曾公開表示此點看法（中國時報，2007）。此外某些亞太國家網路普及率不高，對於低成本航空的網路售票帶來挑戰。

這些問題對低成本航空在亞太地區的發展，的確帶來不少限制。因此目前低成本航空主要集中在東南亞地區。至於東北亞地區，只有韓國正在開始出現低成本航空業者，目前市場仍處於發展階段。

二、主要的低成本航空公司

雖然有以上這些困難，但是成功的低成本航空已在東南亞和東北亞建立據點。關於亞太地區的低成本航空業者名單，請參考第二章的**表2-10**。由該表可見，亞太地區的低成本航空目前仍集中在東南亞。除了已在第八章介紹過的AirAsia之外，目前其他規模最大的業者簡介如下：

(一)新加坡Jetstar

該公司是澳洲航空與新加坡夥伴合資成立的公司，原名爲Jetstar Asia，日後澳洲航空將之與本土低成本品牌Jetstar整合爲一。新加坡的Jetstar自成立之後發展迅速，至二〇〇八年底操作七架A320客機（包含二架Valuair飛機），飛航新加坡至九個國家的十七個城市。新加坡一度有四家航空公司以單走道客機經營區域航線，出現市場過分擁擠的問題。因此Jetstar已於二〇〇六年收購另一家低成本業者Valuair。

(二)新加坡Tiger Airways

隨著低成本航空在新加坡與鄰近國家市場立足，新加坡航空也決定加入戰局，在二〇〇三年成立自己的低成本航空Tiger Airways。這家公司是不折不扣的低成本航空，完全遵照低成本航空守則營運。該公司在二〇〇八年底時操作九架A320客機，自新加坡飛航八個國家的十六個城市，並在二〇〇七年底將A320家族客機訂單增加至七十架。值得一提的是，Tiger Airways也在別的國家尋求合作對象，以克服區域航權的障礙。該公司已在菲律賓與當地航空公司Seair達成合作協議，並曾計劃在韓國與仁川市政府合資成立仁川虎航。Tiger Airways更在二〇〇七年進入澳洲國內市場，成立Tiger Airways Australia（澳洲允許外資過半的本國註冊航空公司飛航國內航線），以外籍航空公司身分進軍廣大的澳洲市場。

(三)菲律賓Cebu Pacific

Cebu Pacific（見**圖10-1**）成立於一九九六年，近年來積極轉型爲低成本航空，以全新空中巴士客機取代原有的老舊DC-9客機。該公司爲菲國華僑富商吳奕輝家族事業之一，機隊包括十九

圖10-1　菲律賓Cebu Pacific的空中巴士A319客機

資料來源：王鼎鈞提供。

架A319／A320和六架ATR72螺旋槳客機，飛航二十八個國內航點與位在八個國家的十五個外國城市（二〇〇八年十二月數據）。Cebu Pacific是菲律賓國內市場占有率最高的航空公司，營運模式大都襲自西方低成本航空，例如該公司目前也對網站選位收費、不託運行李旅客則可以減收票價。目前該公司仍在繼續成長之中；而且與東南亞其他公司相較，位於菲律賓的Cebu Pacific擁有更佳地理位置，可以輕易涵蓋東南亞與中國大陸、日本等各個市場。憑藉菲國國內的龐大市場、大量本國勞工出入境需求，以及發達的旅遊事業，Cebu Pacific是亞太低成本航空市場最具潛力的公司之一。該公司載客數在二〇〇八年成長23%達到670萬人次，並且預計在經濟危機中的二〇〇九年再成長四成（Cebu Pacific, 2009）。

從以上這些例子，我們可以看到低成本航空在亞太地區確實充滿機會。尤其近年來東南亞各國經濟快速成長，新興的中產階級帶來可觀的旅行需求。而且菲律賓和馬來西亞的各島距離遙遠，因此擁有龐大的國內市場，滿足低成本航空立足的需要。值得注意的是，目前低成本航空已跨出傳統的東南亞市場，一步步向北擴展版圖，不但將航線擴大到中國或日本，甚至在越南、韓國都出現低成本航空，幾乎已將台灣包圍起來。

三、亞太地區低成本航空如何克服限制

(一) 航權

在東南亞低成本航空的發展過程中，航權問題始終是一大挑戰。不過它們得以克服的原因有兩個，一是新加坡與馬來西亞等國近年來積極擴展航權，讓航空業者（包括低成本航空）擁有更大空間。二是強大的低成本航空紛紛在其他國家成立子公司，克服航權不足的限制。

目前來看，東南亞的航權問題將會朝向自由化大步邁進。東南亞國協國家已在二○○八年底落實會員國首都間的天空開放，二○一○年底則會實現首都間的客運第五航權，終極目標是在二○一五年成爲單一航空市場，讓東協十國的航空市場成爲歐洲的翻版。如果這項目標眞能實現，屆時東南亞的空運市場必定會有完全不同的面貌。

(二)服務接受度

至於之前提到的消費者「不習慣」低成本航空服務問題，以上幾家主要低成本航空的不斷開疆拓土，而且從國民所得最高的新加坡、國民所得居中的馬來西亞到國民所得偏低的菲律賓，都已陸續成爲低成本航空的重要據點。這證明歐美的低成本航空模式可以運用在亞太地區，而且擁有不錯的消費者接受度。至於網路普及率居亞洲前茅、社會一向善於接受創意與新服務的台灣而言，引進低成本航空似乎不會是太大的挑戰。

(三)次級機場

關於缺乏次級機場的問題，的確是低成本航空發展的阻礙之一。然而在低成本航空最重要據點——新加坡和馬來西亞，官方都採取獨特的作法，就是在國際機場興建低成本航空專用的簡易航站。這些航站設施不如傳統航站豪華，也不設置空橋，專爲低成本航空營運設計。這使得吉隆坡和新加坡成爲亞洲低成本航空的重鎮，鞏固它們在區域空運業的核心地位。而且考量到低成本航空一向對吸引觀光客貢獻卓著，這兩國政府的作法不但有利低成本航空，更對本國觀光業是一大利多。不過對於像AirAsia這樣快速擴張的業者而言，國營馬來西亞機場公司擴建低成本航站步伐仍然過慢。AirAsia乾脆採取「釜底抽薪」之計，於二〇〇八年底宣布在吉隆坡國際機場附近興建自己的機場。這座新機場造價約須3億6500萬美元，預定在二〇一一年完工啓用。這說明儘管東南亞的營運環境不盡理想，航空業者仍有辦法走出自己的一片天。

另外値得一提的是，由於亞太地區缺乏次要機場，迫使許多低成本航空飛航主要城市的主要機場，這種狀況對傳統航空公司帶來更大壓力。在歐美等地，許多低成本航空飛航次級機場，使得它們的客源和傳統航空公司有所區隔，但這種區隔在亞太地區較不容易發生。由於這種情況在近期內很難有太大改變，面對低成本航空競爭的傳統航空公司勢必更要「上緊發條」備戰。

(四)其他挑戰

但是如果以爲低成本航空會在亞太地區如雨後春筍出現，則可能期待過高。就目前市場中的低成本航空而言，它們幾乎每家都有非常「強硬」的後台支持，而且都建立在成長市場之中。憑著有力的股東，這些公司才能擁有足夠資本、並且在獲得金融業的信心提供融資，克服同業競爭、油價飛漲、經濟不景氣等嚴峻挑戰。除

開這些擁有強力支持的低成本航空，出現在亞太地區的新興業者數目其實不多。

此外，低成本航空也在某些亞洲國家踢到鐵板。最新的例子是韓國；新加坡Tiger Airways決定與仁川市政府合資成立仁川虎航之後，韓國本土業者無不對擁有如此強大背景的競爭者心存芥蒂，於是遊說韓國政府在二〇〇八年立下新規定：任何新成立航空公司必須飛滿國內線兩年之後，才能獲得國際航權。但是韓國國內市場近年來受到高速鐵路衝擊，完全經營國內線利潤不高，因此這項條款目的顯然就是要逼走外國業者。經過多月努力之後，Tiger Airways仍然無法說服韓國政府改變心意，終於在二〇〇八年底宣布放棄成立韓國子公司的計劃。

另一個例子是印尼。這個國家擁有龐大人口數目，而且國土是由分布範圍廣大的海島組成，因此擁有規模可觀的國內市場。然而印尼國內航線票價水準過低，加上國內線競爭者數目眾多（見**圖10-2**），過去許多公司都以便宜的老舊飛機削價競逐乘客，使得眞正的低成本航空經營模式在此難以發揮。目前只有AirAsia入股AWAIR成立AirAsia Indonesia，少數印尼航空業者如Lion Air和Mandala Airlines則在引進新飛機和改進經營模式。另一個利多是印尼近年來飛安意外頻傳，政府已經著手整頓國內市場的亂象。但是受限於市場條件，西方式的低成本航空短期內恐怕不易在印尼成長茁壯。

儘管有這些阻礙，低成本航空已證明在東南亞大有可爲。至於低成本航空在亞洲其他地區的發展，將從下節開始介紹。

圖10-2　印尼國內航空公司Bouraq Airlines 737-200客機

資料來源：王鼎鈞提供。

第二節　低成本航空在中國

除了美國與歐洲之外，中國是世界最大的單一航空市場，其成長潛力之大，在世界上更無其他國家能出其右。中國曾在本世紀初批准民營航空公司成立，當時曾是全球航空業的焦點，許多外商對投入中國市場更是躍躍欲試。經過數年發展之後，這些經驗爲低成本航空在中國前景帶來許多值得深思的地方。

中國政府是在二〇〇四年批准第一批民營航空公司成立，最初成立的客運公司爲奧凱、鷹聯和春秋三家。日後獲得批准並開始營運的民營客運航空公司，還有東星、吉祥和華夏等三家公司，此外尚有多家業者提出申請但未獲批准。除了華夏航空操作區間噴射客機，以貴州爲基地經營載客量較少的次要航線之外，其他五家公司都使用單走道的737或A320噴射客機。之後中國官方的政策再度轉變，停止批准民營航空公司的成立。只有以較偏遠城市爲基地，

或者經營區域航線（中國稱爲「支線航線」），並且擁有主要航空公司投資的新公司，才有可能獲官方許可成立。

至於這些新成立民營航空公司的現況如何呢？在五家民營航空公司之中（華夏航空除外），奧凱航空曾在二〇〇八年十二月暫停服務，前景並不樂觀；鷹聯航空亦多次傳出財務不穩的消息，於二〇〇九年爲四川航空入主。武漢的東星航空已於二〇〇九年初停業。只有設於上海的春秋航空和吉祥航空發展較爲穩定。不過到二〇〇八年，底春秋和吉祥機隊規模都是十架。相對於機隊動輒數百架的三大國營航空集團，民營公司在國內市場之中只是滄海一粟而已。

能夠在充滿挑戰的中國國內市場立足，這兩家民營公司當然都擁有強力後台。春秋航空是中國主要旅遊集團春秋國旅的旗下事業。吉祥航空則屬於上海均瑤集團，該集團業務橫跨食品、旅遊、零售超市等領域。值得注意的是，到目前爲止，只有春秋航空宣稱採取低成本路線，其他民營航空公司都維持傳統經營模式。這點反映出低成本航空營運模式要在中國發揚光大，似乎是件非常不容易的事。

由此可見，新成立的民營航空在中國顯然仍有許多問題，使得一度讓各方充滿期待的民營航空，近年來發展困難重重。這也爲低成本營運模式能否在中國實現打上一個問號。

民營航空在中國最根本的困難之一，就是中國國內市場仍是一個高度管制的環境。對於需要自由市場才能發展的低成本航空而言，中國還是一個充滿挑戰的國度。這些民營航空公司在中國市場面對的主要挑戰如下：

(一)固定的成本結構

中國市場中的成本結構與其他國家市場頗不相同。就成本結構而言，燃油、維修、飛機租購與折舊、航路、機場起降與地勤等費用，占中國航空公司成本的七到八成，但這些成本在美國低成本航空之中只占不到一半。尤其在中國，燃油費用偏高和人事費用偏低的現象最爲明顯。由於中國航空公司在機場、航材進口供應、燃油等方面都受限單一來源，使得航空公司難以在成本上有所差異，而且這些項目價格在中國一向偏高。至於人事成本在許多航空公司總成本占有比例只有一成，航空業者較難在這方面顯著降低花費。考量成本結構難以改變，想要運用低成本模式贏得優勢是件充滿挑戰的任務。

(二)新成立航空公司難以打進主要市場

中國國內航線分配受到官方管制。儘管近年來次要航線開始鬆綁，但民營航空公司想在主要航線上占有一席之地仍然頗不容易，更別提要以足夠班次和主要航空公司競爭。因此難以獲得理想航線與班次數目，一直是各民營航空公司一致的問題。

(三)專業人才缺乏

中國民航市場近年來快速成長，使得飛行與維修人員人力供應出現不足，民營公司在人才爭奪之中勢單力薄。此外，中國的飛行員受航空公司培訓時簽訂的是終身合約，當初國內幾乎沒有「自由之身」的飛行員可供僱用，公營航空公司也不會輕易放人培植競爭者。新成立航空公司只好協助這些飛行員向原公司支付高額違約金，甚至僱用昂貴的外籍飛行員。這些都造成民營航空發展與成本的負擔。所幸近年來中國各民航學校逐漸擴充訓練能量，加上經濟衰退讓公營航空公司立場改變，使得專業人才問題稍有緩解。

(四)不公平競爭

公營的航空公司擁有政府補助。新成立的民營航空公司則必

須全靠自己。而且市場對民營航空公司還抱持觀望，使得它們在尋求銀行支持時困難更多。

儘管如此，中國唯一的低成本航空、設於上海的春秋航空仍摩拳擦掌，準備在市場中攻下一席之地。儘管目前面對經濟大環境的挑戰，春秋航空執行副總裁李德山表示，該公司仍然計劃維持每年35%成長率，在二〇一五年將機隊擴張至一百架（香港大公報，2008）。身爲中國市場中最「特立獨行」的航空公司，春秋航空的經營方式頗爲值得一提。這家公司在許多方面仿效外國低成本航空，連口號「讓人人坐得起飛機！」也類似某家東南亞低成本航空。其「99系列特價票」在國內市場頗受矚目。春秋航空班機上只提供一瓶瓶裝水，其他餐飲皆須付費購買。空服員還會在飛行途中推銷多種商品。春秋航空也效法其他低成本航空，推出付費優先登機服務（人民幣30元）。該公司免費託運行李嚴格限重爲15公斤，而且已在二〇〇八年底向中國民航局提出託運行李收費申請。

在中國各航空公司之中，春秋航空是唯一不經由民航售票系統售票的航空公司。該公司機票只在網站和春秋國旅門市出售。也因此春秋航空票價更爲靈活，不必擔心遭到同業抵制。不過該公司利基之一是擁有春秋國旅的旅行團客，帶來六成以上的客源。此外值得一提的是，在春秋航空的一般旅客之中，網路售票比率已近八成，遠遠超越中國其他航空業者（環球旅訊，2008），甚至能與許多外國低成本航空相提並論。這似乎證明假如業者努力推動，網路同樣可在中國成爲主要售票通路。

由以上可知，春秋航空能夠宣稱成爲中國唯一的低成本航空，除了善用某些低成本航空經營模式之外，還要靈活運用許多策略（例如母公司帶來的客源），才能克服中國經營環境的挑戰。尤其在當前不利的大環境下，中國各家航空業者不斷降價吸引乘客，迫使春秋航空只能把票價調得更低，特價機票比例已從過去的10%

增加到二〇〇八年底的40%至50%，以維持載客率目標（第一財經日報，2008）。至於春秋航空能否將低成本航空模式在中國發揚光大，將是許多航空業人士注目的焦點。

如果中國的經濟能夠持續穩定發展，以中國的幅員之廣，空運市場絕對具備龐大商機。在這個十三億人口的龐大國家之中，二〇〇八年的國內線載客量還不到1億8000萬人次，其成長潛力自然可期。而且中國政府將大力擴張機場建設，預計在二〇二〇年將民航機場總數增加到二百四十四座（比二〇〇六年增加九十七座），為更多城市提供空運服務（中國民用航空局，2008）。定位在市場中低價位的低成本航空，將對全國的新興中產階級具有強大吸引力。但是低成本航空的未來，關鍵仍在市場的自由化，讓航空公司能夠擁有更多掌握商機和降低成本的機會。中國政府近年來已經慢慢地朝向這方面發展，無論在航線分配、機場收費、燃油供應方面，都已跨出開放的初步。但是中國政府背負著不能讓市場失序的壓力，短期內只會實行有限的自由化措施。低成本航空的春天要在中國到來，恐怕還要一段不短的時間。

第三節　低成本航空在日本

日本是亞洲最重要的空運市場之一。根據日本國土交通省的統計，日本在二〇〇七年國內線旅客總數達9485萬人次，二〇〇八年上半年總數則有4467萬人次（日本國土交通省，2008）。以同期間載客人數而論，日本是中國國內市場規模的一半，台灣國內市場的十七・五倍。考量到日本的國土大小和人口數，其國內空運市場的繁忙程度沒有其他亞洲國家能出其右。

在一九八六年至二〇〇〇年間，日本逐步採取開放市場的措

施，容許新業者加入營運，並且有限度地釋出主要機場的起降額度。這段期間也有一些新航空公司陸續成立，試圖打破主要航空公司的壟斷。而且日本國內班機票價之高，在亞洲也無其他國家能相提並論。「市場自由化」與「高票價」等條件讓人對低成本航空的出現，以及它們對市場的改變充滿期望。但是經過多年之後，眞正的低成本航空公司並沒有在日本出現，日本國內市場仍然維持被日航和全日空兩大集團壟斷的局面。這段經驗也證明，低成本航空模式並不是在世界各地——尤其是已開發國家——都能「所向無敵」，也不是所有市場都適合低成本航空的發展。

過去大約十年之中，日本新出現的獨立航空業者（使用噴射客機）包括一九九八年開始營運的Skymark和Air Do、二○○二年開始營運的Skynet Asia，以及二○○六年開始營運的Starflyer。但有趣的是，目前只有Skymark仍維持獨立策略，另外三家航空公司都已和全日空共掛班號，仰賴全日空提供客源和其他支援。而且它們全部維持傳統的周全服務模式，並未爲消費者帶來差異化的選擇。即使是機隊最大的Skymark，到二○○八年底也只有十架客機，經營五條國內航線。這和歐美各國市場自由化之後，新成立航空公司迅速發展，徹底改變市場局面的經驗大相逕庭。

至於新成立航空公司在日本遭遇的困難，根據Miyoshi（2007）對日本市場自由化經驗所做的研究，日本市場開放後造成的效果與歐美恰恰相反（見**圖10-3**）。歐洲航空業者在市場開放後追求的是「高生產力產品」（亦即低成本航空），日本航空業者追求的卻是「高收益產品」。造成這樣不同的原因，是日本航空業者面對高昂的成本結構。這些昂貴成本來自：

1.降落費、航管費用、燃料稅。

2.人事費用。

	歐洲航空業者	日本傳統航空業者	新成立業者
營運模式與產品	單一營運模式與產品 單一機隊 簡化服務 單一艙等 高密度座位配置 不劃座位	多機種機隊 全套服務 商務艙與豪華經濟艙 機上劃位	單一機隊 全套服務 商務艙 高密度座位配置 機上劃位
機場服務	次級機場 電子機票報到 不提供轉機服務 無貴賓室	無次級機場 紙本機票報到 行動電話報到 貴賓室	無次級機場 紙本機票報到 不提供轉機服務 無貴賓室 距登機門遙遠
機票相關服務	電子機票 直接售予乘客 無哩程計劃 嚴格no-show罰則	紙本與電子機票並行 傳統消費通路 旅行社售票 機票可退費 多種票價	傳統消費通路 旅行社售票 機票可退費 多種票價

以高生產力降低成本

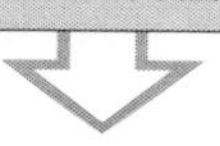

大幅降低票價

其他服務改進：
次級機場帶來更佳準點率
縮短前往和離開登機門步行時間
縮短等待行李時間

市場
需求增加、提高載客率
增加班機頻率

永續有效的競爭和創新市場

高成本產品

票價增加
班機頻率減少
高燃油稅、機場使用費用和保安稅

市場
需求減少、低載客率
減少班機頻率

有限競爭與市場停滯

圖10-3　歐洲和日本市場自由化的演變比較

資料來源：Miyoshi (2007).

3.日本民航局只認證少數訓練和維修供應商，使得業者缺乏選擇。

Miyoshi指出，日本之所以無法在自由化之後出現競爭，最大的問題是機場建設預算有六成以上來自降落費、航管費用和燃料稅（二○○四年數字）。政府一直不曾改變預算政策，使得航空公司必須將這些費用轉嫁至消費者。新成立的業者始終無法克服高成本問題，只好專注追求高收益市場。這樣票價自然無法下降，連帶使得需求無法提高。既然乘客數目沒有成長，政府只好繼續維持高昂收費機制，才能支付龐大的機場建設費用。這樣的循環多年來一直無法打破，結果就是日本近年來始終維持兩大集團壟斷的局面，無法讓新的航空公司帶來更多競爭。

就成本而論，即使是新成立的Skynet Asia航空（見**圖10-4**），其二○○四年的可售座位公里成本仍達8.3美分，Air Do更高達13美分；相較之下，全日空為10.6美分、Ryanair為4.3美分、AirAsia為2.5美分。在這樣高的成本之下，新成立的日本業者很難執行靈活的票價策略。而且對航空業者來說，另一個挑戰是日本擁有全球最完善的高速鐵路系統之一。如果想要和高速鐵路競爭，如此高的成本會讓航空公司處於非常不利的地位。與其追求收益較低的市場，航空公司寧願專注於收益較高的航線與產品，所以提供陽春化服務的低成本航空難以在日本出現。如果再考量日本缺乏次級機場，主要城市機場都有起降額度不足的問題，新成立業者能夠發揮的空間恐怕非常有限。

值得一提的是，日航與全日空都成立了專營國內線、成本較低的子公司，分別是JAL Express與Air Next。它們並不算是眞正的低成本航空，因為它們提供的服務、飛航航線與營運方式與母公司並無顯著不同。它們降低部分成本的方法，是以僱用另一批年資和

圖10-4　Skynet Asia Airways（SNA）的737-400客機

資料來源：王鼎鈞提供。

薪水較低的員工，減少人事方面支出，此外它們可以運用母公司提供的設施與服務。在票價方面，這兩家「較低成本子公司」不須面對新興業者的競爭壓力，因此並未提供顯著優惠的票價，也沒有對市場帶來太大影響。

日本航空市場之所以無法像歐美一樣出現競爭，牽涉到的問題其實既深且廣。目前來看，日本國內市場的情況短期內很難有所改變。如果要創造更多競爭，日本政府必須徹底改變目前的稅收方式與機場政策，並且減少新航空業者受到的限制；航空業界也必須大力減少人事成本，並且接受更大膽的票價策略。等到這些條件成熟時，本土的低成本航空才有可能在日本出現。

第四節　低成本航空在印度

與市場不自由的中國，以及市場自由卻沒有競爭的日本相比，亞洲最重要的新興國家印度則面對截然不同的課題。印度的開放天空政策完全達到促成競爭、降低票價、並且讓新興業者占有一席之地的目標。然而過度開放也帶來票價流血戰爭、業者虧損等問題，使得印度在開放市場不過數年之後，航空公司已進入整併期，嘗試重建國內市場的秩序。

回顧歷史，印度的航空市場長年由兩大國營集團獨占。這兩大業者是國營的Air India（以國際線為主）與Indian Airlines（以國內線為主），但它們的經營缺乏效率，使得印度的國內航空旅行既不便又昂貴。印度政府在一九九〇年代初期開始有限度地開放市場，出現第一批民營航空公司。但是這些公司之中，只有Jet Airways與Air Sahara存活下來，使得印度市場維持「兩大兩小」的局面。真正的市場開放在二十一世紀初期開始。受到印度經濟起飛和龐大國內旅行需求的推動，短短數年內，出現將近十家操作噴射客機的民營業者，它們包括Air Deccan、Kingfisher Airlines、GoAir、IndiGo、Air Deccan和SpiceJet等，甚至國營的Air India也成立低成本子公司Air India Express。許多新興航空公司引進西方低成本航空經營觀念，在國內市場大力擴張與投入競爭，而且成長速度非常驚人。例如由印度釀酒集團UB Group成立的Kingfisher，自二〇〇五年開始營運之後，至二〇〇八年底機隊規模已達八十五架空中巴士與ATR客機，待交機確認訂單達七十一架（包括五架A380）。同樣在二〇〇五年開始營運的低成本航空SpiceJet，至二〇〇八年底操作十八架737客機，待交機確認訂單還有十二架。二〇〇六年開始營運的低成本航空IndiGo則操作十九架A320家族客機，待交機確認訂單多達七十七架。由此可見各家業者對印度市場的未來充滿強烈信心。

隨著這些新興航空業者加入戰場，飛機票價立即大幅下降，讓新興的中產階級捨棄長途火車和巴士，改搭飛機來往國內各地。**表10-1**是印度近年來的空運旅客人數。

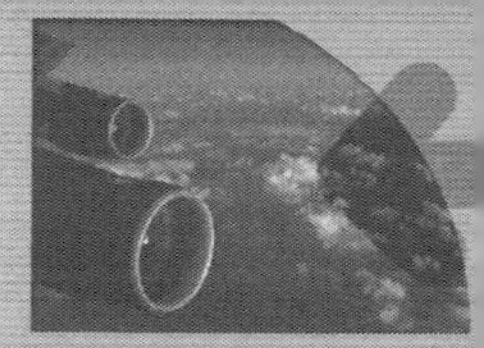

表10-1　印度空運旅客總數

	2005	2006	2007
國際旅客數（百萬人）	19.42	22.37	25.78
國內旅客數（百萬人）	39.86	50.97	70.62
總數（百萬人）	59.28	73.34	96.40

註：以上會計年度爲每年4月至次年3月。
資料來源：印度民航部2007年與2006年度年報。

如此成長速度是印度近年經濟成長的另一明證。僅僅三年之內，國內市場就成長了近八成。世界上少有國家能夠與其相提並論，這也讓印度成爲低成本航空的最新戰場。然而在如此亮麗的成長之下，印度的航空業卻面臨數項問題：

1.**機場建設遠遠趕不上需求**：印度在各方面的基礎建設都嚴重落後，無法應付人口和經濟的快速成長，機場也不例外。尤其在德里、邦加羅爾和孟買等大城，機場暫時無法增加起降額度，使得新成立公司無法打開更多市場。此外國內機場數目有限，迫使航空公司必須在有限的航線上競爭。目前印度政府已在投資擴充各地機場設施，但還要等待數年才會見到成果。

2.**無節制競爭讓航空公司無利可圖**：由於政府批准太多業者成立，對於成長又沒有節制措施，航空公司只好訴求削價競爭。目前印度各航空公司都處於虧損之中。例如Jet Airways在二○○八會計年度第二季虧損約八千萬美元，Kingfisher Airlines則在二○○八年上半年虧損一億三千萬美元。國際航空運輸協會估計，印度航空產業在二○○八年虧損總額會達到15億美元之譜。

3.**不合理稅捐**：印度的航空燃油稅是由各省自訂，所以印度航空燃油售價達到歐洲的1.7倍。這套制度使得「沒有任何印

度低成本航空能夠獲利」（Airline Business, 2008e）。

更麻煩的是，受到油價上漲的影響，印度各航空公司在二○○八年起開始漲價，試圖讓票價達到合理化水準。這項措施立刻爲數年來的快速成長畫上休止符，使得二○○八年的國內旅客數下跌近五%（Flight International, 2009）。目前印度各主要航空公司手上都有相當數量的飛機訂單，面對長期無法獲利與經濟不景氣的局面，這些訂單突然從印度空運業的「希望」變成「重擔」。

爲了克服這樣嚴苛的經營挑戰，印度航空公司之間已經開始出現整併，減少市場上的競爭。各航空公司也紛紛延後交機，試圖減慢成長速度。印度政府已在二○○七年將國營的Indian Airlines併入Air India，其他合併公司包括Jet Airways買下Air Sahara、Kingfisher Airlines買下Air Deccan。經過整併之後，以Air India、Kingfisher和Jet爲首的三大集團擁有印度約四分之三的市場。更出乎意料的是，一向是對頭的Kingfisher與Jet在二○○八年十月宣布組成聯盟，在國內與國際航線上共掛班號、整合雙方航線網路、共用機場地勤資源等等。這樣的強大聯盟將會對其他獨立航空公司，如IndiGo、SpiceJet和GoAir等，帶來不小壓力。至於這些獨立公司之間會不會進一步整併，將是印度市場值得關注的一點。

如前所述，印度的低成本航空發展和中國或日本經驗完全不同。印度市場面臨的挑戰是開放過快與缺乏基礎設施（如**圖10-5**），結果航空公司普遍無法獲利，於是很快進入市場的整併期。然而隨著印度經濟持續成長，如果航空公司間的整併能夠將競爭合理化、印度政府能夠修訂空運政策，還有機場設施能夠更加完善，則能夠克服當前經濟挑戰的新興航空公司將會擁有龐大的商機。

圖10-5　拉加斯坦省焦特布爾機場的航站

資料來源：王鼎鈞提供。

第五節　低成本航空在台灣

雖然台灣還沒有出現本土的低成本航空公司只有瑞聯航空曾以低票價搶攻國內市場，但該公司已在二〇〇〇年被勒令停業。外籍低成本航空早在數年前就已經踏入台灣市場，分別是新加坡的Jetstar Asia（日後品牌併入Jetstar）和菲律賓的Cebu Pacific。其中Jetstar Asia早在二〇〇四年底開始營運時，台北就是目的地之一。菲律賓的Cebu Pacific則在二〇〇七年六月開航馬尼拉—台北，日後並增加宿霧—台北和馬尼拉—高雄航線。AirAsia也在二〇〇九年進入台灣市場，開航吉隆坡—台北（由AirAsia X飛航）以及曼谷—台北航線。

既然低成本航空已在台灣市場營運數年，它們的成果和影響自然值得關注。本節將使用它們開航後的數字，瞭解它們是否發揮以低價擴充需求的效果。

一、新加坡與台灣

首先是Jetstar Asia的新加坡—台北航線。如前所述，該公司是在二〇〇四年底開航這條航線，至今一直維持每天一個來回。**表10-2**是近年來往新加坡的旅客總數。

表10-2　近年來往新加坡的訪客人數

	新加坡來台訪客人數	成長率	台灣前往新加坡人數	成長率
2002	111,024	—	190,455	—
2003	78,739	-29.08%	125,491	-34.11%
2004	116,885	48.45%	160,088	27.57%
2005	166,179	42.17%	184,926	15.52%
2006	184,160	10.82%	204,834	10.77%
2007	204,494	11.04%	189,835	-7.32%

資料來源：交通部觀光局。

表10-2上值得注意的是，來往兩地的訪客數在二〇〇四年與二〇〇五年出現強力成長。二〇〇四年出現大幅成長，當然是因爲前一年SARS風暴拉低旅行人數，但是台灣和新加坡之間的旅行市場在二〇〇五年依然成長強勁。以來台人數而論，新加坡在二〇〇四年與二〇〇五年皆爲成長最快的市場。以前往新加坡人數而言，新加坡是二〇〇四年第二名、二〇〇五年第四名的市場。之後就供給面而論，各家航空公司在台北和新加坡之間的班機數都沒有太大變動，因爲市場的需求也沒有重大成長，所以這些數字自二〇〇六年起的變化都不大。不過在當年的台灣—新加坡市場成長之中，低成本航空的加入依然是一項重大因素，尤在新加坡訪台人數上最爲明顯。觀光局分析也指出，「航班增加」是當年新加坡來台觀光客成長的最重要助力（交通部觀光局，2005）。

二、台灣與菲律賓

菲律賓低成本航空Cebu Pacific係於二〇〇七年六月開航馬尼拉一台北航線，當時爲每天一個來回。就票價而言，Cebu Pacific的售價一直要比三家傳統航空公司——華航、長榮與菲航——低上許多，因此對它們造成的威脅也更大。至於Cebu Pacific在這條航線上帶來什麼樣的影響，可以從各家業者的載客數一窺端倪。

從**表10-3**可以看出，這條航線在過去數年間一直穩定成長。但是從低成本航空加入戰局之後，三家傳統航空公司的總載客人數並沒有改變，二〇〇七年間的成長都被低成本航空占走。在這個例子之中，低成本航空就算沒有對傳統業者的載客數造成「傷害」，也已經使得它們的業務暫停成長。除開乘客數字之外，由於Cebu Pacific的票價遠低於傳統業者的票價，這家公司的加入勢必會對現有業者帶來一定的票價壓力，壓縮它們的獲利空間。

不過Cebu Pacific在台灣也經歷過一些變化。該公司的馬尼拉一台北航線已從二〇〇八年六月起減少爲每星期五班。另外Cebu Pacific曾經試圖將菲律賓中部的宿霧打造成另一個國際線重

表10-3　台北馬尼拉航線各公司載客人數與成長率

	2005	2006	2007
總人數	624,963	671,840	743,912
Cebu Pacific	-	-	71,668
中華航空	295,939	303,532 （2.56%）	311,363 （2.58%）
長榮航空	193,104	231,510 （19.9%）	220,336 （-4.48%）
菲律賓航空	135,920	136,798 （0.64%）	140,545 （2.74%）

資料來源：交通部民航局。

鎮，因此在二〇〇七年底開航一批宿霧出發的國際航線，當時台北也是目的地之一，每星期飛航三班班機。不過這條航線表現不甚理想，而且時段又在半夜，較難吸引乘客搭乘，因此宿霧—台北航線已於二〇〇八年中停止營運。除此之外，Cebu Pacific還在二〇〇八年六月開航馬尼拉—高雄航線，每星期飛航三班班機。所以在二〇〇九年初，Cebu Pacific維持每星期自馬尼拉飛航台北五班，飛航高雄三班的規模，不過二〇〇九年五月馬尼拉—高雄航線已停飛。

第六節　低成本航空在澳門

相對於只有三家低成本航空飛航的台北，鄰近的澳門則是截然不同的景象。受益於博弈業帶來的觀光成長，澳門的旅遊業近年來飛快成長，特區政府更是對推廣旅遊事業不遺餘力。值得一提的是，雖然中國大陸是澳門訪客來源的最大宗，來自東南亞各國旅客的成長速度卻更爲可觀。這也使得在澳門機場的業務之中，東南亞低成本航空已成爲兩岸轉運之外的最大主顧，爲澳門帶來龐大的觀光收入。

從二〇〇八年十一月的時刻表來看，澳門國際機場每週抵達班機共有三百七十七班。除了來自台北和高雄的一百二十班之外，東南亞的低成本航空總共飛航一百一十一班，亦即全部班機的三成。如果考量澳門人口不過五十五萬人，卻能夠擁有這樣的低成本航班規模（相較之下，當時台灣兩大國際機場每星期只有十五班），實在是讓人印象深刻的成就。**表10-4**是低成本航空在澳門國際機場的每週班機數目列表。

澳門能夠吸引到這樣多低成本航空班機飛航，有以下數個原因：

表10-4　澳門的二〇〇八年十一月低成本航空班機數目列表

航空公司	航線	每週班機數
AirAsia	曼谷—澳門	21班
	吉隆坡—澳門	21班
	古晉—澳門	3班
	新山—澳門	14班
	沙巴—澳門	7班
Tiger Airways	克拉克—澳門	7班
	新加坡—澳門	13班
Cebu Pacific	克拉克—澳門	4班
	馬尼拉—澳門	7班
Bangkok Airways	曼谷—澳門	7班
Jetstar	新加坡—澳門	7班

資料來源：澳門國際機場網站（http://www.macau-airport.com/en/index.php）.

1. **澳門為珠江三角洲最佳門户**：珠江三角洲是華南經濟最繁盛區域，當地一共有香港、澳門、廣州、深圳和珠海五座機場。對想要打進珠江三角洲市場的低成本航空而言，澳門無疑是最好的地點。香港是全球最繁忙的國際機場之一，而且香港來往的客運量更高。但是香港機場起降費用偏高，而且飛機要面對空中和地面擁擠問題，不是低成本航空的首選。大陸境內機場航權限制較多，而且來往旅遊人數遠低於澳門。因此對於低成本航空而言，澳門是珠江三角洲最具吸引力的選擇。目前香港與深圳等地也有低成本航空飛航，但班機數目遠遠比不上澳門。
2. **澳門擁有興盛的觀光業**：澳門身為亞太地區博弈業最興盛的城市，擁有吸引各地遊客的龐大潛力。於是低成本航空和澳門觀光成長形成彼此的助力。觀光業吸引低成本航空增加更多班機，這些班機則帶來更多的訪客與觀光收入。隨著兩岸轉運生意受到直航衝擊，這些東南亞低成本航空將對澳門機場和觀光業更形重要。

3.**澳門機場努力吸引航空業者**：身爲珠江三角洲中次於廣州與香港的機場，澳門國際機場一向不吝對航空業者提供優惠措施，吸引它們開闢更多航線前來澳門，甚至推出低成本航空獎勵計劃。澳門機場相當清楚就定位而言，澳門在低成本航空領域要比廣州和香港更有潛力。以二〇〇九年度爲例，澳門機場宣布提高對低成本航空的優惠，將年增客運量所得之機場服務費一半退還航空公司。對於所有航空公司新開航澳門航線，頭兩年皆可獲窄體與廣體客機服務費各減收一半與四分之一的優惠。機場燃油與空廚廠商亦對新航線提供特別優惠（澳門國際機場，2008）。

由於擁有如此多來自東南亞國家低成本航空班機，澳門近年來的東南亞訪客數目成長速度非常驚人，遠高於其他鄰近國家或地區的訪客成長速度。尤其值得一提的是，在東南亞各國傳統航空業者之中，泰航和新航都沒有飛航澳門，只有菲航與馬航提供飛往澳門的班機，但數目遠少於低成本航空，因此來自東南亞的班機以低成本航空占大宗。**表10-5**爲澳門在二〇〇八年的班機數目成長率。

表10-5　飛抵澳門的商業航班數目

航班出發地	2007年	2008年	成長率%
中國	8,194	6,221	-24.08
馬來西亞	1,667	2,396	43.73
菲律賓	637	1,208	89.64
泰國	1,505	1,984	31.83
新加坡	655	875	33.59
台灣	10,898	8,842	-18.87

資料來源：澳門統計暨普查局。

由此可見，來自東南亞的班機數目在二〇〇八年出現飛快成長，它們為澳門的訪客總數帶來強大成長動力，而**表10-6**則可以看出東南亞國家訪客在澳門的成長速度多麼驚人。如果考量到跟隨這些觀光客而來的商機，低成本航空的最大受益者當然是澳門的觀光業與經濟。

表10-6　澳門的入境訪客國籍列表

入境訪客國籍	2007年	2008年	成長率%
中國	14,866,391	17,500,469	17.72
馬來西亞	402,109	451,499	12.28
菲律賓	256,190	334,445	30.55
泰國	140,749	255,866	81.79
新加坡	189,657	268,938	41.80
台灣	1,444,082	1,322,578	-8.41

資料來源：澳門統計暨普查局。

這樣的觀光數字成長，對鄰近的台灣恐怕難以想像。以二〇〇八年十一月而言，前來台灣的外籍旅客總數為327,224人，其中目的為觀光者只有164,530人（交通部觀光局，2008）；相較於蕞爾之地的澳門每月約250萬人次的訪客數，這樣的數字相去實在太遠。由此可知，如果我們要討論低成本航空對發展觀光業多麼重要，其實不須將目光放到遙遠的北美洲或西歐，鄰近的澳門就是一個成功例子。對於一直想要推動觀光事業發展，但是對於吸引低成本航空沒有明顯作為的台灣而言，澳門的成就十分值得借鏡。

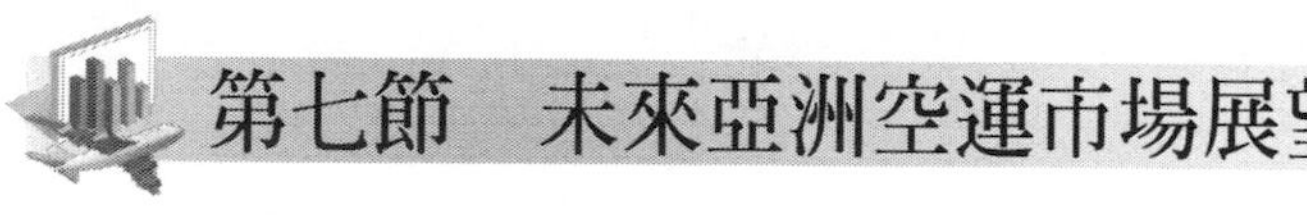

第七節　未來亞洲空運市場展望

對於低成本航空的歐美經驗能否在亞太地區複製，業界曾有

不同看法。但是隨著低成本航空近年來在東南亞的迅速成長，它們未來勢必會在區域航空市場中占有一席之地。而且隨著東南亞各國逐步開放天空，還有各國經濟持續發展，主要低成本航空都已訂購大批單走道客機，準備繼續擴大它們的版圖。

但是如前所述，低成本航空在亞太地區的發展仍然受到一些限制。在區域之內，主要市場如中國和日本仍是高度管制的市場，而且次級機場數目在亞洲非常有限，各國的市場成熟度也互有差異，這些都是低成本航空發展的阻力。因此在可見的未來，低成本航空的主要戰場仍將以東南亞爲主。至於在其他國家，低成本航空的發展仍須取決於各國政府自由化的腳步。

但是低成本航空在亞洲的力量絕對不能小覷。尤其如果東協如期在二〇一五年完成單一航空市場，歐美的景況不是沒有在東南亞重演的可能性。屆時也許東南亞的區域市場會像歐洲一樣，短程的城際航線成爲低成本航空廝殺的戰場，傳統航空公司被打得節節敗退，甚至被迫縮小短程航線的營運規模。如果我們看到美國各大航空公司的國內班機已經變得「比低成本航空還要像低成本航空班機」，就可想見它們面對低成本航空競爭的龐大壓力。

因此，傳統航空業者必須進一步調整體質，因應低成本航空帶來的成本割喉戰；政府則必須因應低成本航空的出現，重新思考機場營運和建設策略，還有開放市場扶植低成本航空產業的發展。關於這些對策，相關的業者和政府單位都必須開始設想。尤其以西歐爲鑑，從一九九六年到二〇〇五年不過短短十年，低成本航空徹底改變了空運市場面貌。目前亞太地區的低成本航空仍然處於起步階段，但是未來十年勢必會爲區域空運市場帶來重大影響。面對未來的新局，各家航空公司和政府都應該認眞思考這些問題。

第十一章　如何利用低成本航空旅行

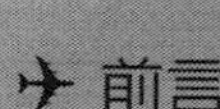

- 前言
- 西歐多點旅行（範例一）
- 美國多點旅行（範例二）
- 東南亞旅行（範例三）

第一節　前言

對於大部分身處台灣的讀者，利用低成本航空旅行還是一個有些陌生的概念。因爲在目前的台灣市場中，只有Jetstar與Cebu Pacific分別飛航新加坡與馬尼拉，以及AirAsia飛航吉隆坡與曼谷。因此若要運用低成本航空旅行，最好的機會是國外旅行的城市間移動。尤其低成本航空的機票都以單程票爲基準，非常適合安排前往多個地點的行程。本章將舉出三個範例，實際比較傳統航空與低成本航空的票價，並說明如何運用低成本航空安排行程，同時又節省旅費。

本書在第五章介紹過低成本航空的票價模式，以及航空公司如何利用浮動票價獲得最大營收。就乘客的觀點，最關心的當然是如果航空公司會根據需求變化票價，如何才能買到眞正實惠的機票呢？以下是數點建議：

一、提早開始研究行程

由於低成本航空的票價是由低至高排列，由較低的票價開始出售，愈早購買愈有可能買到低價機票。如果是在歐美旅行，甚至三個月前開始查價與研究行程都不嫌早。如果到了出門前數天才想要購票，很有可能會看到嚇人的票價。

二、避開高需求時段搭機

如果出國目的是觀光旅行，設計行程時最好避免在某些時段或節日搭機旅行，這些包括星期五晚上、重要節日、重大活動或比賽時間等等，因爲這是低成本航空一點都不廉價的時段，在這些時間搭機簡直是和自己的荷包過不去。

三、注意特價促銷

如前所述，低成本航空偶爾會舉辦特價促銷，那些便宜到難以置信的票價通常都在此時出現。至於消費者要如何知道這些資訊呢？如果你已經有計劃中的行程與目標航空公司，最好的辦法是訂閱航空公司的電子報，這樣就不會錯過不定期的特價促銷資訊。

四、買票之後不再變更行程

低成本航空的機票通常都附有更改或取消罰金，所以買票之後最好不要再更改行程，否則不但需要付出罰金，還要補付兩班機票之間的差價，結果可能會讓總價變得並不「廉價」。因此購票時，務必詳讀網站上的機票條款，瞭解這些相關規定（沒錯，閱讀那些密密麻麻的條款非常討厭，但是裡面都是乘客的權利與責任）。

五、做好吃苦耐勞的心理準備

低成本航空爲了增加飛機使用率，還有付出較低的起降費用（某些國家機場會在離峰時間減少起降費用），有些班機時間會在清晨或深夜起降，這種班機票價經常比較便宜。還有許多低成本航空利用次要機場，來往乘客必須面對舟車勞頓之苦。所以想要討便宜的乘客要有「以不便換取金錢」的心理準備。

最後對於不熟悉低成本航空的旅客，最好在搭機前降低對航空公司的期望，因爲低成本航空提供的是簡化服務，使命是盡一切努力與成本對抗，並不是每家公司都把「以客爲尊」當成最高指導原則。如果看不慣老弱婦孺沒有優先登機權、空服員賣完東西就不理會乘客、飛機上沒有電影可看、公司因天候取消班機後讓乘客睡在機場等現象，最好不要嘗試低成本航空。除了已經寫在機票合約的內容之外，它們經常並不打算、也沒有義務爲乘客多做任何一點。如果受不了這種旅行方式或客服文化，國泰和新航等傳統公司的大門永遠是敞開的。當然，通常要多準備一點金錢才能享受它們的服務。

有了這些心理建設之後，以下開始進入旅行的規劃階段，探究低成本航空到底能不能爲乘客省錢，還有如何利用低成本航空旅行。請注意，以下範例與說明僅爲示範，引述票價與班機時間皆可能在本文查詢時間後與實際狀況不同。

第二節　西歐多點旅行（範例一）

利用低成本航空旅行，最佳的地點莫過於西歐。這裡擁有多家低成本航空，而且航線路網綿密，爲想要一次在西歐拜訪數個城市的旅客帶來莫大便利。不過想要在西歐這樣複雜的航空市場中擬出最有利的行程，可能牽涉到多種班機與票價排列組合。因此在計劃階段，最好準備花費相當時間來進行這件事。

在這個假想的行程中，A先生想要在二〇〇九年四月後半利用兩週時間在英德訪友和旅行，這趟行程會先後前往倫敦、柏林和慕尼黑三個城市，所以全程有「倫敦—柏林」、「柏林—慕尼黑」和「慕尼黑—倫敦」三段機票。決定大致行程之後，A先生要如何開始規劃呢？

首先是找出有哪些航空公司飛航這些航線，這是今日在歐洲旅行的最大挑戰之一。由於歐洲市場已經完全自由化，許多航空公司不但跨出國界，甚至經營其他國家的國內線，徹底打亂以國家爲分隔的市場概念。如果想知道有哪些公司經營某些航線，旅客可以先從目的地機場網站開始，查看有哪些航空公司飛往想去的城市。此外，某些機票比價網站也是不錯的搜尋起點。

首先是倫敦至柏林這一段，A先生計劃在四月二十日（星期一）下午出發，查詢後發現直飛兩地的航空公司一共有德航、英航、Ryanair、easyJet（**圖11-1**）等公司，**表11-1**是各公司含稅票價（假定A先生全程攜有一件託運行李，並且以信用卡購票）：

表11-1　倫敦—柏林的經濟艙單程含稅票價

航空公司	起降機場	班機	總價（英鎊）
British Airways	Heathrow - Tegel	BA 988	76.70
Lufthansa	City - Tegel	LH 4843	102.65
Ryanair	Stansted - Schonefeld	FR 8546	47.17
easyJet	Luton - Schonefeld	U2 2105	55.44

註：2009年2月3日查詢4月20日下午班機。
資料來源：以上各公司網站。

圖11-1　easyJet A319客機

資料來源：王鼎鈞提供。

在這個例子中，儘管兩大傳統航空公司——德航與英航——擁有使用主要機場的便利（尤其德航使用倫敦市內的City機場），但是票價也明顯高出許多。對於A先生這樣的觀光客，即使計入自市區前往斯坦斯特德或盧頓的交通費用，低成本航空仍然是最合算的選擇。如果僅以票價爲考量，A先生的選擇非常清楚。

接下來A先生要在四月二十五日（星期六）下午從柏林前往慕尼黑，避開票價較高的星期五與星期日。經過查詢，一共有德航、Condor、Air Berlin與Germanwings飛航這條航線，班機需時約一小時十分。**表11-2**分別爲它們的票價。

表11-2　柏林—慕尼黑的經濟艙單程含稅票價

航空公司	起降機場	班機	總價（歐元）
Lufthansa	Tegel - Munich	LH 229	92.90
Condor			週末無班機
Air Berlin	Tegel - Munich	AB 6199	87
Germanwings	Schonefeld - Munich	4A 8128	55.94

註：2009年2月3日查詢4月25日下午班機。
資料來源：以上各公司網站。

Germanwings的票價很明顯低於另兩家競爭對手。不過在德國國內旅行，最好將高鐵也列入考量。在柏林到慕尼黑路線上，同一時段的德國ICE列車票價爲49歐元（自由座二等艙，直達車程五小時四十二分）。雖然Germanwings擁有最低票價，但還要加上市區與機場之間的約15歐元車費與時間，列車則擁有市區內車站的優勢。如果A先生不介意在總旅程時間多花大約三小時的話，ICE列車可以省下約1,000元台幣。這是旅客在規劃行程時要自行取捨的部分。

最後A先生要在四月二十九日（星期三）上午返回倫敦，經查自慕尼黑飛往倫敦的航空公司共有英航、德航、Aer Lingus與easyJet四家。**表11-3**分別爲它們的票價。

表11-3　慕尼黑—倫敦的經濟艙單程含稅票價

航空公司	起降機場	班機	總價（歐元）
Lufthansa	Munich - Heathrow	LH 4750	87.46
British Airways	Munich - Heathrow	BA 947	94.46
Aer Lingus	Munich - Gatwick	EI 931	43.99
easyJet	Munich - Stansted	U2 3412	60.74

註：2009年2月3日查詢4月29日上午班機。
資料來源：以上各公司網站。

假如A先生的目的地是倫敦市中心，來自愛爾蘭的Aer Lingus顯然是這段航線上最經濟的選擇。不過Gatwick機場位於倫敦南方，如果A先生要前往大倫敦區的北方，飛往Gatwick機場就不適合了。所以除了機票總價之外，計入機場與目的地之間的交通費用與時間，是旅客在規劃行程時另一個要注意的重點。

關於此西歐之行的總票價，全部搭乘傳統航空公司與全部搭乘低成本航空差距可達約新台幣5,000元。對於較不重視機場便利性、累積哩程、機上服務的觀光休閒客而言，低成本航空已成爲歐洲旅行不能不參考的選擇（雖然低成本航空票價不見得一定低於傳統航空公司）。但是在另一方面，旅客也要將機場位置、交通時間與費用列入考量。如何在票價、機場、時間等因素之間做出取捨，已成爲自行規劃行程時要做的最大功課之一。

第三節　美國多點旅行（範例二）

美國是一個與歐洲環境截然不同的市場，原因之一是近年來各家主要航空公司紛紛大力裁減服務與成本，使得它們的票價經常與低成本航空不相上下，服務也和低成本航空相去不遠。此外，許多美國航空公司建立龐大的轉機中心，較少有點對點服務。因此除

非是在主要城市之間旅行，旅客經常必須轉機才能到達目的地，這也使得旅客擁有許多種可能的班機組合。假如旅客想要找到最實惠的票價與最佳安排，除了使用比價網站之外，最好還要前往各航空公司網站查詢（因爲不是每家公司都讓比價網站取得資訊），這使得自行規劃行程成爲一件費時的工作。當然旅客可以將如此繁雜的工作交給旅行社，但是如果想要找出最符合個人需求，而且最合算的班機安排，最好還是自己動手。

在這個假想的狀況中，B先生打算在二〇〇九年四月後半前往舊金山，然後前往休士頓與鳳凰城兩地訪友與觀光，所以這趟旅程的國內線包括「舊金山—休士頓」、「休士頓—鳳凰城」、「鳳凰城—舊金山」等三段。同樣假定B先生攜有一件託運行李，並且以信用卡購票。

B先生計劃於四月二十日下午自舊金山飛往休士頓，**表11-4**是各大航空公司提供的票價。

表11-4　舊金山—休士頓的經濟艙單程含稅票價

航空公司	起降機場	班機	總價（美元）
Delta	Oakland - Intercontinental	DL 4746 + DL 4580	125.20
Continental Airlines	San Francisco - Intercontinental	CO 416	509.60
US Airways	San Francisco - Intercontinental	US 81 + US 274	193.20
American Airlines	San Francisco - Hobby	AA 1994 + AA 3623	283.20
Southwest Airlines	Oakland - Hobby	WN 583	114.60

註：2009年2月3日查詢4月20日下午班機。
資料來源：以上各公司網站。

由這份票價表可以看出，最便宜的直飛票價是由西南航空提供，但是旅客必須前往舊金山市東方的奧克蘭機場。其實在這段行程中，最便宜的票價都是由奧克蘭機場出發。如果B先生一定要從舊金山國際機場出發，又想得到實惠的票價，就必須接受中途轉機的不便。

結束休士頓停留之後，B先生的下一段行程是在四月二十五日前往鳳凰城。**表11-5**分別爲各大航空公司在這條航線上的票價。

表11-5　休士頓—鳳凰城的經濟艙單程含稅票價

航空公司	起降機場	班機	總價（美元）
United Airlines	Intercontinental – Phoenix	UA 368 + UA 1634	135.70
Continental Airlines	Intercontinental – Phoenix	CO 1620	125.10
US Airways	Intercontinental – Phoenix	US 73	125.10
American Airlines	Intercontinental – Phoenix	AA 1032 + AA 1955	138.70
Southwest Airlines	Hobby – Phoenix	WN 1278	125.10

註：2009年2月3日查詢4月25日下午班機。
資料來源：以上各公司網站。

表11-5顯示，低成本航空並不是這條航線最低價的選擇。三家直飛的航空公司（美國大陸航空、美航、西南航空）都將票價設定在同樣水準，因此乘客是否一定選擇低成本航空，端視個人如何取捨機場、服務等相關因素。這也說明目前在美國市場內常見的現象：低成本航空不見得是最便宜的選擇，修正營運模式的傳統航空公司（**圖11-2**）非常願意降價競爭，尤其是在某些競爭激烈的短程航線上。這種情況讓消費者擁有更多經濟選擇，不過卻對航空公司帶來更多挑戰。

圖11-2　美國美利堅航空的波音757客機

資料來源：王鼎鈞提供。

結束鳳凰城停留之後，B先生將在四月二十九日上午飛回舊金山，結束這次美國國內旅行。**表11-6**為各大航空公司在這條航線上的票價。

表11-6　鳳凰城—舊金山的經濟艙單程含稅票價

航空公司	起降機場	班機	總價（美元）
United Airlines	Phoenix - San Francisco	UA 519	109.60
Delta Airlines	Phoenix - San Francisco	DL 1236 + DL 4819	120.20
US Airways	Phoenix - San Francisco	US 409	99.60
American Airlines	Phoenix - San Francisco	AA 1098 + AA 1835	209.20
Southwest Airlines	Phoenix – Oakland	WN 1278	99.60

註：2009年2月3日查詢4月29日上午班機。

資料來源：以上各公司網站。

表11-6顯示，低成本航空同樣並沒有提供比傳統航空公司明顯優惠的票價。如果把目的地機場考量進去，搭乘飛往舊金山國際機場的傳統航空公司班機也許是更划算的選擇。

綜合上述，美國國內市場中的低成本航空與傳統航空的票價不見得一定有明顯差別。而且許多公司都以龐大航線路網提供轉機服務，使得旅客擁有多種選擇。對於想要規劃美國國內行程的乘客，最佳方法就是花時間研究與比較各家航空公司的票價，才能找出最適合自己需求的選擇。

第四節　東南亞旅行（範例三）

從台灣出發前往東南亞，目前只有AirAsia、Jetstar與Cebu Pacific三家低成本航空飛航台灣。對於前往新加坡或馬尼拉等地，它們的票價通常都比傳統航空公司便宜，只是它們目前僅從台灣飛航四個目的地。如果旅客想要前往傳統的泰國或印尼度假海島（如峇里島或普吉島），台灣市場上充滿多種套裝行程。在目前低成本航空只從台灣前往少數目的地的情況下，運用低成本航空轉機並不見得有利。因此對於台灣旅客而言，最適合利用低成本航空的機會仍是前往東南亞次要城市旅行，或者進行多點行程的情況。

假定C先生於二〇〇九年二月初開始規劃自助旅遊，想要在三月底從台北前往馬來西亞砂勞越州的首府古晉。位於東馬來西亞的砂勞越以雨林風光聞名於世，古晉則是進出砂勞越州最重要的門戶。但是台灣與古晉之間並沒有直飛班機，因此必須轉機前往。以下是前往古晉的可行方式：

1.全程購買傳統航空公司機票（如新航與馬航）。
2.購買傳統航空公司機票前往新加坡或吉隆坡，再購買低成本航空機票前往古晉。
3.全程搭乘低成本航空。

由於古晉有AirAsia（飛往吉隆坡）、Tiger Airways與Jetstar（皆飛往新加坡）飛航，因此這三種方式會衍生出多種可行的排列

組合。請注意以下票價與匯率皆以二〇〇九年二月四日爲準，票價來源爲各航空公司網站與易遊網。

一、方案一：全程搭乘傳統航空公司

馬航與新航皆提供台北前往古晉機票。馬航（經亞庇轉機）含稅價爲新台幣17,761元，新航（經新加坡轉機）含稅價爲新台幣20,389元。不過新航班機去程須在新加坡過夜，而且航空公司不負責住宿。馬航班機則每週七天都可當日轉機抵達。

二、方案二：購買傳統航空公司機票前往新加坡或吉隆坡，再購買低成本航空機票前往古晉

這也是一個可行方案，比起方案一優點是後段利用低成本航空，總價可能會較爲便宜。比起方案三優點則是傳統航空公司來往台北與新加坡／吉隆坡之間的班次較多，可以避免在新加坡過夜的支出。

至於到底該選擇新加坡還是吉隆坡作爲轉機地點，必須把後段班機列入考量。低成本航空每日從新加坡前往古晉的班機只有兩班（Jetstar與Tiger Airways各一班），因此會產生無法當日轉機的問題。但是AirAsia（**圖11-3**）每日從吉隆坡飛往古晉的班機卻有十班之多。就轉機的觀點，吉隆坡當然是較方便的選擇。

在台北來往吉隆坡這段，假定C先生選擇搭乘每日都有班機的華航，然後轉乘AirAsia來往古晉。出發與返回日期各爲三月十九日與二十四日，華航的含稅票價爲8,580元。

接著在吉隆坡前往古晉這段，傍晚AirAsia的AK 5218班機總價

圖11-3　AirAsia的波音737-300客機

資料來源：王鼎鈞提供。

爲馬幣171.50元。至於二十四日從古晉飛往吉隆坡，上午AirAsia的AK 5203班機總價爲馬幣151.50元。以上皆包含一件託運行李，不含預選座位與餐點費用。

總計下來，C先生的機票花費爲新台幣8,580元＋馬幣171.50元＋馬幣151.50元，合計新台幣11,616元。此行來回皆不須在吉隆坡過夜，但乘客須自負轉機時可能會遇到前段班機延誤的風險。

三、方案三：全程搭乘低成本航空

在此一方案下，C先生可搭乘Jetstar來往台北與新加坡。經查三月十九日出發與二十五日返回的班機，總價爲新台幣6,357元。

接著從新加坡前往古晉。由於Jetstar班機近午夜才抵達新加坡，C先生必須搭乘隔日班機前往古晉。在這段航程上，三月二十日班機票價分別爲Jetstar：新幣70元；Tiger Airways：新幣44元。差別爲Jetstar班機可在上午九點抵達古晉，Tiger Airways班機要到下午四點才抵達，因此前者可讓C先生在古晉多停留一個白天。假

定C先生決定將二十日上午保留爲新加坡市區觀光，搭乘下午Tiger Airways班機前往古晉。

至於從古晉返回新加坡，C先生只將Jetstar列入考慮，因爲該公司班機可以接續下午返回台北的Jetstar班機。三月二十五日自古晉飛往新加坡的Jetstar班機票價爲馬幣72元。

總計下來，C先生的機票花費爲新台幣6,357元＋新幣44元＋馬幣72元，合計新台幣8,010元。但是須注意此方案必須加上新加坡一晚旅館住宿，而且回程在新加坡轉機時間有限，旅客須自負前段班機延誤之風險。

經過以上的比較，可發現方案三是理論上票價最低的選擇。但考量到須在新加坡過夜的旅館花費與來往市區的麻煩，還有華航班機可提供餐點和機上娛樂系統，方案二可能對於不少旅客是最佳選擇。

由這個範例也可以看出，儘管低成本航空只從台灣飛往數個目的地，但是已經可以在某些情況下，帶來優於傳統航空業者的票價，成爲值得旅客考慮的對象。而且以上只以古晉一地作爲範例，假如此行需要前往其他城市如亞庇、檳城或雅加達，低成本航空可以帶來更大的便利。但是爲了獲得更便宜的票價，旅客必須接受低成本航空的不便，還有願意花時間研究行程。隨著低成本航空在亞洲繼續擴大規模，日後可望有更多低成本航空開航台灣，屆時將讓消費者擁有更多節省旅費的選擇，並且對傳統航空業者帶來更大衝擊。

第十二章 結語

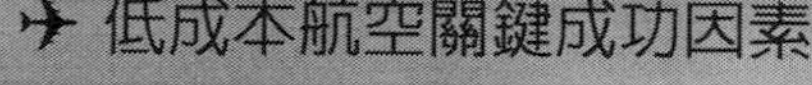

- 低成本航空關鍵成功因素
- 低成本航空未來展望

第一節　低成本航空關鍵成功因素

本書從撼動航空業的低成本革命開始，由經營模式、票價結構、區域發展、人力資源、飛航安全、維修管理等層面，探討了低成本航空公司的發展與影響，還有它們爲何近年來能夠在世界各地快速擴張，成爲空運產業中舉足輕重的力量。與傳統航空公司最大的不同是，低成本航空先管控總成本，再定票價；而傳統航空則是先定票價，再管理總成本。根據T2Impact & Flight Insight（2008）的觀察報告指出，成功的低成本航空分別具有以下特定的關鍵因素：

1.**減低營運成本**：不論直接或間接的營運成本降到愈低愈好。

2.**分解產品**：核心產品必須與額外付費服務分開。如此一來才能使價格敏感的乘客可以永遠購買到最低價的機票，至於附加服務則是提供給不在乎額外多付一些的旅客。

3.**簡化企業流程**：企業流程愈複雜成本就愈高，績效表現就會愈緩慢。

4.**操作要靈巧**：操作手段愈靈巧進出市場就愈容易。

5.**盡量不聯運**：點對點獨立操作才不用與他航分享利潤。

6.**關注利潤與現金**：重點永遠在公司純利潤與現金流，而且從小處節省起。

7.**與傳統航空公司競爭**：不要害怕與傳統大型的航空公司競爭，因爲通常此類航空公司的單位成本高，營運流程亦複雜化。在傳統大型航空公司後院開門做生意的低成本航空，通常會有意想不到的好成績。

8.**開放天空**：開放天空解除管制是早期低成本航空成立的關鍵

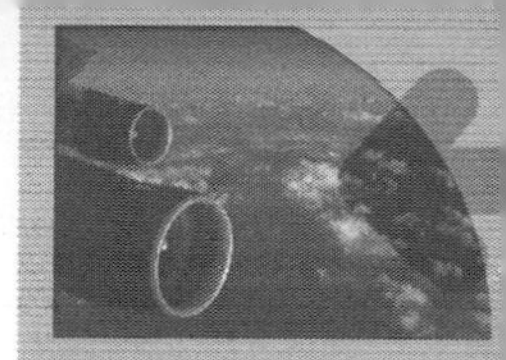

要素，但要注意的是，天空開放後未必保證低成本航空的經營一定成功。

9.**單一機隊**：機種愈單純，維修成本與流程愈簡化。

10.**使用有效率之設備**：軟硬體設備效率愈高，績效愈容易展現。

11.**直接銷售與行銷**：與消費者直接溝通的管道愈佳，企業宣傳以及銷售效率就愈好。

12.**員工熱情有活力**：年輕有活力的員工可以創造良好的企業文化。

13.**訴求清楚**：永遠強調低票價。

14.**強調自助式的服務**：旅客須以自助的方式換取低票價。

第二節　低成本航空未來展望

隨著全球經濟在二〇〇〇年代末期邁入嚴重衰退，任何國家的旅客都變得更加精打細算，低成本航空的低成本優勢將使得它們具備更強大的競爭力，並且以更低票價吸引乘客。

對於社會大眾而言，對於低成本航空的基本認識將成為規劃旅行的重要知識。有別於傳統航空公司的服務，低成本航空只提供簡化的服務，而且大都只服務點對點旅客，不經營轉機業務。因此旅客不但需要瞭解如何運用它們旅行，以及如何購得最實惠的票價，還要對於低成本航空的簡化服務有所準備，接受以「不便」換取「低價」的服務型態。這和傳統上將購票與行程安排交給旅行社，並由傳統航空公司提供完整服務的方式，完全是兩種不同的旅行規劃與經驗。隨著低成本航空在世界各地逐步擴張，以及愈來愈多各式額外加收的付費項目，社會大眾遲早都必須認識低成本航空

的模式，才能受益於低成本航空業的成功。

對於空運與旅行業的業者而言，低成本航空更是一項必須深思的學問。它們近年來的快速興起，對於世界各地的空運和旅行業帶來重大改變。低成本航空以低成本優勢爲基礎，以低票價爲號召吸引大量旅客。面對這樣的市場變化，其他空運與旅行業者都必須重新檢視自身核心價值，設想如何因應低成本航空帶來的競爭，並且學習低成本航空經營觀念的長處，尤其是它們對於降低成本、簡化營運模式、提高生產力的高度重視。以台灣而言，目前低成本航空在台灣市場仍處於起步階段。但是見到歐洲市場在一九九〇年代中期至二〇〇〇年代中期十年間的巨大變化，台灣的相關業者也應該開始對於這些現象進行思考。因爲隨著亞太地區各低成本航空的興起，以及市場的逐步自由化，十年後台灣的空運市場可能又是一番不同面貌，因此各家業者都必須以長遠眼光，準備因應低成本航空帶來的挑戰。

對於各國政府而言，低成本航空已證明對市場帶來重大改變，而且對於促進機場和旅行業的發展貢獻卓著，即使在經濟發展中的國家（如巴西），低成本航空依舊可以透過網路電子商務獲得成功。但是低成本航空的發展需要某些條件，其中最重要的就是市場的自由化，還有爲低成本航空建立的高效率簡易機場設施，這些都需要主管當局的重視與協助。以東南亞國家爲例，不少政府都已在這些方面採取行動，這些措施不但有助觀光產業發展，更對提升國家在區域空運市場地位貢獻良多。目前低成本航空在亞太地區仍在興起階段，台灣的政府對於低成本航空尚未採取明顯鼓勵措施。但無論是爲了促進觀光發展，或者提升台灣在空運市場的重要性，官方都應該參考其他國家採取的措施，準備因應低成本航空來到台灣市場。

低成本航空在未來這些年會如何發展，將是另一個值得相關

各方注意的問題。除了飛航與維修上的安全要求是無論公司型態如何發展，均需要持續維持外，本書在第三章曾舉出，低成本航空正在發生經營模式與市場定位的差異化，不但不同公司開始採取不同策略，競逐不同的市場區位，甚至出現一些難以界定爲低成本航空的新興業者。此類「混合式航空」的成功（如Virgin Blue等），再度強調了航空業本是服務導向的產業。此外，實力堅強的低成本航空已經開始進入長程航線，進一步擴大低成本航空的版圖。同時低成本航空也開始以低成本方式與其他低成本航空簽署聯運協定（如Aer Lingus與JetBlue、西南航空與WestJet等），這些都說明了與許多人想像不同的是，低成本航空並不是一種單純的營運模式。在所謂的「低成本航空」名義下，有許多航空公司嘗試以不同的方式降低成本，向乘客提供有別於傳統航空公司的服務。未來各地低成本業者的經營模式勢必將會繼續演變，隨著低成本航空公司之間彼此競爭，航空產業還會產生更多變化，而低成本航空業共同的準則，恐怕只剩下對「人員生產力」與「硬體生產力」的要求，這些變化正是低成本航空學問的有趣之處。

低成本航空近年來雖成爲空運業的明星，但並不是每家公司都能旗開得勝。事實上，低成本航空之中也不乏失敗的例子，甚至在發展成熟的市場中已出現「自相殘殺」與「大者恆大」的局面，讓新成立低成本航空業者飽受強大壓力。而且無論是在哪個市場，大多數成功的低成本航空都需要擁有強力後盾，以及良好的飛安紀錄，才能面對激烈的市場競爭。尤其全球金融業在經濟衰退中災情慘重，任何新成立公司除非擁有強大股東，否則很難自金融業取得成立所需的資金。因此除了在少數開放的新興市場之外，近年來新出現的低成本航空數目其實相當有限。這也說明低成本航空是個充滿挑戰的行業。

儘管如此，低成本航空已經在愈來愈多的市場之中立足。在

經濟不景氣的年代中，民眾對於支出勢必更加錙銖必較。這種局面會讓低成本航空成為更吸引消費者的選擇。展望未來，低成本航空將在空運業之中成為愈形重要的勢力，為這個產業創造出更多挑戰與機會。任何關注空運產業發展的人士，都應該持續重視低成本航空的發展！

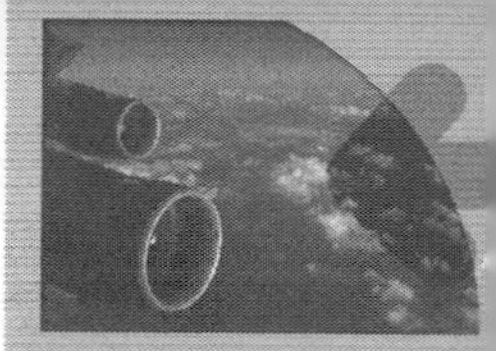

參考文獻

一、中文部分

中國民用航空局（2008），《全國民用機場布局規劃》。

中國時報（2007.4.17），〈廉航服務少國人不習慣〉。

巴南星、關傳斌、蔡維修、陳冠宇、劉逸塵（2003），〈民航機組員應對粗暴、失控乘客的法律依據與考量——兼談國家立法與航空公司的整體策略〉，《民航季刊》，第五卷，第一期，頁57-76。

方斌（2002），《國內搭機民眾對客艙安全認知之調查研究》，成功大學工業管理研究所碩士論文。

日本國土交通省（2008.11.13），《航空輸送統計速報》。

交通部民用航空局（2007），民航通告——安全管理系統，編號：AC120-032B。

交通部觀光局（2005），《94年12月暨全年觀光市場概況概要》。

交通部觀光局（2008），《97年11月觀光市場概況概要》。

何明成（2002），《人力資源管理》二版，台北：智勝文化。

吳文國（2004），《低成本航空公司對航空業影響之研究》，台灣大學商學研究所碩士論文。

李志偉（2007），《低成本航空維修管理策略》，開南大學空運管理研究所碩士論文。

香港大公報（2008.12.5），〈中國低成本航空正迎來機遇〉。

張永生（1998），《民用航空維修工程管理概論》，北京：中國民航。

張有恆（2003），《航空業經營與管理》，台北：華泰文化。

張有恆、程健行（2007），〈航空公司實施成本控制之策略架構〉，《中華民國運輸學會運輸人通訊之交通評論》，第六十九期，頁6-7。

第一財經日報（2008.12.12），〈春秋航空掌門人王正華談公司「過冬策」〉。

許悅玲、陳廣偉（2009），〈航空公司安全管理系統關鍵成功因素初探〉，《航空、太空及民航學刊》。

廖勇凱、黃湘怡（2007），《人力資源管理理論與應用》，台北：智勝

文化。

澳門國際機場（2008.12.30），〈澳門國際機場專營股份有限公司聯同服務供應商共同支援航空公司〉，新聞稿。

賴建舟（2005），《老舊飛機維修安全與維修資源管理之研究》，成功大學工程管理學系碩士在職專班碩士論文。

環球旅訊（2008.12.8），〈民營航空要活下去，創新和走差異化是必然選擇〉。

二、英文部分

Airbus (2008), A319 Reliability Review, Airbus company report.

Airline Business (2004 . Mmarch), Flying by the rules.

Airline Business (2008a. March), Low-cost carriers turn to GDS.

Airline Business (2008b. March), Using the web to drive revenue.

Airline Business (2008c, April), Andrew Harrison: Keeping it simple at easy Jet.

Airline Business (2008d. May), Mountain Climbing–Low cost analysis.

Airline Business (2008e. June), What's going wrong in India?

Airline Business (2008f. Sep.), European tour operators and smaller leisure carriers battle for seats.

Air Transport Intelligence (2008a.10.21), AirAsia gears up for expansion.

Air Transport Intelligence (2008b.11.26), AirAsia chief: Connectivity central to long-haul success.

Air Transport World (2003), World airline report, *Air Transport World,* 40(7), pp. 24-44.

Al-kaabi, H., Potter, A., & Mohamed, N. (2005), *Insights into European Airlines' Maintenance, Repair and Overhaul (MRO) Configurations, Logistic System Dynamics Group*, Cardiff Business School, Cardiff University, UK.

Alves, C. F. & Barbot, C. (2007), Do low cost carriers have different corporate governance models? *Journal of Air Transport Management,* 13, pp. 116-120.

Baysinger, B., Kosnik, R., & Turk, T. (1991), Effects of board and ownership structure on corporate R&D strategy, *Academy of Management Journal,* 34, pp. 205-214.

Bjelicic, B. (2007), The business model of low cost airlines–Past, present,

future, in *Handbook of Low Cost Airlines*(Groß, S. & Schröder, A., eds.), Berlin: Erich Schmidt Verlag.

Boeing (2005. June), *Current Market Outlook*, Boeing Airplane Group.

Boeing (2006. June), *Current Market Outlook*, Boeing Airplane Group.

Boeing (2008), *Airplanes Statistical Summary of Commercial Jet Airplane Accidents Worldwide Operations 1959-2007*.

Boyatzis, R, E. (1982), *The Competent Manager*, NY: Wiley.

Chandler, A. D. (1962), *Strategy and Structures: Chapters in the History of the American Industrial Enterprise*, Cambridge, Mass: MIT Press.

Calder, S. (2002), *No Frills*, London: Virgin Books.

Carney, M. & Dostaler, I. (2006), Airline ownership and control: A corporate governance perspective, *Journal of Air Transport Management,* 12, pp. 63-75.

Cebu Pacific (2009.1.23), Cebu Pacific flew 6.7M passengers in 08, sees 9.3M this year.

Chou, J. S., Hsu, Y. L., & Hsu, C. C. (2007.9.24-27), IATA Operation Safety Audit (IOSA)－A practical tool for the air transportation industry, The 7th Eastern Asia Society for Transportation Studies Conference (EASTS), Dalian, China.

de Neufville, R. (2004.1.11-15), Current design challenges for airports worldwide, Transportation Research Board, Washington, DC.

Debus, C. (2006. 2.22-24), *Drivers for Continued Growth in Demand and Consequences for the Airline Industry*. Hambury Aviation Conference, Hamburg, Germany.

DeNisi, A. S. & Griffin, R. W. (2001), *Human Resources Management*, Boston: Houghton- Mifflin Co.

Doganis, R. (2001), *The Airline Business in the 21st Century* (1st ed.), London: Rouledge.

Doganis, R. (2003), *Flying off Course* (3rd ed.), London: Rouledge.

easyJet (2009), Quarter 1 2009 Interim Management Statement.

Federal Aviation Administration (2004), Aging airplane inspections and records reviews, AC No: AC 120-84.

Fennell, P. J. & Muir, H.C. (1992), Passenger Attitudes Towards Airline Safety Information and Comprehension of Safety Briefings and Cards, CAA Paper 92015, London: Civil Aviation Authority.

Flint, P. (2007. July), The world airline report, *Air Transport World*, p. 26.

Flint, P. (2008. July), The world airline report, *Air Transport World*, p. 26.

Flight International (2006.3.22), Low-cost carriers top US safety list.

Flight International (2009.1.30), India's airlines facing difficult times.

Flick, B. M. (2007), Air Baltic–The dynamic airline markets in the eastern parts of the European community, in *Handbook of Low Cost Airlines* (Groß, S. & SchröderA, eds.), Berlin: Erich Schmidt Verlag.

Franke, M. (2007), Innovation: The winning formula to regain profitability in aviation, *Journal of Air Transport Management*, 13 (2007), pp. 23-30.

Francis, G., Humphreys, I., Tson, S., & Aicken, M. (2006), Where next for low cost airlines? A spatial and temporal comparative study, *Journal of Transport Geography*, 14 (2006), pp. 83-94.

Gillen, D., & Lall, A. (2004), Competitive advantage of low-cost carriers: Some implications for airports, *Journal of Air Transport Management*, 10 (2004), pp. 41-50.

Gittell, J. H., Von Nordenflycht, A., & Kochan, T. (2003), *Mutual Gains of Zero Sum Labor Relations and Stakeholder Outcomes in the Airline Industry*, Industrial and Labour Relations Review.

Harvey, G. & Turnbull, P. (2006), Employment relations, management style and flight crew attitudes at low cost airline subsidiaries: The case of British Airways/Go and bmi/bimbaby, *European Management Journal,* 24 (5), pp. 330-337.

Horbert, M. (2007), Airport in the process of change–A contemporary model in a low cost age, in *Handbook of Low Cost Airlines* (Groß, S. & Schröder, A., eds.), Berlin: Erich Schmidt Verlag.

Hunter, L., (2006), Low cost airlines: Business Model and employment relations, *European Management Journal,* 24(5), pp. 315-321.

IATA (2001), Aviation information and research, September 2001 Industrie Briefing, Geneva, Switzerland.

IATA (2006), Airline cost performance, IATA Economics Briefing N°5.

IATA (2007), Maintenance cost report, Maintenance Cost Task Force Meeting (MCTF), IATA, MCC Athens.

IATA (2008a), The 44th annual safety report.

IATA (2008b), IATA operational safety audits programme.

IATA (2008c), Financial forecast, December 2008. http://www.iata.org/whatwedo/economics/index

ITF Survey (2002), *ITF Survey: The Industrial Landscape of Low Cost*

Carriers, London.

Innes, M. (2008), Managing safety in a start-up low cost carrier, ANZSASI.

Kleiman, L. S. (1997), *Human Resource Management: A Tool For Competitive Advantage*, San Francisco: West Publishing Company.

Kerensky, L. (2007), World's best low-cost carriers, *Forbes*, August 16, 2007.

Morrell, P. (2005), Airlines within airlines: An analysis of US network airline response to low cost carriers, *Journal of Air Transport Management,* 11(2005), pp. 303-312.

Miyoshi, C. (2007), *Analysis of the Effect of Air Transport Liberalization on the Domestic Market in Japan*, Cranfield University, May 2007.

NTSB (2001), *Survivability of Accidents Involving Part 121 U.S. Air Carrier Operations,1983 Through 2000*, National Transportation Safety Board Washington, D.C., Safety Report, NTSB/SR-01/01, March 2001, PB2001-917001, Notation 7322.

O'Connell, J. & Williams, G.(2005), Passengers' perceptions of low cost airlines and full service carriers: A case study involving Ryanair, Aer Lingus, AirAsia and Malaysia Airlines, *Journal of Air Transport Management*, 11(2000), pp. 259-272.

Pham, H. (2006), *System Software Reliability* (Springer Series in Reliability Engineering), London: Springer.

Reason, J. (1995), A systems approach to organizational error, *ERGONOMICS*, 38(8), pp. 1708-1721.

Roberts, Roach, & Associates Inc. (2000), Scorecard: Airline Industry Cost Management, 1st Quarter, Hayward, USA.

Schröder, A (2007), Time-spatial systems in tourism under the influence of low cost carriers, in *Handbook of Low Cost Airlines* (Groß, S. & Schröder, A., eds.), Berlin: Erich Schmidt Verlag.

Shorrock, S. T. & Kirwan, B. (2002), Development and application of a human error identification tool for air traffic control, *Applied Ergonomics*, 33 (2002), pp. 319-336.

Smyth, M. (2006), Airline cost performance, *IATA Economics Briefing* N°5, IATA.

Spencer, L. M. & Spencer, S. M. (1993), Competence at Work–Models for *Superior Performance*, New York: John Wiley and Sons, Inc.

Stansted Airport (2008.12), November traffic figures BAA's airports, Stansted airport website.

Storey, J. & Sisson, K. (1993), *Managing Human Resources and Industrial Relations*, Buckingham: Open University Press.

Storey, J. (1995), *Human Resource Management: A Critical Text*, London: Routledge.

Toyama, K. (2006), *Factors Related to Passenger and Crew Survivability in Aircraft Accidents in the United States*, Thesis for Master of Public Policy, Graduate School of Arts and Sciences, Georgetown University, Washington USA.

T2Impact & Flight Insight (2008), Report of the future of low cost carriers.

TUI Travel (2008), Annual report.

Widmann, T. (2007), The contribution of low cost carriers to incoming tourism as exemplified by Frankfurt-Hahn airport and the Rhineland Palatinate destination of the Moselle region, in *Handbook of Low Cost Airlines* (Groß, S. & Schröder, A., eds.), Berlin : Erich Schmidt Verlag.

觀光旅運系列

低成本航空——經營與管理

作　　者／許悅玲、王鼎鈞
出 版 者／揚智文化事業股份有限公司
發 行 人／葉忠賢
總 編 輯／閻富萍
執行編輯／李鳳三
地　　址／台北縣深坑鄉北深路三段 260 號 8 樓
電　　話／(02)8662-6826
傳　　真／(02)2664-7633
網　　址／http://www.ycrc.com.tw
E-mail ／service@ycrc.com.tw
印　　刷／鼎易印刷事業股份有限公司
ISBN ／978-957-818-921-8
初版一刷／2009 年 8 月
定　　價／新台幣 380 元

國家圖書館出版品預行編目資料

低成本航空：經營與管理 = Law cost carriers : operations, strategy and management / 許悅玲, 王鼎鈞著. -- 初版. -- 臺北縣深坑鄉：揚智文化, 2009.08

面；　公分. --（觀光旅運系列）

參考書目：面

ISBN 978-957-818-921-8（平裝）

1.航空運輸管理

557.93　　　　98012775